SOCIÉTÉ DE L'HISTOIRE DE L'INDE FRANÇAISE.

Resumé des Actes de l'État Civil de Pondichéry.

de 1761 à 1784 inclus.

Tome III

Publié par

H. DE CLOSETS d'ERREY

Conservateur de la Bibliothèque publique et des Archives.

PONDICHÉRY
BIBLIOTHÈQUE PUBLIQUE
RUE DES CAPUCINS

PARIS
LIBRAIRIE ERNEST LEROUX
108, BOULEVARD SAINT GERMAIN

IMPRIMERIE MODERNE, PONDICHÉRY.

1937

SOCIÉTÉ DE L'HISTOIRE DE L'INDE FRANÇAISE.

Resumé des Actes de l'État Civil de Pondichéry.

de 1761 à 1784 inclus.

Tome III

Publié par

H. DE CLOSETS d'ERREY

Conservateur de la Bibliothèque publique et des Archives.

PONDICHÉRY	PARIS
BIBLIOTHÈQUE PUBLIQUE	LIBRAIRIE ERNEST LEROUX
RUE DES CAPUCINS	108, BOULEVARD SAINT GERMAIN

IMPRIMERIE MODERNE, PONDICHÉRY.
1937

INTRODUCTION.

Mr. A. MARTINEAU a publié, en 1917, un premier volume de Resumé des actes de l'Etat civil de Pondichéry, et en 1919-20 un second volume. Ces deux volumes embrassent la période de 1676 à 1760 c'est-à-dire toute la période antérieure à la destruction du quartier européen de notre ville après la capitulation de Lally en Janvier 1761. On sait que la population française dut aller chercher un asile dans les comptoirs Hollandais et Danois et sur le territoire du Nabab d'Arcot. Il y a eu, par suite, une interruption dans la série des actes de baptêmes, de mariages et de décès de la Paroisse de Notre-Dame des Anges de Pondichéry. Notre ville est restée déserte pendant quatre ans mais reprit rapidement son importance en tant que centre européen. Les Capucins n'ont pas été les derniers à venir occuper leur place dans la ville renaissante. Leur premier soin fut de rétablir en partie les registres de 1761, qui avaient fort probablement disparu avec la destruction de leur couvent et de leur église.

La deuxième série des registres paroissiaux de N-D des Anges que possèdent les Archives de Pondichéry commence ainsi avec ceux de l'année 1761, mais seulement pour les premiers mois de cette année. Elle reprend ensuite au mois de Juin 1765 et se poursuit sans lacune jusqu'à la reprise de possession de nos Etablissements de l'Inde, en 1816.

Le volume que nous présentons aujourd'hui est de Mr. H. de Closets d'Errey, le distingué Conservateur de la Bibliothèque publique et des Archives de Pondichéry. Avec sa grande connaissance des noms des anciennes familles de notre ville, l'auteur était bien désigné pour établir le resumé des actes paroissiaux de 1761 à 1784 inclus. Sa tâche a été cependant fort difficile non seulement en raison du mauvais état de plusieurs des registres mais aussi du peu de soin que les rédacteurs des actes ont mis à orthographier les noms propres. Les mêmes noms se répètent d'une page à l'autre avec une orthographe et les prénoms ne suffisent pas toujours pour se rendre compte de l'erreur. Le mieux était de s'en tenir à une reproduction textuelle et c'est ce qu'a fait Mr. de Closets en évitant ainsi des corrections qui, pour si judicieusement qu'elles fussent faites, pouvaient induire en erreur les chercheurs. Néanmoins, et tel qu'il est, ce troisième volume aura le même intérêt que les deux précédents pour beaucoup de nos compatriotes.

Nous terminons cette courte introduction en exprimant le souhait qu'un quatrième est dernier volume vienne compléter au plus tôt cette série des publications de la Société de l'Histoire de l'Inde française.

Pondichéry, le 29 Juillet 1937.

E. GAUDART

RESUMÉ
DES
ACTES DE L'ETAT CIVIL
DE PONDICHÉRY
DE 1761 A 1784 inclus.

ANNÉE 1761.

Naissances.

1er JANVIER.

LA CAROTTE (Jeanne), fille de La Carotte, sergent, et d'Ursule Marchand.

6 JANVIER.

NONIS (Pierre), fils de Manuel Nonis et Françoise Jéronime.

18 JANVIER.

MAGNIEN, un enfant mort le 24 suivant.

27 JANVIER.

TEXIER (Marie Jacques), fille de Jean-Charles Texier né à Versailles, et de Marguerite Sans-Regret de Pondichéry.

29 JANVIER.

GRAYELL (Anne Françoise), fille de Jean Grayell, sous-marchand, né à l'île Bourbon, et de dame Françoise Larivière Pennefort, née à Pondichéry.

1761

4 Février.

Voco (Jacques), fils de Claude Voco, grenadier de la compagnie de M. Frichman, et de Marie Anne.

7 Février.

De la Nougérède (Marceline), fille de Pierre de la Nougérède dit Montbron et d'Appolonie Fombert.

8 Février.

De La Nougérède (Anne), fille de Pierre de la Nougérède dit Montbron, et d'Appollonie Fombert.

9 Février.

Guimard (Jeanne), fille de Charles Guimard, né à St. Brieuc et de Marie Corréa, née à Pondichéry.

17 Février.

Du Rocher (Noël Pierre), fils de Noël Du Rocher et de demoiselle Rose Le Noir.

27 Février.

Le Houx, un enfant mort le même jour : père officier.

14 Mars.

Lefebure (Charles), fils de Charles Guillaume Lefebure et de Marie Catherine Lefèbre.

3 Avril.

Reynaud dit Bergerat (Julien), fils de Jean Reynaud né à Bergerac, et d'Anne de Saude, née à Pondichéry.

6 Mai.

De la Fontaine (Jean Chrisostome), fils de Joseph de la Fontaine, né à Barcelone, et de Marguerite Pitreman, née à Goudelour.

Mariages

2 Février.

STARK (Jacques), né à Dieppe, âgé de 45 ans,

et MARIE JAGUEL, veuve d'Antoine LACOMBE, née à Grenoble, paroisse de Notre-Dame, âgée de 44 ans.

3 Février.

DE LA HOUSSAYE (Vicomte Joseph), écuyer, chevalier, lieutenant au régiment de Lorraine-Infanterie, fils de Joseph, le Vicomte sieur de la Houssaye, et de Dame Marie Thérèse Mortfouace, né à Rennes, âgé de 28 ans;

et MEDER, (Rosalie) née à Marseille, paroisse de Sainte-Thérèse, fille de François-Joseph Meder, ancien commandant du bataillon de l'Inde, chevalier de l'ordre royal & militaire de St. Louis, et de dame Louise Magalhanixolho, âgée de 16 ans ;

Parmi les témoins, nous lisons les noms de Georges de Leyrit, ci-devant gouverneur de Pondichéry & dépendances.

Léon MORACIN, conseiller des Indes, né à Bayonne.

Jean CARRIÈRE, capitaine commandant du régiment de Lorraine, chevalier de l'ordre royal & militaire de St. Louis.

3 Février.

LAGLAINE (Jean Siméon), fils de Geoffroi Siméon Laglaine et de dame Marie Voix, officier d'artillerie, né à Poitiers, paroisse St. Porchaire, âgé de 34 ans ;

et GOSSE (Agnès), née à Pondichéry, âgée de 21 ans, fille de feu Jean Gosse, sous-marchand de la Compagnie et de dame Agnès Barrière et veuve de feu Jean Martin, capitaine de vaisseau.

21 Février.

Sernigno (Antoine), sergent anglais, fils d'Antoine Sernigne et de Magdalaine Forbes, né à St. Jacques de Galize en Espagne, âgé de 43 ans ;

et Sigera (Floriude), née à Madras, âgée de 23 ans, fille de Manuel Sigera et Ursula du Rozaire.

23 Février.

Joly (André), grenadier au service anglais, fils de Jean Joly et Marguerite Joly, né à Bois-le-duc en Hollande, âgé de 27 ans ;

et Ferrère (Ursule), née à Pondichéry, âgée de 25 ans, fille de feu François Ferrère et de Natalie Alvès, veuve d'Antoine de Soza.

30 Mars.

Villemain (Jacques), soldat de la Compagnie anglaise d'artillerie, né à Saint-Malo, fils de René Villemain et de Marguerite Mahé, âgé de 30 ans ;

et Sylva (Marceline de), née à Pondichéry, âgée de 30 ans, fille de Jean de Sylva et de Francisque de Rozaire, et veuve de Pierre Agueire.

30 Mars.

Reynot (Jean) dit Bergerat, fils de Jean Reynot et de Jeanne Saint-Sont, soldat d'artillerie, né à Bergerac, paroisse St. Martin, âgé de 29 ans ;

et Essagotte (Anne d'), née à Pondichéry, âgée de 19 ans, fille de Gaspard d'Essagotte et de Magdelaine du Rozaire, et veuve Villemain.

13 Avril.

Navarre (Pierre), né à Rouen, paroisse de St. Gaudard, âgé de 32 ans;

et Marie-Anne (de caste vellala) malabar issue de parents gentils, âgée de 28 ans.

Décès. (1)

2 Janvier.

Trotier, soldat de la marine.

3 Janvier.

La Vüe, sergent d'artillerie.

3 Janvier.

Penel, caporal d'artillerie.

3 Janvier.

Boisjeussi, soldat au régiment de Lorraine.

4 Janvier.

Jaffré (Yves), soldat de la Marine.

10 Janvier.

Sans-Façon, sergent de l'artillerie de l'Inde, compagnie d'Hauteval.

11 Janvier.

Mauny (Joseph), né à Montauban, diocèse de Saint-Malo en Bretagne.

---

(1) C'est le frère capucin Augustin, missionnaire apostolique qui a établi tous les actes postérieurs au 30 Mars, tant à Pondichéry qu'à Goudelour.

1761

12 Janvier.

Frémoulin (Jean Richard, dit), canonnier de l'artillerie de l'Inde, compagnie d'Hauteval, né à Frémoulin.

13 Janvier.

Le Gall, grenadier du bataillon de Marine.

15 Janvier.

La Ramée, soldat du bataillon de l'Inde.

15 Janvier.

Paste, dit Condom (Jean), né à Fourchy paroisse de St. Laurent, évêché de Condom, en Guyenne.

21 Janvier.

Guillard (Noël Michel), né à Rouen, âgé de 65 ans, second gouverneur et Conseiller au Conseil Supérieur de Pondichéry. (Témoins : Dominique Jame et François Jame, natifs de Pondichéry.

24 Janvier.

Magnien, un enfant né le 18.

29 Janvier.

Boulaire, volontaire du bataillon de Marine.

29 Janvier.

Decel, soldat du régiment de Lorraine, compagnie de Castagne.

1er Février.

Hilaire (Jacques), de la Marine des Batteries (des batteries de la marine?)

1er Février.

Le Gagneur (Nicolas), marin.

2 Février.

Graol (Pierre), dit Saint-Gildan, né à Auray en Bretagne, brigadier invalide des troupes de l'Inde.

2 Février.

Maréchal, caporal au régiment de Lally, compagnie de Kennely,

3 Février.

Bertin (Etienne), né à Brest, caporal au bataillon de l'Inde, compagnie de Buck.

3 Février.

Maheau (François), marin du vaisseau " Le Favory ".

3 Février.

Thèse (Jean), matelot de la province, évêche de St. Brieux.

3 Février.

Guetton (Blaise), soldat invalide au régiment de Lally.

4 Février.

Richard (Alain), né à Concarneau, sergent invalide au bataillon de l'Inde.

5 Février.

Lapierre, soldat au régiment de Lorraine, compagnie de Solnay.

10 Février.

Roch (Jean Marie), né à Chambéry en Savoie, canonnier au corps " Royal Artillery ".

1761

10 Février.

Renson (Joseph), né à Châtenay en Franche-Comté, juridiction de Besançon. soldat invalide de la compagnie. régiment de l'Inde, âgé de 40 ans.

10 Février.

Beotrée (Jean), officier de côte des Iles de France.

11 Février.

Desplats de Flaix (Geneviève). veuve de feu sieur Figac. officier du bataillon de l'Inde, épouse en secondes noces du sieur Hilaire Bourgine, sous-marchand de la Compagnie, née à Chandernagor, âgée de 27 ans. - (Témoins : Pierre Benoit Galliot de la Touche, né à Pondichéry ; Jacques Joseph Baleine Dulaurens (l'Ainé), né à Pondichéry ; François Nicolas, né à Paris, paroisse St. Nicolas des Champs ; Jean Baptiste Berthelin, né à Paris, paroisse de St. Roch.)

14 Février.

Doré (Charles), invalide au bataillon de l'Inde.

15 Février.

Thierry, dit Bastien (Sébastien), natif de ? en Lorraine, caporal au régiment de Lally, compagnie de Tameveux.

16 Février.

Salaün (Louis Joseph), matelôt provenant du vaisseau «La Compagnie des Indes».

17 Février.

Souza (Suzanne de), veuve de Le Brun, soldat de la Compagnie, âgée de 65 ans environ.

19 Février.

La Sauté, cavalier de la compagnie de Degris.

21 Février.

Anfredo (Pierre), de la Marine des Batteries.

23 Février.

Mault (Julien), de la Marine des Batteries.

23 Février.

Matheus, natif du Bengale.

24 Février.

L'abbé (Jean), soldat au bataillon de l'Inde, compagnie de Buck.

25 Février.

La Chapelle, grenadier au régiment de Lorraine, de St. Servain.

25 Février.

Fiel (Jean Baptiste), né à Toulouse, soldat au bataillon de l'Inde, compagnie de Buck.

25 Février.

Blanchard dit Bel Arbre (Jean), né à Joigny, juridiction de Paris, sergent invalide du bataillon de l'Inde.

27 Février.

Le Houx, un enfant né le même jour : père. officier.

1er. Mars.

Dehita y Salazar (Marie Joseph), née à Madras, femme du sieur Le Houx, officier d'artillerie.

1761

23 Mars.

Lebon (Joseph Louis), né à Pondichéry, âgé de 70 ans, sous-marchand de la Compagnie, commandant de la Douane.

23 Mars.

Gamel dit Beausoleil (Louis), canonnier au corps de l'artillerie de l'Inde,

27 Mars.

Hubert (François), né à Pondichéry, âgé de 2 ans 6 mois, fils de Jean-Baptiste Hubert, capitaine des vaisseaux de la Compagnie française, et de dame Françoise Royer.

28 Mars.

Bertrand dit Darras (Nicolas), né à Arras, soldat au bataillon de l'Inde.

29 Mars.

Avien (Pierre), soldat français au service des Anglais, compagnie de Faixano.

1er Avril.

Laperche (Damiens Pierre) dit La Perche, né à Sirey, soldat au bataillon de l'Inde.

14 Avril.

Le Jeune (Gerard), caporal au régiment de Lally.

15 Avril.

Borderie (François), né à la Marche en Limousin, diocèse de Limoges, soldat au bataillon de l'Inde, compagnie de Colombel.

26 Avril.

Leroux (Elizabeth), fille de François Leroux et de dame Anne Lenoir, née à Pondichéry, et âgée de 3 ans.

27 Avril.

Chevier (Antoine), soldat au régiment de Lally.

27 Avril.

Cantin (Jean), canonnier de l'artillerie de l'Inde.

27 Avril.

Nouvel (Charles), né à St. Servan.

28 Avril.

Boissy (Pierre), soldat au bataillon de l'Inde.

28 Avril.

Saint-Cerès (Jean), âgé d'environ 45 ans, canonnier du Corps Royal.

2 Mai.

Dumoulin (Guillaume), né à Liège, paroisse de St. Gaubin, soldat prisonnier.

3 Mai.

Benoît (Vincent), né à Dieppe, volontaire de la Marine.

3 Mai.

Thomas (Jacques), né à St. Malo, âgé de 22 ans. volontaire de la Marine.

4 Mai.

Keizer (Pancrace), né à Weihl, province St. Galla, diocèse de St. Galla, d'environ 45 ans, sergent de la brigade allemande.

12 Mai.

Laroche (Joseph), canonnier au bataillon de l'Inde.

13 Mai.

Contois (Jean) dit Contois, né à Quingey, âgé d'environ 25 ans.

17 Mai.

Lefebvre (Etienne), né à Douai, âgé d'environ 45 ans, soldat au bataillon de l'Inde.

18 Mai.

Bazin (Edme) dit Desbordes, né à Surmur en Bourgogne, canonnier au bataillon de l'Inde.

20 Mai.

Gouffon (Mathieu), né à St. Malo, âgé de 30 ans environ.

21 Mai.

Le Math (François), né à Morlaix, âgé d'environ 50 ans, de la Marine.

24 Mai.

Fosselier (Jean), âgé d'environ 30 ans, soldat d'artillerie, compagnie de Galard.

28 Mai.

Perré (Pierre) dit Desmarais, âgé d'environ 55 ans du vaisseau « l'Armione » (l'Hermione?).

29 Mai.

Lafeuillade (Jean), âgé d'environ 20 ans, soldat au régiment de Lorraine.

5 Juin.

Oussidat (Claude), né à Cahors, âgé d'environ 55 ans, soldat au Corps Royal.

9 Juin.

Willis (Georges), né à Ensisheim en Alsace, âgé d'environ 35 ans, soldat hussard de la compagnie de Coligliano.

9 Juin.

Gibleau (Claude), né aux Sables d'Olonne, âgé de 28 ans, soldat de la Marine.

11 Juin.

Leveau (Jacques), né à Serigny, âgé de 25 ans, soldat de la compagnie française.

14 Juin.

Desfeuillades (François), né à Périgueux, âgé de 68 ans, soldat au bataillon de l'Inde.

21 Juin.

Lefevre (François), né à Rouen, âgé de 40 ans, ci-devant maître d'hôtel sur les vaisseaux de la Compagnie.

21 Juin.

Avin (Jean), âgé de 30 ans, soldat de la Compagnie.

5 Juillet.

N.B.— A partir de cette date les enterrements ne se font plus
« dans le cimetière de l'hôpital général
« de Pondichéry »
ou
« dans le cimétière de St. Louis de

« l'église paroissiale de N-D. des Anges
« de Pondichéry »

mais :

« dans le cimetière de l'hôpital général
« de Goudelour, celui de Pondichéry
« étant rasé ».

BLONDIN (Pierre) dit Beauséjour, né à Paris, âgé d'environ 30 ans, soldat français prisonnier.

6 Juillet.

LEFENT (Laurent), âgé de 20 ans environ, matelot de la frégate « La Baleine », prisonnier des Anglais.

10 Juillet.

GAUDIN (Jean), âgé de 26 ans, soldat français prisonnier des Anglais.

29 Juillet.

DESGOBERT (Jean), né à St. Omer, âgé de 58 ans, soldat français.

30 Juillet.

CAMBRAY (Louis), né à Paris, paroisse de St. Eustache, âgé de 25 ans, soldat d'artillerie.

25 Août.

VIGER (Frauçois), né à Thonon, ci-devant soldat français. (Enterré à Tripapour).

25 Août.

HUBERT (Albert), natif de Lussi (?) diocèse de Nancy en Lorraine, âgé de 37 ans, enterré à Padricoupom près Goudelour.

25 Août.

Simon (Jean), dit La Victoire, natif de Damonsi (?) en Champagne diocèse de Reims, âgé de 26 ans, enterré à Tripapour près Goudelour.

4 Octobre.

Memier (Pierre) dit Sans Cartier, âgé d'environ 30 ans, prisonnier français.

20 Octobre.

Martin (Louis) dit La Jonquille, âgé de 30 ans, passé au service des Anglais.

22 Octobre.

Dubois (François Xavier), âgé de 30 ans, sergent au bataillon de l'Inde, prisonnier chez les Anglais.

29 Novembre.

Legras (Louis), soldat français au service des Anglais.

C'est le capucin Augustin qui a établi tous les actes postérieurs au 30 Mars, tant à Pondichéry qu'à Goudelour.

ANNÉE 1765.

Naissances.

9 Juin.

Rendu (Joseph) fils de Charles Rendu et de Madeleine.

6 Juillet.

Gordon (Paschasie), fille de Thomas Gordon et de Marie Wilstecke.

8 Juillet.

Abeille (Jacque Thomas), fils de Jean Joseph Abeille, écuyer, conseiller au Conseil Supérieur de de Pondichéry et de Brigitte Leridé.

24 Août.

Lee (Charles), fils de Charles Lee, irlandais, et de Manuela Thibau.

2 Septembre.

Lettoré (Augustin Louis), fils de Julien Lettoré et de Marie Ferrera.

4 Septembre.

Moitié (Louis Augustin), fils de Jacques Moitié et de Rite Ticher.

5 Septembre.

Barrière (Anne), fille de Jean-Baptiste Barrière dit Bordelais et de Marie de Monte.

16 Septembre.

Collin (Alexis, Herry, Gilles), fils d'Alexis François Collin, écuyer, chirurgien major de l'hôpital de Pondichéry et de Nicole Cordier.

22 Septembre.

Chiquane (Dionis), fils de Dionis Chiquane et de Françoise Marchant.

15 Octobre.

Le Lardeux (Suzanne, Marie, Hélène, Sophie, Claude), née et ondoyée à Mazulıpatam le 8 Janvier 1754, fille de Jacques François Marie Le Lardeux, écuyer, Seigneur de la Gattiére, capitaine de vaisseau et de dame Hélène Savy.

18 Octobre.

Castel (Jacques, Christophe), fils de Jacques Castel et de Thérèse de Mende.

21 Octobre.

Avia (Louise, Anne, Ursule), fille de Julien Avia, maître canonnier de la place et de Marie Grantton.

22 Octobre.

Folliot (Jean), fils de Jean Folliot et de Anna Affonço.

23 Octobre.

Damoy (Louis, Antoine), fils légitime d'Antoine Damoy, employé de la Compagnie et de Sophie Thérèse Lidure.

1er Novembre.

Séverat (Raphaël), fils de Pierre Séverat, né à Marseille, et de Marie, native de Maroc en Barbarie.

L'enfant né au Maroc a été baptisé à Pondichéry le 4 Octobre 1768.

9 Novembre.

Boisseau (Cathérine), fille de Jean Baptiste Boisseau, officier du bataillon de l'Inde, et de Françoise Castel.

11 Novembre.

Pané (Françoise, Martine), fille de Gilles Pané et d'Ursule Marchand.

15 Novembre.

Lassalle Mariehaure (Jean Baptiste, Louis, Anne, Faustinien, Léonar de), fils de Jean Baptiste de Lassalle Mariehaure, ancien capitaine au bataillon de l'Inde, et de Marie Jacques Febvrier né à Paris.

30 Novembre.

Richardin (Jean, Antoine), fils de Jean Richardin et de Cathérine Piper.

27 Décembre.

Grostair (Louis, Michel), fils légitime de François Grostair et de Marie Ponary.

Mariages.

22 Juillet.

Brisson (Louis, Jacques), né à Paris, paroisse de St. Roc, âgé de 23 ans, ... major de la garnison, fils de Jacques Brisson et de Marie Jeanne Loraisdot (?);

et Cathérine Abram, né à Pondichéry, âgé de 18 ans, fille de Dominique Abram et de Romaine de Soza.

29 Juillet.

Cazard (Jean-Baptiste), caporal, âgé de 20 ans, natif de la paroisse de St. Oin, diocèse de Lizieux, fils de Pierre Cazard et de Françoise Hugot ;

et Rose Combalbert, navive de Pondichéry, âgée de 18 ans, fille de Laurent Combalbert, soldat et de Antoinette de Souza.

19 Août.

Mongeois ou Montjoye (Louis), soldat de la Compagnie, né à Paris, paroisse de St. Germain, âgé de 17 ans, fils d'Adrien Mongeois et de Marie Jouhaille ;

et Rose de Rozaire, née à Pondichéry, âgée d'environ 23 ans, fille d'Emmanuel de Rozaire et d'Ursule de Mello.

19 Août.

Fournay (Jean-Baptiste, Marie, Denis), soldat de la Compagnie, né à Paris, paroisse de St. Sulpice, âgé de 24 ans, fils de Pierre Fournay et de Marie Anne Ardeil ;

et Jeanne de Lima, née à Pondichéry, âgée de 16 ans, fille de Sébastien de Lima et de Cathérine de Britto.

21 Août.

D'Hallu (Jacques), chirurgien-major des vaisseaux de la Compagnie, natif du diocèse d'Amiens, âgé de 37 ans, fils de Jacques, d'Hallu et de Marie Madeleine Vitasse ;

et Françoise Corréa, née à Pondichéry, âgée de 13 ans et demie, fille de Pierre Corréa et de Sylvie Hugo.

18 Septembre.

Barjotte (François), soldat de la garnison, natif du diocèse de Senlis, âgé de 25 ans, fils de Jean Barjotte et de Marie Bataille ;

et Marie Saviel, née à Goudelour, âgée de 20 ans, fille de François Saviel et de Ursule Rodrigues.

23 Septembre.

St. Luc (Louis Thomas), soldat de la garnison, né à Paris, paroisse de St. Nicolas des Champs, âgé de 23 ans, fils de Thomas Saint Luc et d'Elizabeth Marie, veuf de Stéphanie Gavier ;

et Françoise Salderee, née à Pondichéry, âgée de 14 ans, fille de Corneille Salderee et de Dorothée du Rozaire.

14 Octobre.

Boisclère (Louis), soldat, né à Paris, paroisse de St. Laurent, âgé de 24 ans, fils de Nicaise Boisclère et de Marie Boisclère ;

et Andréza Fregose, née à Pondichéry, âgée de 14 ans, fille de Manuel Frégose et de Françoise Martin.

21 Octobre.

Le Vacher (Georges-Julien), soldat de la garnison, né à Paris, paroisse de St. Paul, âgé de 23 ans, fils de Georges Le Vacher et de Marie Magdelaine de la Mare;

et Françoise de Rozaire, née à Pondichéry, âgée de 13 à 14 ans, fille de Louis de Rozaire et de Marie Lirhec.

10 Novembre.

Reymond (Louis, François), sous-marchand de la Compagnie, né à Versailles, paroisse de Notre-Dame, âgé de 39 ans, fils de Jacques Reymond, ancien directeur des fermes du Roi, et de Françoise Montel, nourrice de feue dame Anne Henriette de France.

et Marie Laymon, veuve Manière, née à Pondichéry, âgée de 26 ans, fille de Jean Laymon et d'Anne Hervier.

11 Novembre.

Renaldel (Simon) dit Robert, soldat tombour des grenadiers de la garnison, né à St. Marsan en Vivarais, âgé de 34 ans, fils de Jean Renaldel et d'Isabelle Tessier;

et Marie Britto veuve de Simon Fernandez, née à Pondichéry, âgée de 25 ans, fille de Jean Britto et de Marie Rodrigue.

19 Novembre.

Bonneau (François), soldat d'artillerie, né à Paris, paroisse de Ste. Marguerite, âgé de 26 ans, fils de Jean Bonneau et de Marie Françoise Desbove;

et Jeanne Favie, née à Pondichéry, âgée de 24 ans, fille de Jean Favie et d'Antoinette de Rozaire.

21 Novembre.

Carfin (Jean, François), soldat de la garnison, né à Paris, âgé de 28 ans, fils de Nicolas Carfin et de Marie Jeanne Bataille;

et Brigitte, Robert, née à Pondichéry, âgée de 16 ans, fille de Robert et de Thérèse.

25 Novembre.

Bourrely (Etienne), sergent-major de la garnison, natif d'Ivèse en Languedoc, âgé de 26 ans, fils de Louis Bourrely et de Marie Paigre;

et Marie Elizabeth Burot, née à Pondichéry, âgée de 16 ans, fille de Pierre Burot et de Louise Baslieu.

28 Novembre.

Ranger (Gilbert de), ingénieur en second de Pondichéry, né à Paris, âgé de 28 ans, fils de Gilbert Pierre de Ranger et de Marie Anne Rougeaux;

et Sophie, native de d'Alep, âgée de 24 ans, veuve du sieur Palmas, fille de Chouvery et de Chocmouné.

Décès.

3 Mai.

Legrand (François), maître d'hôtel de M. Becdelievre, âgé d'environ 45 ans.

(Sans Date)

Marchand (Augustin, Charles, René), soldat tambour, né à Paris, paroisse St. Sauveur, âgé de 19 ans, fils de René Marchand.

22 Mai.

Royer (Dominique), âgé d'environ 70 ans.

2 Juin.

Boisvin (Gaspard), dit La Couture, garde de M. le Gouverneur mais tailleur de profession, âgé de 20 ans, né à Paris, paroisse de St. Germain l'Auxerois.

5 Juin.

Barriere (Jean), âgé de 9 mois, fils de Jean Barrière et de Thomasie de Monte.

8 Juin.

Bedez (Jean, Jacques), mousse du vaisseau " Le Praslin ", âgé d'environ 15 ans.

17 Juin.

Villemain (Joseph), âgé de 18 mois, fils de feu Jacques Villemain et de Marceline de Silva, natif de Maduré.

21 Juin.

Le Lièvre (Joseph), né à St. Thomé, âgé d'environ 1 an, fils de Nicolas Le Lièvre et de Marguerite sa femme.

24 Juin.

Dumont (Marie), âgée d'environ 60 ans, veuve du sieur Dumont, officier du bataillon de l'Inde.

2 Juillet.

Castel (Jeanne), née à St. Thomé, âgée de 10 mois, fille de Jacques Castel et de Thérèse Mendé.

7 Juillet.

Moitié (Marie, Joseph), âgée d'environ 2 ans, fille de Jacques Moitié et de Catherine.

9 Juillet.

Garnier (Louis, Nicolas), pilotin du vaisseau « Le Chameau », né à Carnac, paroisse de diocèse du Vannes, âgé de 17 ans.

14 Juillet.

Seguin (Jean, Marie), matelot du vaisseau « Le Chameau », âgé de 20 ans.

14 Juillet.

Cretel (Jean), âgé de 11 mois, fils de Jacques Cretel et de Maria.

14 Juillet.

Jourdain (Marie), âgée de 7 mois, fille de Guillaume Jourdain et de Marie Anne.

21 Juillet.

Hecquet (Thérèse), âgée de 2 ans, fille de Hecquet, employé de la Compagine et de Thérèse de Gassonville.

21 Juillet.

Serveaux (Marie), âgée de 9 mois, fille de François Serveaux et de Louise.

1765 — 24 —

23 Juillet.

St.-Medard (Charles), âgé d'environ 3 ans, fils de Charles St. Médard, Chirurgien-major de la Compagnie et de Françoise Balle.

24 Juillet.

Nounez (Christophe), âgé de 2 ans, fils d'Emmanuel Nounez et de Françoise.

24 Juillet.

Crognon (Louise), âgée de 24 ans, fille de Gabriel Grognon et de Christine.

28 Juillet.

Avia (Anna), âgée d'environ 3 ans, fille de Julien Avia, maître canonnier, et de Marie Graffeton.

6 Août.

Boulanger (Jean), soldat invalide du corps royal.

8 Août.

Bellissan (Jean, François, Alexandre), âgé de 32 ans, né à Homart, diocèse de Bayeux, soldat de la compagnie.

12 Août.

Le Floc (Pierre Thomas), matelot du vaisseau « Le Chameau ».

12 Août.

Kerrguse de Mezemble (Messire François Joseph de), âgé de 25 ans, ancien lieutenant des vaisseaux du Roi.

16 Août.

Samson (Jean-Baptiste), âgé de 3 ans, fils de Paul Samson (officier-d'artillerie) et de Marie Mathurine Avia.

22 Août.

Roullet (Jean-Baptiste), âgé de 5 ans, fils de Jean Roullet et de Françoise.

2 Septembre.

Demarais (Elisabeth), âgé de 16 mois, née à St Thomé, fille de François Demarais et de Jeanne de Monté.

5 Septembre.

Ousset (Pierre), soldat.

13 Septembre.

Clement dit Sauveur (Jean-Baptiste), soldat invalide, né à St. Sauveur en Franche Comté, âgé de 65 ans.

16 Septembre.

Guerre dit La Fleur (Philippe), soldat de la garnison, né à Paris, paroisse Ste. Marguerite, âgé de 34 ans, fils de feu Claude Guerre et de feue Marguerite Pariset, boulanger de profession.

17 Septembre.

Huber (Josepha, Appoline), fille de Toussaint Huber et de Louise Jansen âgée de 6 mois.

17 Septembre.

Randen (Joseph), fils de Charles Randen et de Magdelaine, âgé de 3 mois.

18 Septembre.

Coran (Jean - Baptiste), soldat de la compagnie d'artillerie.

23 Septembre.

Keranguin (Alexis), âgé de 2 ans. fils de Julien Keranguin, employé de la compagnie et de Marie.

1er Octobre.

Damox (Charles), âgé de 2 ans, fils d'Antoine Damoy et de Françoise Morand.

2 Octobre.

Blanchet (Simon), dit Blanchet, soldat de la compagnie de St. Germain, âgé de 25 ans.

10 Octobre.

La Nougerède (Louise), âgée de 2 mois 1/2, fille de Pierre La Nougerède dit Monbron et d'Appolline Fombert.

11 Octobre.

Quersigner (François), ancien soldat, né à Thann, province d'Alsace, âgé de 35 ans.

17 Octobre.

Ayié (Jean), matelot du vaisseau « Le Chameau ».

24 Ootobre.

Lamballais (Marie), âgée de 7 à 8 ans, née à Pondichéry.

25 Octobre.

Castel (Jacques, Christophe), fils de Jacques Castel et de Thérèse de Mende, âgé de 6 jours.

30 Octobre.

Ahamonin (Nicolas), tonnelier du vaisseau « L'Hermione », natif de Lorient.

2 Novembre.

Burot (Pierre). âgé de 58 ans.

4 Novembre.

Cachard (Thomasir), fille de Pierre Elie Cachard et de Jeanne Lenoir, âgée de 6 mois.

4 Novembre.

Grangeat (Louis) dit Blondin, soldat de la garnison, natif de la paroisse de Savigny, diocèse de Beauvais, âgé de 26 ans.

5 Novembre.

Labeyry (Jean, Joseph), fils de Gillaume Labeyry et de Françoise Gaucher, âgé d'un an.

15 Novembre.

Morel (Jean Pierre), né le 15, fils de Claude Gillaume Morel et de Rose Jaffre.

27 Novembre.

Le Fort (Jacques), soldat invalide, âgé d'environ 60 ans.

9 Décembre.

Barrière (Marie, Anne), fille de Jean-Baptiste Barrière et de Marie de Monte, âgée de 3 mois.

13 Décembre.

Lesgur (Pierre) dit Jolicœur, soldat d'artillerie, né à Delbourg, paroisse St. Simon, en Auvergne, âgé de 26 ans.

26 Décembre.

Faucheux (Jacques Philippe), soldat d'artillerie, né à Paris, paroisse St. Sulpice, âgé de 33 ans.

ANNÉE 1766.

Naissances.

8 Janvier.

Bourlet d'Hervilliers (Louise, Françoise, Renée), fille légitime de Louis Nicolas Bourlet d'Hervilliers, conseiller adjoint au Conseil Supérieur de Pondichéry et de Rénée Louise Meder.

Parrain : François Nicolas, natif de Paris, paroisse St. Roch, conseiller au Conseil Supérieur, second de la place, ancien commandant ; Marraine : Louise de Magaleays, veuve Meder, native de Macao.

9 Janvier.

Navarre (Jean, Etienne), fils de Pierre Navarre et de Marie Anne.

10 Janvier.

Seriot (André), fils légitime de Jean Claude Seriot, soldat d'artillerie, et de Louise Andrée.

12 Janvier.

Poulet (Jean), fils légitime de Pierre Poulet, négociant en cette ville et de Marie Elizabeth Huet.

18 Janvier.

Nacher (Guillaume), fils légitime de Charles Joseph Nacher et de Marie Maquigna.

20 Janvier.

Nunès (Françoise), fille d'Emmanuel Nunès et de Françoise Hieronimo.

20 Janvier.

Borée (Françoise), fille d'Olivier Borée dit Saint-François et de Françoise Tunis.

25 Janvier.

Crognon (Jeanne Baptiste), fille légitime de Gabriel Crognon et de Christine Estre.

26 Janvier.

Adam (Marie), fille légitime de Nicolas Adam et de Jeanne Pierre Baptiste.

23 Février.

Pitre (Barbe), fille de Pierre Pitre, hollandais, canonnier de cette place, et d'Antoinette de Rozaire.

28 Mars.

Bodin (Julien), fils d'André Bodin et de Louise Fournier.

20 Avril.

Le Faucheur (Jeanne, Marie, Josephe), fille de François, Joseph Le Faucheur, sous-marchand de la Compagnie, et de Thérèse Burel.

Parrain : André Boyelleau, second de la ville de Pondichéry et Gouverneur p. i., natif de Paris.

Marraine : Jeanne, Julienne Artur, épouse d'André Boyelleau, native de Brest.

28 Avril.

Brisson (Simon, Louis), fils de Louis, Charles Brisson, fifre major de cette garnison, et de Catherine Abraham.

29 Avril.

Barjon (Gabriel, François), fils de Pierre Barjon et de Pétronille Péreire.

30 Avril.

Sicé (Pierre), fils de Pierre Sicé et de Marie Jouly.

30 Mai.

Leridé (Marie, Louise, Josèphe), fille de Joseph Leridé, capitaine des vaisseaux de la Compagnie, et de Marie, Anne, Françoise Moreau.

Parrain par procuration : Louis Joannis, capitaine de vaisseau, chevalier de l'ordre royal et militaire de Saint Louis, tenant pour Louis, Bertrand Moreau.

Marraine : Martin, épouse de Duplant, Conseiller au Conseil supérieur.

10 Juin.

Tournay (Hilaire), fils de Jean-Baptiste Tournay et de Rosalie de Lima.

11 Juin.

Courville Hoffstetter (Isabelle), fille de Nicolas Courville Hoffstetter et de Cathérine Alène.

26 Juin.

Casar (Augustin), fils de Jean-Baptiste Casar, dit Baron, caporal d'artillerie, et de Rose Combalbert.

13 Juillet.

Dillequin (Thomas), fils de Jean, Chrysostome Dillequin et d'Anne Picquemane.

27 Juillet.

Fleury (Marie), fille de François Fleury, soldat du bataillon, et d'Elisabeth Berlo.

15 Août.

Sçaumont (Marie, Louise), fille de Pierre Sçaumont, chirurgien major de la Compagnie, et de Louise Fautome.

19 Août.

Gordon (Thomas, Joseph), fils de Thomas Gordon et de Marie Wilsteck.

20 Août.

Raymond (Marie, Anne, Henriette, Françoise), fille de Louis François Raymond, sous-marchand de la compagnie et de Marie Lemon.

30 Août.

Duverger (Alexandre), fils de Guillaume Duverger et de Geneviève Guérin.

7 Septembre.

Limousin (René, Louis), fils de René Limousin, soldat de cette garnison, et de Rite de Rozaire.

10 Septembre.

Manneuvre (Jeanne, Marie, Françoise) fille de Dominique Manneuvre et de Catherine Arigneret ondoyée à Chandernagor elle a été baptisée à Pondichéry le 10 . . . .

21 Septembre.

Hubert (Madeleine, Geneviève) fille de Toussaint Hubert, bourgeois de cette ville, et de Louise Jens.

21 Septembre.

Pinou (Madeleine) fille de François Pinou, bourgeois de cette ville, et d'Apolline de Rozaire.

12 Octobre.

Noel (Marie), fille de François Noël et de Thérése Navier.

15 Octobre.

Chiquane (Catherine) fille de Denis Chiquorne alias Chiquane, habitant de Pondichéry, et de Françoise Marchand.

23 Octobre.

Saint-Paul (François, Jean, Antoine). fils de Jean Baptiste Saint-Paul, ancien capitaine d'Infanterie, et de Françoise Quentin de la Métrie.
Parrain : Jean Bourcet, ingénieur en chef de cette ville, natif de Grenoble.
Marraine : Marie, Jacques Febvrier, épouse de Delasalle Mariehaure.

24 Octobre.

Guilbard (Louise, Françoise), fille d'Antoine Guilbard et de Françoise Renié.

27 Octobre.

Servaux (Anne, Marie), fille de François Servaux. Bien qu'enfant légitime, le nom de la mère ne figure pas.

5 Novembre.

Cachart (Emmanuel) fils de Pierre, Elie Cachart et de Jeanne Lenoir.

7 Novembre.

Ballay dit Saintonge (Julie) fille de Jean Ballay dit Saintonge et de Catherine Rognon.

11 Novembre.

Tozolin de Luzambeau (Etienne) fils d'Eustache Tozolin de Luzambeau, sergent de cette garnison, et de Roza.

20 Novembre.

Gilet (André) fils de Jean Gilet et de Marie de Silva.

24 Novembre.

Damoy (Julien) fils d'Antoine Damoy, employé de la Compagnie, et de Sophie Lidure.

Parrain : Julien Flacourt, sous-marchand de la Compagnie, natif de Surate.

Marraine : Marie, Colombe Legou, native de Pondichéry.

28 Novembre.

Magnien (Thérèse) fille de Pierre Magnien, employé de la Compagnie, et d'Ignacia de Mendoza.

1 Décembre.

Guerre (Françoise), fille de Jacques Guerre, officier de vaisseau dans l'Inde, et de Marie Jeanne, Jacqueline de Bisschop.

Parrain : Jacques, Etienne Cornet, natif de Pondichéry.

Marraine : Marie, Françoise Guerre, veuve d'Etienne, Mathurin Cornet, native de Pondichéry.

2 Décembre.

Montjoie (Jeanne, Françoise), fille de Louis Montjoie et de Victoire de Rozaire.

4 Décembre.

Lelievre (Marie, Louise, Barbe), fille de Nicolas Lelievre et de Marguerite Petit.

11 Décembre.

Poulet (Pierre), fils de Pierre Poulet, marchand, et d'Elisabeth Ruel.

1766

Mariages.

7 Janvier.

Mignot (Pierre, Denis), soldat de la garnison, né à Paris, paroisse St. Sulpice, âgé de 32 ans, fils de Pierre Mignot et Marie-Jeanne Lebouc ;

et Françoise Belée, née à Pondichéry, âgée de 24 ans, fille de Guillaume Belée et de Jeanne Deuxanges veuve de Michel Bachellier.

14 Janvier.

Veillet (Jean), marchand, habitant de Pondichéry, né à St. Nazaire en Saintonge, âgé de 50 ans, fils de Jean Veillet et de Marie Anne Maillet ;

et Marie Magdelaine Jacquet veuve Lacombe, née à Grenoble, paroisse Notre-Dame, âgée de... ans, fille de Antoine Jacquet et de Claudine Magnans.

4 Février.

Janin (Jean), âgé de 38 ans, né à Mayenne, diocèse du Mans, fils de Julien et de Marie Maillart ;

et Françoise Xavier, fille de François Xavier et d'Ursule Rodrigues.

4 Février.

De Saint-Martin (Etienne), âgé de 38 ans, né à Pouillon (Sandes), fils d'Alexandre de Saint-Martin et d'Ursule Magnes ;

et Jeanne, Pierrette Guichard, âgée de 48 ans, née à Besançon, veuve de Pierre Bichely.

10 Février.

Sof (Claude), âgé de 28 ans, né à Ligny-en-Barrois, fils de Gabriel Sof et d'Elisabeth Baroy ;

et Marie André, âgée de 21 ans, née à Pondichéry, fille de Jean André et de Françoise de Monte, veuve de . . .

5 Mai.

Gradeau (Claude, Nicolas), âgé de 40 ans, né au Tremblay, fils de Claude Gradeau et de Marguerite Laistre ;

et Catherine Carlos, âgée de 18 ans, née à San Thomé, fille de Joseph Carlos et de Louise Figrède.

19 Mai.

Guerre (Jacques), officier de vaisseau, âgé de 41 ans, né à Pondichéry, fils de feu Abraham Guerre et de Marie Brunet ;

et Marie, Jeanne, Jacqueline De Bisschop, âgée de 18 ans, née à Pondichéry, fille de feu Michel de Bisschop et de Marie Gemsen.

Témoins : Jean Joseph, Antoine Quentin Trémisot, Conseiller, Georges, Félix Ondoyer du Petitval, Conseiller, Pierre Yzact, Conseiller et Procureur pour le Roy, Vinditien, Guillain Blin de Grincourt, sous-marchand, et Jacques Hecquet, employé de la Compagnie.

27 Mai.

Caussin (Jean), âgé de 40 ans, né à Bordeaux, fils d'Antoine Caussin et d'Anne Pavret ;

et Rita De Souza, âgée de 20 ans, née à San Thomé, fille de Paul de Souza et de Maria Cécile.

2 Juin.

Blanchard (Jean), âgé de 40 ans, né à Poitiers, fils de Paul Blanchard et de Jeanne Martine ;

et Madeleine Burot, âgée de 15 ans, née à Pondichéry, fille de Pierre Burot et de Louise Baslieu.

25 Juin.

Clement (Claude) âgé de 32 ans, né à Bar, diocèse d'Autun, fils de Claude Clement et de Marguerite Benoit ;

et Catherine Joannis, âgée de 15 ans, née à Palicat, fille de Dominique Joannis et d'Anna de Monte.

25 Juin.

Vaza (Charles, François, Augustin), âgé de 36 ans, né à Cherbourg, fils de Charles Vaza et de Sophie Simon, veuf de Marie, Anne Parlot ;

et Louise, Catherine Dutoy, âgée de 14 ans, née à Pondichéry, fille de Louis Dutoy et de Catherine Petit.

7 Juillet.

Monnier (Pierre), âgé de 36 ans, né à Paris, veuf de Jeanne Le Jigan, fils de Pierre Monnier et d'Angélique Philippe ;

et Jeanne Jaffré, âgée de 15 ans, née à Pondichéry, fille de François Jaffré et de Marguerite Vaguenar.

28 Juillet.

Blin de Grincourt (Vinditien, Guillain, Marie), âgé de 32 ans, né à Arras, fils d'André, Venditien Blin de Grincourt et de Marie, Guillaine, Josephe Pourrat et Marie, Madeleine Cornet, âgée de 19 ans, née a Pondichéry, fille de feu Etienne, Mathurin Cornet, et de Marie, Françoise Guerre.

Témoins : Jean, Joseph, Antoine Quentin Témisot, Conseiller; Jacques Guerre, officier de vaisseau; Simon Lagrenée de Méziére, Conseiller; et Jacques, Etienne Cornet.

24 Novembre.

De Montgomery (Robert), âgé de 23 ans, né a Dublin, ancien officier anglais, fils de Guillaume de Montgomery et d'Elisabeth Blanchale ;

et Marie, Alphonse Dias de Castro, âgée de 22 ans, née à Manille, fille de Jean, Alphonse Dias de Castro et de Marie Narrais.

Décès.

2 Janvier.

Frayry (Jean, Claude), enseigne du vaisseau Le Comte d'Argenson, né à Paris, paroisse St. Eustache, âgé de 22 ans.

2 Janvier.

André, fils de Pojbiqua, âgé d'un jour.

3 Janvier.

Causique (Jean, Marie, Manuel), matelôt du vaisseau Le Comte d'Argenson.

5 Janvier.

Roch (Jean, Jacques), mousse du vaisseau Le Comte d'Argenson.

7 Janvier.

Vergne (Jean, Louis), mouse du vaisseau Le Comte d'Argenson, âgé de 8 à 9 ans.

10 Janvier

Pigeon (Julien), matelôt du vaisseau Le Comte d'Argenson.

10 Janvier.

Viard (François), second chirurgien du vaisseau Le Comte d'Argenson.

11 Janvier.

Donavon (Joseph), matelôt du vaisseau Le Comte d'Argenson.

14 Janvier.

Delètre (Jean-Baptiste), soldat du bataillon de l'Inde, né à Paris, paroisse St. Eustache, âgé de 18 ans.

1766

15 Janvier.

Bazillac (Jean, Paul), chirurgien major, débarqué, passager du vaisseau Le Comte d'Argenson, né à Puyjestruc, diocèse de Tarbes.

16 Janvier.

Peret (Charles), bossemen du vaisseau Le Comte d'Argenson, né à Hennebont, âgé de 40 ans.

17 Janvier.

Martenay (Jacques, Thomas de), écuyer, lieutenant au bataillon de l'Inde, chevalier de St. Louis, né à Alençon.

18 Janvier.

Raux (Jean-Baptiste), matelôt débarqué du vaisseau Le Comte d'Argenson, né à Lorient.

18 Janvier.

Alard (Pierre), mousse pilotin du vaisseau Le Comte d'Argenson, âgé de 15 ans.

28 Janvier.

Ravin (François), matelôt du vaisseau Le Comte d'Argenson.

4 Février.

Chiquane (Denis), âgé de 5 mois, fils de Denis Chiquane et de Françoise Marchand.

5 Février.

Favret (René), matelôt sur le « Comte d'Argenson ».

6 Février.

Rodrigue (Dominique), matelot sur le « Comte d'Argenson ».

15 Février.

Fournier (Etienne, Maurice), natif de Lorient, pilotin sur le Comte d'Argenson.

18 Février..

Evin (Joseph), matelot sur le « Comte d'Argenson ».

18 Février.

Le Goff (Julien), matelot sur le Comte d'Argenson

25 Février.

Copillon (Félix), soldat, âgé de 23 ans, né à Rennes, fils de François Copillon.

22 Mars.

Mioullet (Julien), maître voilier sur le « Comte d'Argenson ».

31 Mars.

de Chamborant (Antoine), âgé de 30 ans, officier du bataillon de l'Inde.

31 Mars.

Langlois de Saint-Hilaire, marchand particulier, né à Angoulême, âgé de 38 ans.

11 Avril.

Grossard (Michel), fils de François Grossard et de Suzanne Suarès, âgé de 4 mois.

29 Avril.

Odin (Guillaume), ancien matelot invalide, né à St. Brieuc, âgé de 36 ans.

11 Mai.

Gimave dit Dubois (Charles), adjudant canonnier, âgé de 42 ans.

12 Mai.

Gorgu (Jean), matelot du « Centaure », invalide, né à Pléboul, évêché de Saint-Brieuc.

4 Juin.

Desjardins (Marie), épouse de Baleine Dulaurens le cadet, sous-marchand de la Compagnie, née à Pondichéry, âgée de 25 ans.

7 Juin.

Berly (Jean), dit Langeoin-sans-souci, ancien soldat allemand, né au canton de Berne, âgé de 60 ans.

9 Juin.

Cretel (Marie), fille de Barthélemy, Antoine Cretel et de Françoise Rapoze.

20 Juin.

Sicé (Pierre), fils de Pierre Sicè et de Marie Jouly, âgé de deux mois.

23 Juin.

Levasseur (Nicolas), sergent d'artillerie, âgé de 28 ans.

24 Juin.

Baujave (Jean, Marie), matelot du « d'Argenson », âgé de 30 ans.

29 Juin.

Préault (Gabriel Martin), cy-devant écrivain des troupes du bataillon de l'Inde, né à Pont-sur-Yonne, âgé de 40 ans.

5 Juillet.

Lecomte (Jacques), sergent de cette garnison, âgé de 66 ans.

12 Juillet.

De la Nougère (Louise), fille de Pierre de la Nougère et d'Apolline Fombert.

17 Juillet.

Magnan (Marie, Anne), fille de Pierre Magnan, employé de la Compagnie, et de Perrine Mendoza, âgée de 15 mois.

19 Juillet.

Abeille (Pierre), fils de Joseph Abeille, Conseiller, et de Brigitte Leridé, âgé de 14 ans.

20 Juillet.

Avia (Marie), épouse de Paul Samson, âgée de 19 ans.

30 Juillet.

Berlot (Elisabeth), épouse de François Fleury, née à Pondichéry, âgée de 19 ans.

24 Août.

R. P. Sulpice de Ste. Clotilde de Golle, religieux augustin, prêtre aumônier du vaisseau « Le Chameau », âgé de 60 ans.

26 Août.

Kerderin (Jean-Baptiste), soldat caporal de cette garnison, âgé de 50 ans.

31 Août.

Leroy (Jean-Baptiste), dit Saint-Roch, soldat de cette garnison, âgé de 32 ans.

9 Septembre.

D'Almeïde (Anne), née à Pondichéry, âgée de 16 ans.

1766

13 Septembre.

Baudrelle (Jacques), soldat invalide de cette garnison, âgé de 29 ans.

24 Septembre.

Albert (Jean-Baptiste), sergent des grenadiers.

24 Septembre.

Caffin (François), soldat d'artillerie, né à Paris, âgé de 29 ans.

25 Septembre.

Lemaître (Pierre), fils de Pierre Lemaître, matelot canonnier du « Massiac », né à St. Malo, âgé de 27 ans.

26 Septembre.

Hervy (Pierre), soldat grenadier de cette garnison.

1er Octobre.

Devoisines (Marie, Françoise), fille d'Antoine Devoisines, écuyer, capitaine du bataillon de l'Inde, et de Geneviève, Anne Mogi. Elle a été baptisée le 30 Juin 1768. (sic)

28 Octobre.

Richardin (Jean, Antoine), fils de Jean Richardin et de Cathérine Piper, âgé de 10 mois.

29 Octobre.

Dulaurent (Madeleine). née à Pondichéry, âgée de 43 ans.

31 Octobre.

Carrié (Louise), épouse de Lamoiry, née à Pondichery, âgée de 36 ans.

6 Novembre.

Lamoiry (François), fils de Lamoiry et de feue Louise Carrié. âgé de 7 jours.

13 Novembre.

Lamarre (Jean), matelot de l'escadre de M. d'Aché, né à St. Malo, âgé de 30 ans.

15 Novembre.

Licet (Antoine), fils d'Yves Licet et de Philippe Possoa, né à San Thomé, âgé de 18 mois.

18 Novembre

Cachart (Emmanuel), fils de Pierre, Elie Cachart et de Jeanne Lenoir, né à Pondichéry, âgé de 15 jours.

6 Décembre.

Barbeau (Alexandre), fils de Jean-Baptiste Barbeau, âgé de 2 ans.

6 Décembre.

Lelièvre (Marie, Louise, Barbe), fille de Nicolas Lelièvre et de Marguerite Petit, âgée de 6 jours.

11 Décembre.

Defrance (Nicolas), dit François, soldat de cette garnison.

12 Décembre.

Ledoux (Jean), sergent invalide, né à Paris, âgé de 56 ans.

28 Décembre.

Pintre (Frère Patrice), religieux du Tiers-ordre de St. François, né à Port-Louis, diocèse de Vannes, âgé de 32 ans.

31 Décembre.

Legrand (Jean, Robert) dit La Grandeur, soldat invalide, né à Paris, paroisse St. André des arts, âgé de 33 ans.

ANNÉE 1767.

Naissances.

3 Janvier.

Boisclerc (Marguerite), fille de Louis Boisclerc, fusilier de la garnison, et d'Andrèze Frégose.

15 Janvier.

Gallyot de la Villette (Jean, Marie, Charles), fils de Pierre Gallyot de la Villette, greffier en chef et notaire de cette ville, originaire du Ninervais, et de feu Aurélie Leroux, né à Pondichéry, L'enfant a été baptisé le 12 Juillet 1768.

24 Février.

Caro (Michel, Mathieu), fils de François Caro, soldat invalide de cette garnison et de Rose Bellefin.

1er Mars.

Launay (François, Joseph), fils d'Hyacinthe, Joseph Launay, officier de vaisseau, et de Marie, Anne Lebon.

Parrain : Nicolas Rigobert Clignot Delamotte, employé de la Compagnie, né à Paris.

Marraine : Françoise Quentin de la Métrie, épouse de Saint-Paul, capitaine d'infanterie, née à Madras.

2 Mars.

Ly (Guillaume), fils de Richard Ly et d'Emmanuelle Thibaud.

12 Mars.

Folliot (Marie, Françoise), fille de Jean Folliot et de Marie Françoise Alfonse.

27 Mars.

Roux (Claude), fils de François Roux, de Clairac, et de Sébastienne de Cruz.

30 Mars.

Valtrain (Marie), fille de Jean, François Valtrain et de Brigitte Perreire.

9 Avril.

Barrière (Jean-Baptiste), fils de Jean Barrière et d'Anne de Monte

12 Avril.

Pané (Louise), fille de Gilles Pané et d'Ursule Marchand.

21 Avril.

Piéron (Jean, Pierre), fils de Nicolas Piéron, soldat invalide de cette garnison et de Julienne d'Almeïde.

6 Mai.

Le Bègue (Brigitte), fille de Louis Le Bègue, volontaire au bataillon de l'Inde et de Marie de Monte.

9 Mai.

Mélé dit Pimpon (Barbe), fille de Pierre Mélé dit Pimpon, sergent, et de Pierrine Féchem.

1er Juillet.

Ceccatty (Jean, Louis), fils de Charles, François, Léopold de Pavans, écuyer, baron de Ceccatty, chevalier de l'ordre royal et militaire de St. Louis, né à Quingey et de Marie, Jeanne Lenoir, née à Pondichéry.

Parrain : Jean Law de Lauriston, chevalier de l'ordre royal et militaire de St. Louis, Gouverneur et Commandant général de tous les Etablissements français dans l'Inde, né à Paris.

Marraine : Marie, Dorothée Maillard Lenoir, née à Pondichéry.

9 Juillet.

Camu (Barthélemy), fils de Georges, François Camu, né à La Fléche, et de Paschale Voter.

9 Juillet.

Blin (Alexandre, André, Marie, Ange), fils de Vindition, Guillain, Marie Blin, écuyer, sieur de Grincourt, sous-marchand de la Compagnie, et de Marie, Madeleine Cornet.
Parrain : Alexandre Délarche, ancien Conseiller, né à Pondichéry, dont a été procureur Charles, Claude, Ange Monneron, sous-marchand de la Compagnie.
Marraine : Marie, Françoise Guerre, veuve de Cornet, ancien Conseiller, née à Pondichéry.

16 Juillet.

Sicé (Elisabeth), fille de Sicé, né à Parigné, et de Marie Guérette.

1er Août.

Oria (Laurent), fils de Julien Oria, maître canonnier, et de Marie Graveton.

6 Août.

Sçaumont (Thérèse), fille de Pierre Sçaumont, chirurgien major, et de Louise Fanthome.

18 Août.

Bourély (Jean, Pierre), fille d'Etienne Bourély, sergent major, et de Marie Burot.

1er Septembre.

Condat (Marie, Rose), fille de Sébastien Condat, soldat, et de Pauline Xavier.

2 Septembre.

Baudouin (Marie, Catherine, Michele), fille de Nicolas Baudouin, chirurgien de la Compagnie, né à Verdun, et de Marie Demenou, née à Pondichéry.

Parrain : Michel du Claud, subrécargue de Chine pour la Compagnie de France.

Marraine : Nicole, Catherine Cordier-Collin, née à Pondichéry.

4 Septembre.

Gossin (Nicolas, Laurent), fils de Jean Gossin, né à Bordeaux, et de Marie Motama, née à Madras.

10 Septembre.

Storme (Marie), fille de Joseph Storme, né à Pondichéry, et de Marie Agravat.

12 Septembre.

Bramel (Jean-Baptiste), fils de Pierre Bramel.

15 Septembre.

La Beyrie (Rosalie, Louise), fille de Guillaume La Beyrie, officier de vaisseau, né à Bordeaux, et de Françoise Gauché, née à Pondichéry.

17 Septembre.

Groubert (Charles, Laurent). fils de Jean, Louis, Michel Groubert, sergent, et de Marie Munik.

30 Septembre.

Barjon (Marie, Madeleine), fille de Pierre Barjon, ancien sergent, né dans le diocèse de St. Brieuc, et de Pétronille Pereira, née au Siam.

1767

8 Octobre.

Quentin Trémisot (Jean, Simon, Henry), fils de Jean, Joseph, Antoine Quentin Trémisot, né à Mahé, Conseiller, et de Thérèse Léhec.

Parrain : Simon Lagrenée de Mézière, Conseiller, dont a été le procureur Henry Germain, sous-marchand de la Compagnie.

Marraine : Thérèse Duhamel, veuve Paradis, née à Lorient.

9 Octobre.

Serveau (Louis, Joachim), fils de François Serveau dit Blanchet, né à Paris et de Louise Perreire.

10 Octobre.

Adam (Marie, Madeleine), fille de Nicolas Adam, né à Longwy, et de Jeanne, Pierre Baptiste.

11 Octobre.

La Nougerède (Marie de), fille de Pierre de la Nougerède, natif de l'Angoumois, et d'Apolline Fombert.

16 Octobre.

Gallic (Elisabeth), fille de Michel Gallic, employé en chef au bureau du Génie, natif de la Basse-Bretagne, et d'Elisabeth. . . ., native du Pégou.

23 Octobre.

Guerre (Maurice, Jacques, Vinditien), fils de Jacques Guerre, officier de vaisseau, et de Marie, Jeanne, Jacqueline de Bisschop.

Parrain : Vinditien, Guillain, Marie Blin, écuyer, sieur de Grincourt, sous-marchand, né à Arras.

Marraine : Marie, Madeleine Cornet, son épouse, née à Pondichéry.

27 Octobre.

. . . . . (Christine), fille de Jacques. . . . ., soldat, né à La Rochelle, et de . . . .

30 Octobre.

Reymond (Pierre), fils de Louis, François Reymond, né à Versailles, et de Marie Laymon, née à Pondichéry.

2 Novembre.

Duvergé (Jean, Louis), fils de Guillaume Duvergé, né à St. Malo, et de Geneviève Guérin.

8 Novembre.

Mariau (Louise), fille de Julien Mariau, décédée le même jour.

15 Novembre.

Guyot (Pierre, Dominique), fils de Pierre Guyot, soldat invalide, et de Suzanne Grou.

18 Novembre.

Sof (Elisabeth), fille de Claude Sof, de Ligny-en Barrois, et de Marie André, née à Pondichéry.

30 Novembre.

Poulet (Marguerite), fille de Pierre Poulet, négociant, et d'Elisabeth Ruel.

17 Décembre.

Dumont (Eléonore), fille de François Dumont, né à Louvres-en-Parisis, et de Jeanne Marque, née à Jaffna.

18 Décembre.

Chemitte (Françoise), fille de Jean (Smith), et d'Anne Martin. Le père a signé sur l'acte "Chemitte".

1767

20 Décembre.

Labatte (Thomasie), fille de Jean Labatte, né à Saint Gond, évêché d'Aire en Gascogne, et de Jeanne de Silva, née à Pondichéry.

26 Décembre.

Corréa (Etienne), fils de Jean-Baptiste Corréa, employé de la Compagnie, et d'Isabelle Passagne.

Mariages

13 Janvier.

Sénèque (Claude), fils de Rémy Sénèque et de Jeanne Bastide, né à Vaugue, évêché de Viviers, âgé de 35 ans.

et Marie, Louise, Agathe Sage, fille de Rémy Sage, née à Chandernagor, âgée de 24 ans.

18 Janvier.

Quentin Trémisot (Jean, Joseph, Antoine), né à Mahé, Conseiller, fils de Jean Quentin Trémisot, Directeur et Commandant à Mahé, et de Thérèse Duhamel, âgé de 37 ans.

et Thérèse, Ursule, Félicité, André Léhec, fille de Louis, Etienne André, seigneur de Léhec, écuyer, et d'Elisabeth, Michele Duigou, veuve de Boissimont, née à Quimper, âgée de 20 ans.

Témoins : Simon Lagrenée de Mézière, Conseiller, né à l'Ile Bourbon ; Louis, Nicolas Bourlet d'Hervilliers, Conseiller, né au Bengale ; Pierre Yzact, Conseiller, Procureur général du Roi, né à Lyon, et Jean, François Haumont, capitaine de vaisseau, né à St. Malo.

19 Janvier.

Bouché (Jean-Baptiste), maître charron de la Compagnie, fils de Pierre Bouché et de Marie, Nicole Deschenes, né à Paris, paroisse St. Eustache, âgé de 42 ans.

et Marie Lamouroux, fille de Jean-Baptiste Lamouroux, caporal, et de Laurence Assense, née à Pondichéry, âgée de 24 ans.

19 Janvier.

André (Henri), fils d'Antoine André et de Jeanne Toulade, né à Pézenas, âgé de 37 ans.

et Françoise Avis, fille de Jacques Avis et d'Antoinette de Monte, née à Pondichéry, âgée de 15 ans.

9 Février.

Clignet Delamotte (Nicolas, Rigobert), écuyer, baron de la Sainte Ampoule, employé de la Compagnie, fils de feu Jean-Baptiste Clignet Delamotte, écuyer, baron de la Sainte Ampoule, avocat au Parlement de Paris, et de Jeanne Daustel, né à Paris, paroisse St. André-des-Arts, âgé de 30 ans.

et Barbe Le Bon de Beausang, fille de feu Louis, Joseph Le Bon de Beausang, ancien sous-marchand de la Compagnie des Indes, et de Marie, Anne Clou, née à Pondichéry, âgée de 19 ans.

27 Avril.

Mallet (Louis), officier de cette garnison, fils de Louis Mallet, sous-marchand, et de Jeanne Dumont, né à l'île de France, âgé de 28 ans ;

et Brigitte, Geneviève Lebon, fille de feu Louis, Joseph Lebon, ancien sous-marchand, et de Marie, Anne Clou, née à Pondichéry, âgée de 27 ans.

1767

Témoins : Jean-Baptiste de Lassalle Mariehaure, capitaine d'infanterie ; Louis, Auguste Delaroche Durouzé ; Jacques, Joseph Dulaurens l'aîné, et Nicolas, Rigobert Clignet Delamotte, employé de la Compagnie.

27 Avril.

FAURE (Joseph, Alexis), écuyer, officier du bataillon de la Compagnie de France, fils de Jacques, François, Edouard Faure, et de Jeanne Thérèse des Sablons de Boisneuf, né à Lorient, âgé de 30 ans ;

et Marie, Josephe DESMOULINS, fille de Nicolas DESMOULINS et de Marie Duquenel, âgée de 19 ans, née à Pondichéry.

Ce mariage, célébré à Chorcolpet, près de Goudalour, a été enregistré à Pondichéry.

12 Mai.

LUBBE (Jean), soldat d'artillerie, fils d'André Lubbe, et de Françoise Villemain, né à Nemerdel, diocèse de Manheim, en Hollande, âgé de 42 ans et Marcelle RODRIGUE FEO, fille de Dominique Rodrigue Feo, et de Rose Marly, veuve de François Quersinet, née à Pondichéry, âgée de 34 ans.

1ᵉʳ Juin.

GROUBERT (Jean, Louis, Charles) dit La Douceur, sergent, fils de Charles Groubert et de Marie, Thérèse Lasselle, veuf d'Anne d'Almeide, né à Haguenau, âgé de 38 ans ;

et Marie, Barbe de MENINGUE, fille de feu Jean, Charles de Meningue et de feue Marie, Anne de Soza, née à Pondichéry, âgée de 16 ans.

9 Juin.

Billiever (Jacques), 1er lieutenant de vaisseau, fils de Jean Billiever, négociant, et de Catherine Gely, né à Pézenas, âgé de 44 ans ;

et Brigitte Gaillard, fille de Pierre, Charles Gaillard, canonnier, et de Marie Cottin, née à Pondichéry, âgée de 17 ans.

8 Juillet.

Dufrene (Pierre, Joseph), fils d'André Dufrene et de Marie Coutteau, né à Condé en Hainaut, âgé de 33 ans ;

et Marceline De Silva, fille de Sylvestre de Saza et de Marie de Rozaire, née à Karikal, âgée de 35 ans.

13 Juillet.

Bayet (Joseph), fils de Joseph Bayet et de Jeanne . . . ., Ier lieutenant des vaisseaux de la Compagnie, né à Saint-Servan, âgé de 36 ans ;

et Marie, Geneviève Jame, fille de Charles Jame et de Marie Lelant, veuve de Morin Desrieu, officier de vaisseau, née à Pondichéry, âgée de 25 ans.

13 Juillet.

Germain (Henry, François), sous-marchand de la Compagnie, fils de Henry, Jean Germain et de Françoise Martin, né à St. Suliac, Evêché de St. Malo, âgé de 37 ans ;

et Marie Jame, fille de Charles Jame et de Marie Lelant, née à Pondichéry, âgée de 18 ans.

1767

27 Juillet.

Lidure (Jacques, Christophe), fils de feu Louis Lidure et d'Anne Arlen, né à Pondichéry, âgé de 22 ans, employé de la Compagnie ;

et Geneviève Le Gigan, fille de feu Jean, Jacques Le Gigan et de feue Louise Gravier, née à Pondichéry, âgée de 19 ans.

3 Août.

Marchand (Antoine), ancien capitaine de cavalerie, fils de Jean Marchand, négociant, et de Marie, Anne Pognier, né à Neuville-lès Dorengt, diocèse de Laon, âgé de 40 ans.

et Thérèse Fanthome, fille de feu Pierre Fanthome, lieutenant d'artillerie, et d'Augustine Gérard, née à Mahé.

Témoins : François de Lamothe, capitaine de vaisseau; Jean-Baptiste Saint-Paul, capitaine au bataillon de l'Inde; Jean-Baptiste de Lassalle Mariehaure, capitaine au bataillon de l'Inde, et Louis Bruno.

13 Septembre.

Boré (Gilles), officier ingénieur, fils de Mathurin Boré et de Cathérine George, né à Minivan Fray, diocèse d'Avranches, âgé de 34 ans.

et Marie, Louise Lettoré, fille de Julien Lettoré, cy-devant officier partisant et aide-major de la bourgeoisie de Pondichéry, et de Marie Perrède, née à Pondichéry, âgée de 16 ans.

18 Octobre.

Dais-Canton (Bernard), fils de Charles Dais-Canton et de Marguerite Gabriel, né à Phalsbourg, âgé de 30 ans.

et Catherine Thomas, née à l'Ile de France, âgée de 20 ans.

19 Octobre.

Bruno (Louis), fils de feu Antoine Bruno, capitaine de vaisseau, et d'Anne Jolly, né à Chandernagor, âgé de 28 ans;

et Marie Josephe Law, fille de feu Jacques Law, écuyer, Chevalier de l'Ordre royal et militaire de St. Louis, major général des troupes de l'Inde, et de Marie Carvalho, née à Pondichéry, âgée de 16 ans.

Témoins: Jean, Charles Lenoir, Conseiller; Pierre Duplan de Laval, Conseiller; Jean, Baptiste Lefebvre, Conseiller, et Charles, Claude Ange de Monneron, sous-marchand de la Compagnie.

20 Octobre.

Bonnefoy (Jean, François), perruquier, fils de Louis Bonnefoy et de Jeanne Barthélemy, né à Aix-en-Provence, âgé de 25 ans;

et Marie, Barbe Gresseux, fille de feu Jean-Baptiste Gresseux et de Barbe Péreira, née à Karikal, âgée de 16 ans.

Décès.

9 Janvier.

Morfouasse (François), matelot du « Marquis de Castries », né à Plestan, évêché de Saint-Brieuc, âgé de 60 ans.

10 Janvier.

Bouchan (Jean, François), né à Lorient, troisième chirurgien sur le « Massias ».

17 Janvier.

Laurain, ancien employé de la Compagnie, âgé de 50 ans.

27 Janvier.

Leroux (Aurélie), épouse de Pierre Gallyot, employé de la Compagnie, âgée de 16 ans 7 mois.

7 Février.

Talec (Julien), mousse sur le « Massias », né à Hennebont, âgé de 13 ans.

4 Mars.

Barot (Pierre), soldat, né à Cantenac en Médoc, âgé de 38 ans.

8 Mars.

Nonice (Manuel), adjudant canonnier invalide, né dans l'Inde, âgé de 55 ans.

17 Mars.

Marec (Julien), matelot sur le « Massias », né à St. Brieuc, âgé de 30 ans.

21 Mars.

Bertrand (Pierre), caporal d'artillerie.

21 Mars.

Lebon (Henry), employé de la Compagnie, âgé de 24 ans.

13 Avril.

Brunet (Marguerite), fille de Claude Brunet, âgée de 38 ans.

19 Avril.

Francoeur (Jacquette), européenne, âgée de 56 ans.

21 Avril.

Monier (Marie, Jeanne), fille de Pierre Monier et de Jeanne Jaffré, née à Pondichéry et ondoyée le même jour que dessus.

26 Avril.

Rousselle (Claude), soldat venant de Ceylan, né à Lons-le-Saunier, âgé de 30 ans.

16 Mai.

Barrière (Jean-Baptiste), fils de Jean Barrière et d'Anne de Monte, âgé de 35 ans.

20 Mai.

Kerelle (François), gabier de « l'Eléphant », né à Belle-isle et établi à Port-Louis, diocèse de Vannes.

26 Mai.

Mendez (Kittéry), épouse de Louis Poirier, charpentier, née à Goudelour, âgé de 36 ans.

29 Mai.

Vogle (Nicolas), né à Pondichéry, âgé de 38 ans.

3 Juin.

Ticlère (Pierre), fils, de Jean, Pierre Ticlère et de Marie, Anne Frégose, né à Madras, âgé de 15 mois.

11 Juin.

Dumont (Jean), négociant, âgé de 50 ans.

18 Juin.

Bertrand (Rose), fille de Jean Bertrand, soldat, et de Françoise du Rosaire, âgée d'un an.

9 Juillet.

Lamoury (Gabriel), fils de Pierre, Benoit Lamoury et de feue Louise Carlier, âgé de 2 1/2 ans.

13 Juillet.

Damoy (Julien), fils d'Antoine Damoy et de Sophie, Thérèse Lidoux, âgé de 7 1/2 mois.

10 Août.

Bourély (Jean, Pierre), fils d'Etienne Bourély et de Marie Burot, décédé le jour de sa naissance.

28 Août.

Voulpillière (Louis de), né à Marsillargues, en Languedoc, âgé de 32 ans.

26 Août.

Du Verget (Alexandre), fils de Guillaume du Verget, charpentier, et de Geneviève Guérin, né à Pondichéry, âgé d'un an.

18 Août.

Lopès (Sébastienne), épouse de Jean, Philippe Compoint, âgée de 24 ans.

7 Septembre.

Gossin (Nicolas, Laurent), fils de Jean Gossin et de Marie Motama, âgé de 3 jours.

20 Septembre.

Duais (Alexandre), officier de vaisseau, né à Fontenoy, en Champagne, âgé de 55 ans.

1er Octobre.

Poulet (Pierre), fils de Pierre Poulet, négociant, et d'Elisabeth Ruel, âgé de 9 mois.

3 Octobre.

Lamoure (Nicolas), matelot du vaisseau "Le Condé".

8 Octobre.

Ballay (Jean), né à Brie-Sous-Chalais, en Saintonge, âgé de 32 ans.

8 Octobre.

Dubois (Michel), fils de François Dubois, âgé de 2 mois.

10 Octobre.

Rouget (Jean), matelot de " La Douve ".

10 Octobre.

Argentbas (François), dit Bellerose, soldat de la 1ère Compagnie.

1767

14 Octobre.

Oria (Laurent), fils de Julien Oria et de Marie Graveton, né à Pondichéry, âgé de 2 1/2 mois.

14 Octobre.

La Nougerède (Marie de), fille de Pierre de la Nougerède et d'Apolline Fombert, âgée de 14 jours.

15 Octobre.

Billard (Jean, Ambroise), dit Lagarde, soldat appointé de la 2ème compagnie, âgé de 30 ans.

17 Octobre.

Britto (Marie de), épouse de Simon Renaldel, dit Robert, soldat, tambour, née à Pondichéry, âgée de 27 ans.

20 Octobre.

Caro (Michel, Mathieu), fils de François Caro, soldat invalide, et de Rose Bellefin, né à Pondichéry, âgé de 8 mois.

22 Octobre.

. . . . (Pierre), matelot du vaisseau " Le Dauphin ", âgé de 30 ans.

25 Octobre.

Lamaury (Pierre, Benoit), né à St. Omer, âgé de 48 ans.

31 Octobre.

Babouin (Pierre), dit La tulipe, soldat, né à Marennes en Saintonge, âgé de 32 ans.

3 Novembre.

Martens alias Martinho (Manuel), portugais, âgé de 50 ans.

4 Novembre.

Henry (Yves), dit Rencontre, né en Bretagne, âgé de 65 ans.

9 Novembre.

Albain (Thomas), fils de Jean, Thomas Albain et de Marie Leroux, né à Hennebont, âgé de 37 ans.

14 Novembre.

La Rue (François de), pilotin du vaisseau " La douve", né à Lorient, âgé de 32 ans.

26 Novembre.

Seriaux (André), fils de Jean, Claude Seriaux, né en Franche-Comté et de Louise André, né à Pondichéry, âgé de 20 mois et 10 jours.

26 Novembre.

Povigny des Marchez, ancien officier ingénieur, âgé de 55 ans.

2 Décembre.

Lagrange (Joseph), dit Lafond, soldat invalide, fils de Léonard Lagrange et de Léonore de Verraine, né à Toulouse, âgé de 51 ans.

13 Décembre.

Gerardin (Nicolas), garde de Mr. Law, né à Moris ville en Lorraine, âgé de 24 ans.

14 Décembre.

Dehita y Salazar (Anne, Marie, Bertille), fille d'un employé de la Compagnie, âgée de 3 ans.

13 Décembre.

Correa (Fransçoise), fils de Jean Corréa et d'Elisabeth Corréa. âgé de 11 1/2 mois.

13 Décembre.

Laberys (Jacques), fils de Guillaume Laberys. natif de Bordeaux, officier de vaisseau, et de Françoise Gochée, âgé de 3 ans.

15 Décembre.

Adam (Marie), fille de Nicolas Adam et de Jeanne Baptiste, âgée de 2 ans.

19 Décembre.

Jame (Robert), fils de Charles Jame et de Marie Leban, né à Pondichéry, âgé de 24 ans.

23 Décembre.

Correa (Marie), fille de Jean-Baptiste Corréa et d'Elisabeth Corréa, âgée de 2 1/2 ans.

27 Décembre.

Carlos (Catherine). épouse de Nicolals Gradeau, âgée de 23 ans.

ANNÉE 1768.

Naissances.

6 Janvier.

Lefebvre (Claude, Amable, Ange), fils de Jean-Baptiste, Claude Lefebvre, sous-marchand, né à Noyon, et de Perrine, Henriette de Trévoux, née à l'Ile Bourbon.

7 Janvier.

Abraham (Geneviève, Dominica), fille de Sebastien Abraham, né à Pondichéry, et de Suzanne, née au Bengale. Elle est décédée 10 jours après sa naissance.

14 Janvier.

Cretelle (Pierre, François), fils de Barthélemy, Antoine Cretelle, né à Paris, paroisse St. Sauveur, et de Françoise Repause.

16 Janvier.

Godivier (Marguerite), fille de Jean Godivier, né à Angers, et de Dominga de Rosaire, née à Pondichéry.

22 Janvier.

Lebrun (René), fils de René Lebrun et de Françoise de Rosaire.

29 Janvier.

Crognon (André), fils de Gabriel Crognon et de Christine Fernandez.

1er Février.

Law (Jacques, Alexandre, Bernard), fils de Jean Law de Lauriston, écuyer Chevalier de l'ordre royal et militaire de St. Louis, Commissaire du Roy, Colonel d'infanterie, Gouverneur Commandant général de tous les Etablissements français aux Indes orientales, et Président de tous les Conseils y établis, né à Paris, paroisse St. Roch, et de Jeanne Carvalho, née au Bengale.

Parrain : Alexandre Carvalho, natif de Bengale, représenté par Jean-Baptiste St. Paul, capitaine au bataillon de l'Iude, né à Mézières. Marraine : Marie Carvalho Law, née à Madras.

2 Février.

Lettoré (Jeanne), fille de Julien Lettoré, officier partisant et Major de la Compagnie, et de Marie Perreire.

3 Février.

Menesier (Anne, Marie), fille de Menesier, ancien officier, et d'Anne, Marie Castor.

8 Février.

Xavier (Jeanne), fille de Louis Xavier et de Francisca de Cruz.

8 Mars.

Magremon (Julienne), fille de Pierre Magremon, né à Bruges, et d'Antonie de Rosaire.

5 Avril.

Clérot (Jacques, François), fils de Jacques Clérot, chirurgien, et de Rose, Marie Artock.

8 Mai.

Cassar (Michel), fils de Jean-Baptiste Cassar dit Baron, et de Rose Combalbert. Décédé le lendemain.

11 Mai.

Vaz (Marguerite, Loüise), fille d'Augustin Vaz et de Louise Labranche.

16 Mai.

Lidure (Anne, Justine), fille de Jacques, Christophe Lidure, employé de la Compagnie, commis juré au greffe, et de Geneviève Gigant.

20 Mai.

Hubert (Marianne, Simone), fille de Toussaint Hubert, né à Nogent-le-Roi, et de Luce Jamse, née à Pondichéry.

28 Mai.

Deranger (Brigitte, Sophie), fille de Gilbert Deranger, ingénieur de cette place, né à Paris, et de Sophie Chevery, née à Alep, en Syrie.

27 Juin.

Moitier (Marie), fille de Jacques Moitier et de Marguerite Tichère.

28 Juin.

Gordon (Venditien), fils de Thomas Gordon, né à Vellore, et de Marie Wilsteck.

22 Juillet.

Gireaud (Marguerite), fille de Louis Gireaud, soldat, et de Marie Loudin.

7 Août.

Gicquet (Sabine, Laurence), fille de René, Bertrand Gicquet, capitaine d'infanterie du parti de M. Zéphir au service de Salabet Zingue, et d'Elisbeth Polo.

10 Août.

Collin (Geneviève, Marie, Agnès), fille d'Alexis, François Collin, écuyer, chirurgien major, né à Paris, et de Nicole, Catherine Cordier, née à Pondichéry.

11 Août.

Bouché (Brigitte), fille de Jean-Baptiste Bouché, maître charron de la Compagnie, né à Paris, paroisse St. Eustache, et de Marie, Anne Lamouroux, née à Pondichéry.

12 Août.

Delbret (Jean. Louis), fils d'Etienne Delbret, sergent, et de Dominique . . . née à Pondichéry.

14 Août

Tournay (Jeanne), fille de Jean-Baptiste Tournay, soldat, né à Paris, et de Rose de Lima.

20 Août

Dasinger (Laurent), fils de Jean-Baptiste Dasinger, né à Mayence, et de Catherine de Monte.

20 Août

Renaux (Marie, Françoise), fille d'Etienne, François Renaux, né à Rouen, et de Jéronime Calan.

20 Août

Saint-Paul (Jeanne, Catherine, Augustine), fille de Jean-Baptiste St Paul, capitaine des grenadiers au bataillon de l'Inde, né à Mézières, et de Françoise Quentin de la Mettrie, née à Madras.

Parrain : Augustin Beylié, Capitaine commandant l'artillerie de l'Inde. Marraine : Jeanne Carvalho, épouse de Jean Law de Lauriston, née à Chandernagor.

29 Août

Piéron (Jean, Louis), fils de Nicolas Piéron, soldat invalide, né à Liège, et de Julienne d'Almeïde, née à San Thomé.

12 Septembre.

Laglaine d'Auzon (Jean-Bastiste, Eusèbe), fils de Jean, René Laglaine d'Auzon, ancien officier du bataillon, né à Poitiers, et d'Agnès Gosse.

16 Septembre.

Bourgine (Rosalie, Renée), fille d'Hilaire, Polycarpe Bourgine, né à la Rochelle, et de L. Méder, née à Mahé.

21 Septembre.

Limouzin (Jeanne), fille de René Limouzin, soldat d'artillerie, né à Poitiers, et de Rite de Rosaire, née à Pondichéry.

23 Septembre.

Renaud (Marie, Elisabeth), fille d'Antoine Renaud, né à Dijon, et de Marie Droujard, née au Sénégal.

3 Octobre

Loiseau (Catherine), fille de Louis, Loiseau, né à Nogent-le-Rotrou, et de Jeanne Mendez, née à Karikal

3 Octobre

Jane (Jeanne), fille de François Jane, natif de Biarre en Normandie, et de Dorothée Henry, née à Karikal.

4 Octobre

Magnien (Jeanne), fille de Pierre Magnien, né a Chalon-sur-Saône et d'Ignace de Mendoza, née à Rio-de-Janeiro.

5 Octobre.

Desviviers (Barbe), fille de François Desviviers, natif de Lorraine, et de Marie Havan, née à Masulipatam.

7 Octobre.

Mallet (Louis, Jean-Baptiste), fils de Mallet, officier au bataillon, et de Brigitte Lebon.

11 Octobre.

Bruno (Jean, Jacques, Louis), fils de Louis Bruno, né à Chandernagor, et de Marie, Josèphe Law, née à Pondichéry.

Parrain : Jean Law, Baron de Lauriston, Gouverneur. Marraine : Anne Emmède, veuve de Louis Barthélemy, ancien commandant à Pondichéry, née au fort St. David.

22 Octobre.

Pilavoine (Marie, Jeanne, Françoise), fille de Maurice Pilavoine et de Jeanne Figeac, tous deux nés à Pondichéry.

30 Octobre.

Rendu (Marie), fille de Charles Rendu, soldat invalide, né à Pontoise, et de Madeleine de Rosaire, née à Madras.

30 Octobre.

Manceau (Nicolas), fils de Jean, Louis Manceau, ancien officier partisant, né à Paris, et de Marie, Jeanne du Rosaire.

6 Novembre.

Durup (Louis, Jean, Charles), fils de Louis Durup de Balaine et de Dombal, écuyer, officier au bataillon, né à Bois-le-Comte, en Champagne, et de Dominique Perreire, née à Ceylan.

16 Novembre.

Degray (Anne, Marguerite), fille d'Etienne Duhaut dit Degray, né à Besançon, et de Françoise Jérome, née à San Thomé.

16 Novembre.

Amon (Joseph), fils de Jacques Amon, né à Paris, et de Rose, née à Pondichéry.

19 Novembre.

Regnaudet (Charles, François), fils de Thomas, François Regnaudet, écrivain du bataillon de l'Inde, né à Paris, et de Marie, Françoise Manceau, née à Pondichéry.

6 Décembre.

Bouvet (Louis), fils de Jean-Baptiste Bouver, boulanger, né à Paris, et de Françoise Monique, née à Pondichéry.

12 Décembre.

Viollette (Victorienne), fille de Jacques, François Viollette, né à St. Malo, et de Marie, Renée Leborgne, née à Serignac évêché de Quimper.

13 Décembre.

Blin (Thérèse, Josephe), fille de Venditien, Guillain, Marie Blin, sieur de Grincourt, sous-marchand de la Compagnie, et de Marie, Madeleine Cornet.

1768

24 Décembre.

Guillebar (Brigitte), fille d'Antoine Guillebar. sergent, né à Paris, paroisse St. Jean-de-Grêve, et de Françoise Reynier, née à Pondichéry.

28 Decembbe.

Groubert (Hippolyte), fils de Louis, Charles Groubert, sergent, né à Haguenau, et de Marie, Barbe de Munik, née à Pondichéry.

Mariages.

11 Janvier.

Daviot (Philippe), adjudant canonnier, fils d'Antoine Daviot et de Marguerite Goyer, native du Mâconnais, âgé de 29 ans ;

et Marie, Anne Hue, fille adoptive de Louis Hue, second canonnier, et de Florencis de Souza, née à Pondichéry, âgée de 20 ans.

25 Janvier.

Pilavoine (Maurice), employé de la Compagnie, fils de Maurice Pilavoine, ancien Conseiller, et de Marie, Anne Morel, né à Pondichéry, âgé de 28 ans ;

et Jeanne Figeac, fille de feu Jean Figeac, capitaine au bataillon de l'Inde, et de feue Geneviève Desplats, née à Pondichéry, âgée de 14 ans.

25 Janvier.

Regnaudet (Thomas, François), écrivain des troupes au service de la Compagnie, fils de Thomas, Bernard Regnaudet et de Marie Bonnet, né à Paris, paroisse St. Gervais, âgé de 30 ans ;

et Marie, Françoise Manceau, fille de Louis Manceau, officier réformé, et de Suzanne Sequeira, née à Pondichéry, âgée de 17 ans.

25 Janvier.

Jane (François), fils de Pierre Jane et de Jeanne Gazengelle, né à Avranches, âgé de 33 ans ;

et Dorothée Rencontre, fille d'Yves, Henry Rencontre et de Catherine Perreire, née à Karikal, âgée de 18 ans.

26 Janvier.

Duhaut (Etienne), fils de Nicolas Duhaut et de Marguerite Votraver, né à Besançon, âgé de 38 ans ;

et Françoise Jérome, fille d'Henry Jérome et de Maria Paxao, veuve d'Emmanuel Nunez, née à San Thomé, âgée de 31 ans.

1er Février.

Durup (Louis), de Balaine et de Dombal, écuyer, officier au bataillon de l'Inde, fils de Joseph Durup de Balaine, Conseiller, commissaire du Roy, et d'Anne Vaillant de Dombal, né à Châlons-sur-Marne, âgé de 34 ans ;

et Dominique Péreire de Gombault, fille d'Isidore Péreire de Gombault, gouverneur de Jean Ceylan, et d'Antoinette Masson, née au Siam, âgée de 15 ans.

10 Avril.

Dubois (René) fils de Jean Dubois et de Jeanne Wetzel, né à Logny-Bogny, âgé de 35 ans.

et Catherine ROGNON, fille d'Antoine Rognon et d'Antoinette de Monte, née à Pondichéry, âgée de 21 ans, veuve de Jean Bàllay.

25 AVRIL.

GRADOT dit Tremblay (Claude, Nicolas), fils de Claude Gradot et de Marguerite Delaitre, né au Tremblay, veuf de Catherine Carlos, âgé de 35 ans.

et Françoise DIAS, fille de Laurent Dias et de Marie Devilla, veuve de Guillaume Haudeux, née à Pondichéry, âgée de 25 ans.

30 AVRIL.

LAROCHE PAILLET (Antoine) à fils d'Antoine Laroche Paillet dit Cambrai, ancien et d'Ignace, né à Pondichéry, âgé de 36 ans.

et Philippa PESSOA D'ANDRADE, fille d'Alexis Pessoa d'Audrade et de Jérôme Martine, née à Madras, agée de 35 ans.

23 MAI.

DOYES (André, Adrien), dit Versailles, fils de Germain Doyès et d'Angélique Lejeune, né, né à Versailles, âgé de 36 ans.

et Françoise HERGAUT, fille de Jean Horgaut et de Perrine Kerdreau, veuve de Pierre Pavan dit Jolibois, née à Hennebont, âgée de 20 ans.

6 JUIN.

COMPOINT (Jean, Philippe), fils de René Compoint et de Marie, Catherine Brauth, né à Paris, paroisse St. André-des-arts, veuf de Sébastienne Lopez, âgé de 34 ans.

et Marie DESSA fille de Louis Dessa, et de Thérése Rodriguez, née à Pondichéry, âgée de 16 ans.

13 JUIN.

HERBER (Nicolas), chirurgien, fils de Nicolas Herber, maître chirurgien juré, et de Marguerite Berbudeau, né à l'île d'Oleron, âgè de 25 ans

et Marie DASSE, fille de Jean, Charles Dasse et de Julienne Garndorff, née à Madras, âgée de 19 ans.

30 JUIN.

DE VOISINES (Antoine), écuyer, capitaine au bataillon de l'Inde. fils de feu François de Voisines, écuyer, seigneur de Chancepoix, et d'Elisabeth Sognier. veuf de Françoise Dias, né à Sens, âgé de 38 ans

et Généviève, Anne MOGIS, fille de feu Joseph Mogis et de feue Cathérine Loudèa; veuve de Pierre Battings, née à Moëlan, diocèse de Quimper, âgée de 33 ans.

4 JUILLET.

LAMOUR (Jean, Louis), sergent d'artillerie, fils de Nicolas Lamour et d'Anne Martin, né à Paris, paroisse Ste. Marguerite, âgé de 27 ans;

et Anne AMMERMAN, fille Derse Ammerman, ancien officier hollandais, et d'Anne, Marie, âgée de 21 ans.

1er AOÛT.

TREMOLIÈRES (Louis, Pierre), secrétaire du Conseil Supérieur de Pondichéry, né à Paris, paroisse St. Germain l'Auxerrois, âgé de 32 ans, fils de feu Pierre, Charles Trémolières, peintre du Roy et de son Académie de peinture et sculpture, adjoint professeur à la dite Académie, et d'Isabelle, Antoinette, Laure, Eléonore Tibaldi ;

et Geneviève DUTREVOU, née à l'Ile Bourbon, quartier St. Benoît, âgée de 18 ans, fille d'Yves, Marie Dutrevou, écuyer, et de feue Marie, Anne Guichard.

Témoins : Pierre Duplant de Laval, Conseiller, second de cette place; Jean-Baptiste de St. Paul, capitaine des grenadiers au bataillon de l'Inde ; Augustin Beylié, capitaine, Commandant l'artillerie de l'Inde, et Arnould Leconte, Conseiller.

25 Août.

SAINT-MARTIN (Edme, Louis), chirurgien, fils de Jean, Claude St. Martin, et de Louise Nonsanglante, né à Paris, paroisse St. Roch, âgé de 32 ans ;

et Brigitte DE MONTE, fille d'Antoinette de Monte, élève d'Antoine Courrier . . . . . . née à Pondichéry, âgée de 20 ans.

12 Septembre.

RENAUD (Jacques), fils de Gabriel Renaud et de Jeanne Thérèse Coillot, né à Besançon, âgé de 24 ans:

et Rite COURRIER, fille d'Antoine Courrier, bourgeois de cette ville, et d'Isabelle Fixer, née à San Thomé, âgée de 16 ans.

27 Septembre.

STEILLER (Michel), fils de Nicolas Steiller et de Suzanne Séterre, né à Metz, âgé de 38 ans ;

et Kittéry DE SILVA, fille de Philippe de Silva et de Jeanne Suares, née à Colombo, âgée de 22 ans.

4 Octobre

SÉVERAT (Pierre), fils de Louis Séverat et de Catherine Fabre, né à Marseille, âgé de 42 ans ;

et Marie, née au Maroc, issue de parents mahométans, âgée de 27 ans.

31 Octobre.

Claroy (Pierre du), fils de René, Jacques du Claroy, et de Marie, Simone Lorah, né à Quimper Corentin, âgé de 35 ans.

et Marie, Anne Cachart, fille de Pierre, Elie Cachart et de Jeanne Lenoir, née à Pondichéry, âgée de 15 ans.

3 Novembre.

Daumain (Jean-Baptiste), fils de François Daumain et de Claude Baffié, né à St. Pourçain, diocèse de Clermont, âgé de 32 ans

et Marie, Louise Lahoche, fille de Louis Lahoche dit l'Eveillé et d'Anne La Violette, née à Pondichéry, âgée de 16 ans,

3 Novembre.

Tardivel (Jean-Baptiste), fils de René Tardivel et de Gabrielle Tessier, né à Langourla, évêché de St. Brieuc, âgé de 36 ans

et Madeleine Burot, veuve Blanchard, fille de feu Pierre Burot, et de Louise Baslieu, née à Pondichéry, âgée de 17 ans.

15 Novembre.

Leconte (Arnould), écuyer, conseiller, fils de feu Joseph Leconte, écuyer, capitaine d'infanterie, et de Marie, Henriette Regnier, né à Joinville, en Champagne, âgé de 37 ans

et Laurence, Catherine Desjardins, fils de feu Guillaume Desjardins, capitaine de vaisseau, et de Laurens Cosson de Lalande, née à Pondichéry, agée de 18 ans.

Témoins : Pierre Decan de Villeneuve ; Jean-Baptiste Seroux d'Agincourt, officier du bataillon ; Ennemond, Joseph Brenier, capitaine ; Chevalier de St. Louis ; et François de Burry.

15 Novembre

Lefebvre (Jean, Robert), fils de Jean, Robert Lefebvre et de Denise Bonnevie, né à Gonesse, âgé de 30 ans.

et Louise Munis, fille de feu Munis, officier au bataillon, et de feue Françoise de Monte, née à Pondichéry, âgée de 19 ans.

22 Novembre.

Riory (François, Charles), fils de Philippe Riory et de Généviève Chevon, né à Paris, âgé de 37 ans

et Jeanne De Souza, fille de Dominique de Souza et de Françoise Fell, née à Madras, veuve de Simon Brun, âgée de 36 ans.

Décès.

1er Janvier.

Perot (Jacques), cy-devant chirurgien du vaisseau " Le duc de Berry ", âgé de 40 ans.

1er Janvier.

Corréa (Etienne), fils de Jean-Baptiste Corréa et d'Elisabeth Corréa, âgé de 8 jours.

5 Janvier.

De Lima (Pauline), née à Madras, femme de Charles, Sébastien Gennebauld Latron, né à Laon, âgée de 24 ans.

15 Janvier.

Labatty (Jean, Paul), dit de Bellegarde, soldat et garde de Monsieur le Gouverneur, né à Paris, paroisse St. Paul, âgé de 23 ans.

17 Janvier.

Abraham (Geneviève, Dominica). fille de Sébastien Abraham, âgée de 10 jours.

29 Janvier.

Dusseron (Nicolas), mousse du vaisseau « La paix », né à Dinan.

30 Janvier.

Diacre (Jacques), soldat, né à Bayeux, âgé de 25 ans.

1er Février.

Fernandez (Catherine), née à Pondichéry, âgée de 74 ans.

2 Février.

Meunier (Michel), dit La Grenade, sergent de la Compagnie des invalides, né à Evreux, âgé de 50 ans.

5 Février.

Crogon (André), fils de Gabriel Crognon, charron, et de Christine Fernandez, âgé de 9 jours.

6 Février.

Lourcal (Jean), matelot de « La paix », né à Belle-île, marié à Lorient, âgé de 40 ans.

9 Février.

Sigoufin (Jean-Baptiste), mousse du vaisseau « La paix », né à Toulouse, âgé de 18 ans.

10 Février.

Leroux (Jean), fils de François Leroux, habitant de Pondichéry, et de Sèbastienne de Cruz, âgé de 5 ans, 3 mois et 3 jours.

17 Février.

Desorius (Jean, Michel), dit l'Escaut, sergent invalide, né à Valenciennes, âgé de 55 ans.

19 Février.

Liebaut (Pierre), soldat, né à Vitry-le-François, âgé de 26 ans.

2 Mars.

Storme (Marie), fille de Joseph Storme et de Marie Agravat, âgée de 6 mois.

11 Mars.

De la Selle (Antoine), Conseiller, né à Lyon, âgé de 50 ans.

13 Mars.

Perreire (Marguerite), veuve du sieur Caillot, ancien sergent, âgée de 76 ans.

25 Mars.

Desplaets (Colombe), épouse de François-Xavier Legou, sous-marchand de la Compagnie, née à Chandernagor, âgée de 32 ans.

27 Mars.

Mariau (Julien), traiteur, né à Orléans, âgé de 54 ans.

28 Mars.

Wohl (Jean), ancien hussard de la Compagnie de Hugel, né à Sarrebruck, fils de Jacob Wohl et d'Anne, Marie Hewig, âgé de 40 ans.

7 Avril.

Pierron (Jean, Pierre), fils de Nicolas Pierron, soldat invalide, et de Julienne d'Almeïde, âgé d'un an.

9 Avril.

Lee (Richard), né en Angleterre, âgé de 35 ans.

10 Avril.

Magnan (Thérèse), fille de Pierre Magnan, employé de la Compagnie, et d'Ignace Mendoza, âgée de 18 mois.

15 Avril.

Giraut (Philippe), fils de Louis Giraut et de Marie Loudun, âgé de 2 ans.

20 Avril.

La Nougerède (Pierre de), né à Montbron, âgé de 45 ans.

12 Mai.

Lamy (François), soldat invalide, né à Crain, âgé de 40 ans.

14 Mai.

Guetty (Marie, Catherine), née à Madras, veuve de Calhan, âgée de 60 ans.

25 Mai.

Renard de Fontenay (Pierre, Nicolas), sous-marchand, né à Paris, paroisse Notre-Dame, âgé de 38 ans.

8 Juin.

Langlade (Jacques), ne à St. Flour, âgé de 40 ans.

13 Juin.

Périer (Marie), née à Pondichéry, fille de Michel Périer et de Scholastique Roze, âgée de 15 ans.

17 Juin.

Delos (Marie, Catherine), fille de Jean, Louis Delos et de Philippe Malaye, âgée de 3 ans.

19 Juin.

Paul (Samuel), né en Ecosse, soldat, fils de Simon et de Barbe, âgé de 30 ans.

23 Juin.

Brisson (Louis, Charles), fifre au bataillon, né à Paris, paroisse St. Roch, fils de Jacques, Antoine Brisson, âgé de 30 ans.

26 Juin.

Finiel de Marainville (Ignace), fils de François Finiel de Marainville et de Louise Finiel, âgé d'un an et 10 mois.

27 Juin.

Cholou (Joseph), né à Plouër, évêché de St. Malo, âgé de 24 ans.

29 Juin.

Morand (Mathurin), né à Paris, paroisse St. Victor, ancien sergent, âgé de 59 ans.

2 Juillet.

Labatte (Thomasie), fille de Jean Labatte et de Jeanne de Silva, âgée de 7 mois.

2 Juillet.

Frontine (Marianne), âgée de 20 ans.

6 Juillet.

Laplante (Marie), née à Madras, veuve de Jean Diguet, âgée de 70 ans.

19 Juillet.

Leroy (Léonard), soldat invalide, né à La Bussière, en Limousin, âgé de 50 ans.

24 Juillet.

Lammerie (Julien, David de), premier enseigne du vaisseau le "St. Jean Baptiste", commandé par M. de Surville, né à La Flèche, âgé de 24 ans.

25 Juillet.

Denis (Michel), matelot sur le "St. Jean Baptiste," âgé de 26 ans.

6 Août.

Du Rosaire (Jean), né au Bengale, matelot du vaisseau "l'Elephant", arrivé de Moka, commandé par M. du Lou de Montrivage, âgé de 26 ans.

15 Août.

De Rozaire (Apollonie), épouse de François . . . . . née à Tévénépatam, âgée de 41 ans.

16 Août.

Benard (Louis), dit l'Assurance, sergent invalide, né à Paris, paroisse St. Médard, fils d'Etienne Benard et de Marie Goulet, âgé de 38 ans.

26 Août.

Renaux (Marie, Françoise), fille d'Etienne, François Renaux et de Jéronime Calan, âgée de 7 jours.

2 Septembre.

Desarcells (Nicolas), soldat, né à Epernay, fils de Pierre Desarcelles, âgé de 26 ans.

1768

2 Septembre.

Desfrênes (Marie, Louise, Brigitte), fille de Pierre, Joseph Desfrênes, natif de Condé en Hainaut, caporal des grenadiers, âgée de 22 ans.

10 Septembre.

Lebrun (Pierre), dit Sans regret, soldat, né à Bruxelles, âgé de 40 ans.

25 Septembre.

De Monte (Marie), épouse de Jean-Baptiste Barrière, née à Madras, âgée de 25 ans.

10 Octobre.

Desviviers (Barbe), fille de François Desviviers et de Marie Haran, âgée de 6 jours.

17 Octobre.

Rhodes (Bertrand), natif du Languedoc, sergent invalide, âgé de 54 ans.

18 Octobre.

Mainguy (Jacques), mousse sur le « Comte d'Argenson ».

24 Octobre.

Godivier (Marguerite), fille de Jean Godivier, soldat, et de Dominique du Rosaire, âgée de 10 mois.

29 Octobre.

Thebeau (Jean), établi à Lorient, matelot sur le « Comte d'Argenson », âgé de 38 ans.

30 Octobre.

Lefébure (Marie, Eléonore), née à Tranquebar, fille de Charles, Guillaume Lefébure et de Marie, Catherine Joulet, âgée de 4 ans 7 mois.

5 Novembre.

Pichart (Nicolas, Jacques), né à Caen, soldat, âgé de 30 ans.

6 Novembre.

Rendu (Marie), fille de Charles Rendu, soldat invalide, et de Madeleine du Rosaire, âgée de 7 jours.

5 Décembre.

Nunès (Rose), née à San Thomé, épouse d'Eustache de Luzambau, sergent, âgée de 20 ans.

ANNEE 1769.

Naissances.

3 Janvier.

Daumain (Nicolas, François), fils de Jean-Baptiste Daumain, dit St. Pourçain, né à Clermont, en Auvergne, et de Marie, Louise Lahoche, née à Pondichéry.

5 Janvier.

Boussière (Marie, Julie, Anne), fille de François Boussière, sergent invalide, né à Montargis, et de Marguerite Alvez, née à Pondichéry.

7 Janvier.

Lébé (Marie, Anne), fille de Jean Lébé, soldat, natif de la Haute Frise, en Hollande, et de Marceline Rodriguez.

7 Février.

Duvergé (Geneviève), fille de Guillaume Duvergé, né à St. Malo, et de Geneviève Guérin, née à Pondichéry.

9 Février.

Correa (Joseph), fils de Dominique Correa et de Madeleine Poirier, Il est décédé le même jour.

19 Février.

Du Change de Beaubrun (Jean, François), fils de Louis Duchange, écuyer, sieur de Beaubrun, sous-marchand et caissier de la Compagnie, né à Paris, et de Mathurine, Rosalie Haucherot de Gazonville.

27 Février.

Noël (Mathurin, Julien), fils de François Noël, né à Chevry-en-Brie, et de Thérèse Navier, née à Calicut.

10 Mars.

Panné (Michel), fils de Gilles Panné, né à Fougères, et d'Ursule Marchand, née à Karikal.

10 Mars.

Compoint (Marie), fille de Jean, Philippe Compoint, né à Paris, et de Marie Dessa, née à Pondichéry.

23 Mars.

Parisel (Françoise), fille de Thomas Parisel, corporal d'artillerie, né à Paris, paroisse Ste. Marguerite, et d'Anne, née à Goudelour.

30 Mars.

Lussart (Yves, Laurent), fils de Jean-Baptiste Lussart, dit Baron, du diocèse de Lisieux, et de Rose Combalbert, née à Pondichéry.

30 Mars.

Lidure (Marie, Antoinette, Geneviève), fille de Jacques, Christophe Lidure, employé de la Compagnie, et de Geneviève Gigan, tous deux nés à Pondichéry.

3 Mai.

Monnier (Marguerite, Marie, Jeanne), fille de Pierre Monnier, habitant de Madras et de Jeanne Jaffré.

5 Mai.

Barjon (Pierre, Michel, Sabin), fils de Pierre Barjon et de Pétronille Perreira.

15 Mai.

Roux (Louise, Perrine), fille de François Roux, né à Pignerol, et de Bastienne de Cruz, née à Pondichéry.

23 Mai.

Laberrie (Pierre, Jean), fils de Guillaume Laberrie, né à Bordeaux, et de Françoise Gaucher, née à Pondichéry.

30 Mai.

Tremolières (Marie, Louise, Eléonore), fille de Louis, Pierre Trémolières, Secrétaire du Conseil supérieur de Pondichéry, et de feue Geneviève du Trévou.

31 Mai.

Banal (Alexandrine, Anne, Pétronille), fille de Pierre Banal. sous-marchand de la Compagnie. né à Montpellier, et d'Agnès Galumet, née à Pondichéry.

8 Juin.

Defresne (Jeanne), fille de Pierre Defresne, dit La science, caporal, né à Condé-en-Hainaut, et de Marcellin de Silva, née à Pondichéry.

11 Juin.

Gradot (Anne, Marie), fils de Nicolas Gradot, né au Tremblay, et de Françoise Dias, née à Pondichéry.

12 Juin.

Sicé (Geneviève), fille de Pierre Sicé, né au Mans, et de Marie Carrère, née à Madras.

19 Juin.

Sçaumont (Bernard, François). fils de Pierre Sçaumont, chirurgien, né à Phalsbourg, et de Louis, Fanthome, née à Mahé.

23 Juin.

Cochin (Marie), fille de Jean Cochin, soldat invalide, né à Bordeaux, et de Marie, Rite de Rosaire, née à San Thomé.

23 Juin.

Pichelin (Thérèse), fille de Jean Pichelin, né à Bouillé, diocèse d'Auxerre, sergent, et d'Anne-Marie, née à Pondichéry.

26 Juin.

Renaud (Jeanne, Antoine), fille du sieur Renaud, né à Besançon, et de Rite Courrier, née à San Thomé.

27 Juin.

Emeri (Elisabeth), fille de Guillaume Emeri, natif de Bretagne, et de Guitaire Perreire, née à Karikal.

2 Juillet.

Boisclère (Pierre), fils de Pierre, Louis Boisclère, né à Paris, paroisse St. Laurent, soldat, et d'Andrée Frégosse, née à Pondichéry.

2 Juillet.

Hecquet (Marie, Françoise), fille de Jacques, Augustin Hecquet, né à Amiens, employé de la Compagnie, et de Guillemette, Céleste Prioux, née à Châteauneuf, évêché de St. Malo.

9 Juillet.

Bourely (Agnès, Marie), fille d'Etienne Bourely, sergent major, et de Marie Burot.

11 Juillet.

Law (Charles, Louis), fils de Jean Law de Lauriston, écuyer, Chevalier de St. Louis, Gouverneur de Pondichéry, et de Jeanne Carvalho.

Parrain : Louis Bruno. Marraine : Cathérine St. Hylaire, veuve Golcom.

19 Juillet.

Delarche (Jean, Henry, Alexandre), fils d'Alexandre Delarche et d'Angélique, Julie, Joannis Sinan, nés tous deux à Pondichéry.

Parrain : Henry, Alexandre Delarche, ancien Conseiller. Marraine : Catherine Elias, veuve Joannis Sinan.

20 Juillet.

Ceccatty (Louis, Georges de), fils de Charles, François, Léopold de Pavans, Baron de Ceccatty, Chevalier de l'ordre de St. Louis, Commandant des troupes à Pondichéry, né à Quingey, en Franche-Comté, et de Marie, Jeanne Lenoir, née à Pondichéry.

20 Juillet.

Steyler (Jeanne), fille de Michel Steyler, né à Metz, et de Christine, de Silva, née à Colombo.

22 Juillet.

Labatte (Honoré), fils de Jean Labatte, né à Roquefort de Marsan, diocèse d'Aire, et de Jeanne de Silva, née à Pondichéry.

31 Juillet.

Le Faucheur (Marie, Thérèse), fille de Joseph LeFaucher, sous-marchand de la Compagnie, et de Thérèse Burel.

Parrain : Vinditien, Guillain, Marie Blin, sieur de Grincourt, sous-marchand de la Compagnie ; Marraine : Marie Le Faucheur Dussausay.

8 Août

XEAP (Marie, Jeanne), fille de Georges Xeap, allemand, et de Marie du Rosaire.

18 Août.

DUMONT (Françoise), fille de François Dumont, et de Jeanne Marque.

21 Août

SOF (Geneviève), fille de Claude Sof et de Marie Andrée.

27 Août

VASOU (Anne), fille de Jean François Vasou, sergent, né à Villemomble, et de Monnée Sperete, née à Tranquebar.

14 Septembre.

CACHART (Geneviève, Jeanne), fille de Pierre Eloi Cachart et de Jeanne Lenoir, née à Pondichéry.

14 Septembre.

VOISINE (Françoise, Alexandre, Jacquette, Josèphe), fille d'Antoine Voisine, écuyer, Capitaine commandant à Mahé, né à Chancepoix, diocèse de Sens, et de Geneviève Lamogis, née à Moëlan, évêché de Quimper.

24 Septembre.

CROGNON (Catherine), fille de Gabriel Crognon, maître charron de la Compagnie, et de Christine Fernandez

20 Septembre.

TESSIER (Alexis, Jean), fils de Jean, Charles Tessier et de Marguerite Langré.

30 Septembre.

Dubois (Marie, Anne), fille de François, Baptiste Dubois, né à Cambrai, et d'Isabelle Méry, née à Pondichéry.

30 Septembre.

Gallyot de la Villette (Anne, Marie), fille de Gallyot de la Villette et de Marie Jaffré, décédée le même jour.

6 Octobre.

Viollette (Jean Henry), fils de Jean, Joseph, Rouçain Viollette, officier de vaisseau, né à St. Malo, et de Victoire, Anne Schryver, née à Merguy.

8 Octobre.

Bruno, (Marie, Anne, Blanche), fille du sieur Louis Bruno, né à Chandernagor, et de dame Marie, Josephine Law. Elle a été baptisée le 30 Juillet 1770.

Parrain : Léon de Moracin, représenté par son neveu Jean, François. Marraine : Marie Carvalho veuve Law.

11 Octobre.

Clérot (Alexandre), fils de Jacques Clérot, chirurgien, décédé le lendemain.

14 Octobre.

Beylié (Jacques, Augustin), fils d'Augustin Beylié, capitaine d'artillerie, et de Jeanne Delarche.

Parrain : Alexandre Delarche. Marraine : Angélique, Julie Sinan.

20 Octobre.

Elbrel (François d'), fils d'Etienne d'Elbrel, tambour, major de la troupe, né à Albiac en Périgord et de Domunga, née à Merguy.

22 Octobre.

Adam (Yves), fils de Nicolas Adam, né à Paris, et de Jeanne Baptiste, née à Pondichéry.

31 Octobre.

St. Louis (Marie), fille de Saint-Louis, soldat orfèvre, et de Dorothée.

1 Novembre.

Lefébure (Jean, Louis, Théodore), fils de Jean-Baptiste, Nicolas, Claude Lefébure, sous-marchand de la Compagnie, et de Perrine Henriette du Trévou.

3 Novembre.

Bonnefoy (Jean, Etienne de), fils de Jean, François de Bonnefoy, né à Aix-en-Provence, et de Marie, Le Gresseux, née à Karikal.

9 Novembre.

Blin (Barthélemy, Etienne), fils de Vinditien, Guillain, Marie Blin de Grincourt, écuyer, sous-marchand de la Compagnie, et de Marie, Madeleine Cornet.

Parrain : Barthélemy Cornet, employé de la Compagnie; Marraine : Marie, Jacqueline Bisschop, épouse de Gabriel Guerre, officier de Vaisseau.

16 Novembre.

Bourgine (Marcel, François), fils de Hilaire, Polycarpe Bourgine. né à la Rochelle, et de Marie, Anne Méder, née à Mahé.

19 Novembre.

Lettoré (Louise, Marie), fille de Julien Lettoré, né au Mans, et de Marie, Louise Perreire, née à Pondichéry.

22 Novembre.

Lefebvre (Jean, Louis, Gervais), fils de Jean, Robert Lefebvre, né à Gonesse, et de Louise Munis, née à Pondichéry.

7 Décembre.

Chrestien (Jeanne, Thérèse, Aimée), fille de Jean, Nicolas Chrestien, sous-marchand de la Compagnie, né à Metz, et de Françoise Biguignon, née à Bourbon.

Parrain : Jean Law de Lauriston, Gouverneur; Marraine : Thérèse Léhec.

9 Décembre.

Deux enfants du nommé Comper, cuisinier de M. Law, décédés le lendemain.

11 Décembre.

Godivier (Louis, Laurent), fils de Jean Godivier dit Foligan, né à Angers, et de Dominga Charles, née à Pondichéry.

25 Décembre.

Guiot (Claude), fils de feu Pierre Guiot et de Marie Catherine.

26 Décembre.

Piéron (Marie, Anne, Josephe), fille de Nicolas Piéron, invalide, né à Liège, et de Julienne d'Almeida, née à San Thomé.

Mariages

6 Février.

Gallyot de la Villette (Pierre), né à Donzy en Nivernais, diocèse d'Auxerre, fils d'Edme Gallyot et de Geneviéve de la Moutonière, âgé de 33 ans.

et Marie, François Jaffré, née à Pondichéry, fille de François Jaflré et de Marguerite Vaguenard, âgée de 23 ans.

Témoins : Pierre Duplant de Laval, second du Conseil supérieur ; Charles Mallet de Maisonpré ; Charles Foucher et Charles Mussy.

4 Mai.

Duru (Jean François), bourgeois de cette ville, né à Paris, paroisse St. Gervais, veuf de Marianne, Marcelline Gigot, fils de François Duru et de Marie, Madeleine Regnard, âgé de 45 ans.

et Marie, Catherine Joulet, née à Pondichéry, veuve de Charles Guillaume Lefebvre, metteur en œuvre, fille d'Antoine, Jacques, Joseph Joulet et de Marie Eléonore Dor, âgée de 31 ans.

5 Juin.

Dacosta (Nicolas), né à Chandernagor, fils de Dominique Dacosta et de Marie Josson, âgé de 29 ans.

et Marie, Rose Larive, née à Pondichéry, fille de Jean Etienne Larive et de Thomassia Mancelle, âgée de 13 ans.

6 Juin.

Lefranc, né à Lamballe, évêché de St. Brieuc, fils de Julien Lefranc et de Pélagie Le Coigne, veuf d'Eléonore de Mitre, âgé de 32 ans.

et de Perrine, Félicité ViOLLETTE, née à St. Malo, fille de feu Joseph Viollette et de Servane, Marie Valette, âgée de 22 ans.

Témoins : Pierre Banal, sous-marchand de la Compagnie ; Louis Desage de Montrivage, capitaine de vaisseau ; Christophe Poulain du Bignon, ancien officier de vaisseau, et Ambroise Guenier, chirurgien major.

8 Juin.

FLEURY (François), dit Chevancy, né à Paris, paroisse St. Nicolas-des-champs, fifre, fils de Jean Fleury et d'Anne Torel, veuf d'Isabelle Barlot, âgé de 35 ans.

et Cécile ROMAIN, née à Karikal, fille de Christophe Romain et de Monique Piris, âgée de 25 ans.

12 Juin.

SAULNIER (Nicolas), né à Paris, paroisse St. Eustache, joaillier, fils de Nicolas Saulnier et de Marie, Catherine Maisonneuve, âgé de 29 ans.

et Anastasie DELACROIX, née à Merguy, royaume de Siam, fille de François Delacroix et de Marie de Bodeville, âgée de 24 ans.

4 Juillet.

COMPER (Honoré), né à Origny, évêché de Noyon, fils de Médard Comper et de Geneviève Goguet, âgé de 30 ans.

et Marianne BERSÈQUE, née à Ath en Flandre, veuve Albin, fille de Vincent Bersèque et de Marianne Penaque, âgée de 18 ans.

11 Julliet.

GILLES (François), né à Pondichéry, fils de feu Jacques Gilles et d'Anne Wouter, âgé de 22 ans.

et Marie ILYO, née à Karikal, fille de feu Joseph Iloy et d'Anne Leal, âgée de 16 ans.

12 Julliet.

Jaquet (François), né à Paris, paroisse Ste. Marguerite, sergent, fils de François Jaquet et de Marguerite Dubois, âgé de 40 ans.

et Catherine Doliveira, fille de père et mère birmans, née à Tavaye, royaume de Siam, âgée de 29 ans.

4 Septembre.

Soliman (Jacques, Henry), dit La verdure, né à Paris, paroisse St. Roch, sergent invalide, fils d'Yves Soliman et de Marie, Madeleine   , âgé de 33 ans.

et Apolline Fombert, veuve Montbron, née à Pondichéry, fille de feu Pierre, Philippe Fombert et de Marie de Souza, âgée de 29 ans.

4 Septembre.

Aubert (Gilles, Ignace, Josephe), écuyer, sieur de Lachesnaye, né à Québec, au Canada, fils de feu Ignace Aubert, écuyer, sieur de la Chesnaye, et de Marie, Anne, Josèphe de Lestringam de St. Martin, âgé de 31 ans.

et Jeanne Maldaque, native du diocèse de Liège, fille de feu Guillaume Maldaque et de Jeanne Evrard, ... veuve de Pierre Renard de Fontenay, âgée de 30 ans.

30 Octobre.

Nero (Sylvain), né à Châteaureux en Berry, fils de Jean Nero et de Catherine Laurent, âgé de 30 ans.

et Brigitte Monique, née à l'Ile de France, fille de Monique, âgée de 22 ans.

Décès.

7 Janvier.

Berard (Jacques), soldat invalide, né à Dupuy, faubourg de Tressac, paroisse de Polignac en Velay, âgé de 45 ans.

9 Janvier.

Dehita y Salazar (Joseph), né à Madras, fils de feu Dom Hieronime Dehita y Salazar et de Jeanne Bart, âgé de 25 ans.

14 Janvier.

Rimbault (Jean-Baptiste), chirurgien à l'hôpital, né à Cognac, fils de Jean-Baptiste Rimbault et d'Elisabeth Benoist, âgé de 25 ans.

14 Janvier.

Lébé (Marie, Anne), fille de Jean Lébé, soldat de cette garnison, et de Marcelline Rodriguez, âgée de 9 jours.

19 Janvier.

Marie (Julien), dit Philibert, né à Hennebont, bosman au service de la Compagnie, âgé de 48 ans.

19 Janvier.

Vivier (Etienne), matelot du « St. Charles », né à Hennebont, âgé de 26 ans.

21 Janvier.

Boisseau (Jean-Baptiste), officier au bataillon et Capitaine des portes, né à Ferneuse, diocèse de Paris, âgé de 46 ans.

5 Février.

Piéron (Jean, Louis), fils de Nicolas Piéron, soldat invalide, de Julienne d'Almeïda, âgé de 5 mois.

9 Février.

Buret (Marie), veuve de Jean Wogel, hollandais, ancien sergent, âgée de 75 ans.

11 Février.

His (Pierre, Nicolas) dit St. Vivien, soldat, né à Rouen, âgé de 38 ans.

15 Février.

Mariot (Julien), fils de Jean, Julien Mariot et de Louise Allaire, âgé de 10 ans.

20 Février.

Poulet (Marguerite), fille de Pierre Poulet, négociant à Pondichéry, et d'Elisabeth Ruel, âgée de 15 mois.

20 Février.

Regnaudet (Charles, François), fils de Thomas, François Regnaudet, écrivain du bataillon, né à Paris, et de Marie, Françoise Manceau, née à Pondichéry, âgé de 3 mois.

27 Février.

Le Sachet de la Métière (Georges), employé de la Compagnie, né à Paris, âgé de 30 ans.

7 Mars.

Groubert (Hippolyte), fils de Louis Groubert, et de Marie Munik, âgé de 2 mois.

21 Mars.

Poisson (Edmond, Pierre), né à Bayeux, maître coutelier, fils de Gabriel Poisson et de Jeanne Cavé, âgé de 27 ans.

21 Mars.

Bonnessay (Jean, Eloi), officier du bataillon de l'Inde, né à Versailles, âgé de 45 ans.

30 Mars.

Du Rosaire (Marie), née à Masulipatam, épouse de François Desviviers, sergent, âgée de 33 ans.

12 Avril.

St. Florentin (Dorothée), veuve d'un soldat nommé St. Florentin, âgée de 45 ans.

13 Avril.

Breda (Michel, Antoine), dit La Fontaine, soldat, natif de la Savoie, âgé de 35 ans.

24 Avril.

Gosse (Agnès), épouse de René Laglaine d'Auzon, ancien officier au bataillon, né à Poitiers, âgée de 28 ans.

4 Mai.

Tringue (Thérèse), fille de Balthazar Tringue, italien de nation, et de Rose de Cruz, née à Pondichéry, âgée de 3 ans.

10 Mai.

Delisle (Claude), fils de Jean Delisle et de Catherine de Monte, âgé de 2 ans.

31 Mai.

Ménage (Etienne), mousse, né à Lorient, âgé de 18 ans.

7 Juin.

Dutrevou (Geneviève), épouse de Louis, Pierre Trémolières, secrétaire du Conseil supérieur de Pondichéry, née à l'Ile Bourbon, âgée de 19 ans.

11 Juin.

Béchu (Jacques), dit Duchenet, soldat invalide, né à St. Malo, âgé de 67 ans.

14 Juin.

Aivas (Choukri de), Syrien, né près de Constantinople, âgé de 82 ans.

20 Juin.

Bouchez (Mathurin, Josselin). officier de vaisseau, né à St. Malo, âgé de 46 ans.

20 Juin.

Girandin Brisson (Geneviève), née au Canada, âgée de 34 ans.

23 Juin.

Dias (Françoise), épouse de Nicolas Gradeau, née à Pondichéry, âgée de 28 ans.

23 Juin.

Lévêque (Michel), dit Printemps, né à Tracy en Normandie, juridiction de Caen, âgé de 36 ans.

24 Juin.

Trémolières (Marie, Louise, Eléonore), fille de Louis, Pierre Trémolières. secrétaire du Conseil et de feue Geneviève Dutrevou, âgée d'un mois.

25 Juin.

Cassar (Yves, Laurent), fils de Jean-Baptiste Cassar, dit Baron, et de Rose Combalbert, âgé de 3 mois.

30 Juin.

Perreire (Marie, Anne), veuve Kerderay, née à Pondichéry, âgée de 40 ans.

5 Juillet.

Larey (Françoise), fille de Louis Larey, né à Pondichéry, et de Rose de Silva, née à San Thomé, âgée de 33 mois.

8 Juillet.

Compoint (Marie), âgée de 4 mois, fille de Jean, Philippe Compoint, né à Paris, et de Marie Dassa, née à Pondichéry.

10 Juillet.

Perjeau (François), matelot, né à St. Malo, âgé de 24 ans.

11 Juillet.

Vokener (Jean), soldat de la légion de l'Ile de France, Compagnie de M. Gauthier, né à Phalsbourg, âgé de 39 ans.

12 Juillet.

Barrière (Jean), né à Bordeaux, âgé de 40 ans.

27 Juillet.

Aivas (Jean de), fils de feu Choukri de Aivas, syrien catholique, né à Constantinople, âgé de 35 ans.

2 Août.

Caille (Pierre), soldat, né à Bargemon, diocèse de Fréjus en Provence, âgé de 34 ans.

3 Août.

Moreau (Toussaint), dit L'oranger, soldat, né à Paris, paroisse St. Laurent, âgé de 27 ans.

8 Août.

Jansen (Martini), natif de la basse Thuringe, sergent, âgé de 48 ans.

10 Août.

Don Diego (Joachim, Joseph), soldat de la légion de l'Ile de France, compagnie de Capdeville, né à St. André, juridiction de Lille en Flandre, évêché de Tournay, âgé de 36 ans.

18 Août.

CHARBAUT (François, André). metteur en œuvre, né à Chambourg, âgé de 54 ans.

26 Août.

DRUON CARRÉ (Pierre) dit St. Quentin, soldat, né à Montbron, juridiction de Noyon en Picardie, âgé de 28 ans.

31 Août.

RAPHAEL D'ORLÉANS (Rev. Père), capucin, missionnaire apostolique, ancien custode des Missions du Levant.

31 Août.

LALA (René), matelot, âgé de 22 ans.

31 Août.

HIBAULT (Laurent), capitaine d'artillerie, âgé de 48 ans.

8 Septembre.

MARTIN (Marie), veuve Leridé, épouse de Pierre Duplant de Laval, ancien second de Pondichéry, née à Pondichéry, âgée de 55 ans.

10 Septembre.

LIDURE (Anne, Justine), fille de Jacques, Christophe Lidure et de Geneviève Le Gigan, ... âgée d'un an 5 mois.

17 Septembre.

BERTELOT (Mathieu), né à Paris, paroisse St. Sulpice, fils d'Antoine Bertelot et de Thérèse Gillot, âgé de 26 ans.

17 Septembre.

Gradot (Anne, Marie), âgée de 3 mois 7 jours, fille de Claude, Nicolas Gradot et de feue Françoise Dias.

18 Septembre.

Reymond (Pierre). âgé de 2 ans, fils de Louis, François Reymond sous-marchand de la Compagnie, et de Marie Leymon.

21 Septembre.

Voisine (Françoise, Alexandre, Jacquette, Joseph), âgée de 10 jours, fille d'Antoine Voisine, écuyer, Capitaine commandant à Mahé, et de Geneviève Lamogis.

23 Septembre.

Couet (Jean), âgé de 34 ans, caporal de la compagnie des invalides, fils de Jean Couet et de Marie Floquet . . . . . né à Chevreuse, juridiction de Paris.

24 Septembre.

Dupuy (Jacques), pilotin du vaisseau « Le Vilvault

28 Septembre.

Fourmy (Jean, Guillaume), né à Nantes, âgé de 26 ans, fils de Pierre, Denis Fourmy et de Gabrielle Recoquelle.

2 Octobre.

. . . . (Jean-Baptiste), fils d'Etienne . . . . et de Thérèse . . . ., né à Lyon, paroisse St. Nizier, âgé de 33 ans.

3 Octobre.

Le Corgoillé (Isidore), né à St. Brieuc, âgé de 21 ans, soldat de la 3éme compagnie, fils de Joseph Le Corgoillé et d'Olive Renault.

15 Octobre.

Basset (Jean), débarqué du vaisseau « La Marquise de Malbœuf », né à Paris, paroisse St. Nicolas des champs, âgé de 50 ans.

17 Octobre.

Bellaire (Louis), né à Chartres, âgé de 50 ans, soldat, fils de Louis, Guillaume Bellaire et de Louise.

17 Octobre.

Pilon (Nicolas, Claude, Jules), né à Châteaudun en Beauce, âgé de 42 ans, sergent invalide, fils de Claude, Benoît Pilon et de Françoise Tiercelin.

17 Octobre.

Hérigoyen (Georges), né à Pondichéry, âgé de 50 ans, ancien employé de la Compagnie.

19 Octobre.

Goupil (Jean, Louis, Jérome), né à Paris, paroisse St. Eustache, Chevalier de St. Louis, ancien Commandant des troupes de l'Inde, Capitaine d'une compagnie de grenadiers de la légion de l'Ile de France, âgé de 58 ans.

22 Octobre.

Legourd (Pierre, Jourdan), né à Lorient, maître du vaisseau " L'Indien ", âgé de 40 ans.

28 Octobre.

Dubois (Marie, Anne), âgée de 26 jours, fille de François, Baptiste Dubois, né à Cambrai, et d'Isabelle Méry, née à Pondichéry.

3 Novembre.

Moutier (Marie), âgée de 16 mois, fille de Jacques Moutier, né à Mayenne dans le Maine, et de Marguerite, née à San Thomé.

11 Novembre.

Legrilloux (Julien), natif de Bretagne, âgé de 18 ans, soldat, fils de François Legrilloux.

11 Novemrre.

Dilassier (Jean, François), né à Morlaix, âgé de 19 ans, soldat, fils de Pierre Dilassier et de Marguerite Gautier.

25 Novembre.

Olivet (Pierre), né à Belle-île, âgé de 30 ans, employé de la Compagnie.

27 Novembre.

Samuel (Louis), né à Paris, débarqué du vaisseau " L'Indien ", âgé de 24 ans.

7 Décembre.

Le Prévot (Grégoire), dit La Guérite, soldat d'artillerie, né à Vannes, fils de Jean Le Prévot et de Julienne Nousse, âgé de 53 ans.

10 Décembre.

Guerrella (Louis), soldat, né à Guipavas en Bretagne, fils de feu Yves Guerrella et d'Yvonne Trévaize, âgé de 20 ans.

10 Décembre.

Chopié (Mathurin), soldat, né à St. Lô, fils de Julien Chopié et de Jeanne Robat, âgé de 27 ans.

10 Décembre.

Bannier Fould, né à St. Malo, âgé de 30 ans

21 Décembre.

Monenfant (Jean), soldat, né à St. Léger en Bretagne, fils de feu Jean Monenfant et de Florence Chauvel, âgé de 23 ans.

25 Décembre.

Tricot (Jean-Baptiste, Olivier), soldat, né à Rennes, fils de Joseph Tricot et d'Anne Béouste, âgé de 17 ans.

29 Décembre.

Sçaumont (Thérèse), âgée de 2 1/2 ans, fille de Pierre Sçaumont, chirurgien major, et de Louise Fanthome.

31 Décembre.

Maigret (François), sergent de la 9me Compagnie, dit La Violette, né à Montbéliard, fils de Bastien Maigret et de Marie, Catherine Morat, âgé de 31 ans.

ANNÉE 1770.

Naissances.

1 Janvier.

Barjot (Jean, François, Marie), fils de François Barjot, né à Méracq en Gascogne, et de Marie Xavier, née à Goudelour.

10 Janvier.

Boucher (Vinditien, François, Simon), fils de Joseph, Julien Boucher, Captitaine de vaisseau, et de Marie, Monique Fermet.

12 Janvier.

Durup de Dombal (Louise, Marie, Françoise), fille de Louis, Michel Durup de Dombal, écuyer, officier au bataillon de l'Inde, natif de la Champagne, et de Dominique Péreire de Gambeau, née au Siam.

25 Janvier.

Clisson (Pierre, Marie), fils de Jacques Clisson, adjudant canonnier, né à Paris, et d'Anne Corneille, née à Sadras.

11 Mars.

Rendu (Claude, Etienne), fils de Charles Rendu, soldat, né à Pontoise, et de Madeleine de Rozaire, née à Madras.

11 Mars.

Fleury (Monique, Elisabeth), fille de François Fleury, né à Paris et de Cécile Romain, née à Karıkal.

11 Mars.

Versailles (Françoise), fille d'André Versailles, soldat, né à Versailles, et de Françoise . . . ., née à Hennebont.

18 Mars.

Bouché (Anne, Pierrette), fille de Jean-Baptiste Bouché, maître charron de la Compagnie, né à Paris, et de Marie, Anne Lamouroux, née à Pondichéry.

22 Mars.

Pourcelle (Victoire), fille d'Antoine Pourcelle, dit Dujardin, soldat, et de Marie Dubois.

28 Mars.

Giquel (Julien), fils de Bertrand Giquel, adjudant canonnier, né à Auray, évêché de Vannes, et d'Isabelle Pléan, née à Goudelour.

30 Mars.

Leconte (Henriette, Marie, Laurence), fille d'Arnould Leconte, écuyer, Conseiller, né à Joinville, diocèse de Châlons-sur-Marne, et de Laurence, Catherine Desjardins, née à Pondichéry.

8 Avril

Renaux (Louis), fils d'Etienne, François Renaux, né à Rouen, et de Jérôme Calin, née à Goudelore.

12 Avril.

Regnaudet (Marie), fille de Thomas, François Regnaudet, né à Paris, et de Marie, Françoise (Manciau), née à Pondichéry.

13 Avril.

Duru (Marie, Madeleine, Emilie), fille de Jean, François Duru, né à Paris, et de Marie, Catherine Joulet, née à Pondichéry.

17 Avril.

Compoint (Adélaïde), fille de Jean, Philippe Compoint, né à Paris, paroisse St. André-des-arts et de Marie Dessa, née à Pondichéry.

21 Avril

Camu (Marie, Geneviève), fille de Georges, François Camu, nè à La Flèche, évêché d'Angers, et de Pascale Voter, née à Pondichéry.

9 Mai.

Vingent (Michel), fils de Michel Vincent, natif d'Alsace, et de Marie, Anne Mondely, née à Pondichéry.

16 Mai.

Lepeltier (François, Guillaume), fils de Guillaume Lepeltier, né à St. Malo, et de Geneviève Guérin, née à Pondichéry.

17 Mai.

Abeille, fille de Jean Joseph Abeille, Conseiller, et de Brugette Leridé, décédée le 20 Mai 1770.

23 Mai.

Poulet (Marie), fille de Pierre Poulet et d'Elisabeth Ruel. Elle est décédée le lendemain.

29 Mai.

Menesier (Jean, Augustin), fils de Jean Menesier, né à Chauny en Picardie, officier dans le bataillon de l'Inde, et d'Anne, Marie Caster, née à Ceylan.

7 Juin.

Condat (Anne), fille de Sébastien Condat, caporal, né à Trébons en Bigorre, et de Paula Xaviel, née à Goudelour.

4 Juin.

Saulnier (Marie, Anne), fille de Pierre, Nicolas Saulnier, né à Paris, et d'Anastasie de Cruz, née à Mergui.

12 Juin.

Panné (Eléonore de), fille de Gilles de Panné, né à Fougéres en Bretagne, et d'Ursule Marchand, née à Karikal.

14 Juin.

Chrystof (Rose), fille de Jean Chrystof, né en Prusse, et Elisabeth, née à Colombo. Elle a été baptisée, le 14 Août 1770.

15 Juin.

Un enfant trouvé, adopté par Mr. Joseph, Enemont Bremier, ancien Commandant du bataillon des Indes. Il reçut le nom de Donat.

1er Juillet.

Joanneau (Marie, Madeleine), fille de Denis Joanneau, né à Paris, et de Françoise, Louise, née à Pondichéry. Décédée le 5 Juillet 1770.

4 Juillet.

Groubert (Marie, Antoine), fils de Jean, Louis, Michel Groubert, né à Haguenau, et de Marie, Barbe de Munik, née à Pondichéry.

8 Juillet.

Caro (Marie, Jeanne), fille de François Caro, soldat, né à Dinan, et de Rose Bellefille, née à Pondichéry.

9 Juillet.

Le Faucheur (Brigitte, Simone), fille de Joseph Le Faucheur, sous-marchand de la Compagnie et de Thérèse Burel, tous deux nés à Pondichéry. Elle a été baptisée le 21 Octobre 1770.

24 Juillet.

Launay (Jeanne, Anne, Christine), fille d'Hyacinthe, Joseph Havant de Launay, officier de vaisseau, et de Marie Lebon, née à Pondichéry.

2 Août.

Lafitte (Marie, Josephe, Françoise), fille de Barthélemy Lafitte, employé de la Compagnie, né à Pondichéry, et de Marie Drujon, née à Yanaon.

2 Août.

Stenay (Louis, Michel, Albert), fils de Jean-Baptiste Albert Stenay, né à Fribourg en Suisse, et de Françoise Jason, née à Pondichéry.

3 Août.

Sof (Claude, Germain), fils de Claude Sof, né à Ligné en Barrois, et de Marie André, née à Pondichéry.

4 Août.

Lidure (Anne, Sophie) fille de Jacques, Christophe, Lidure, employé au greffe, et de Geneviève Gigan, tous deux nés à Pondichéry.

4 Août

Pain (Jean l'Evangéliste), fils de Michel Pain, natif de l'Ile de France, et de Sabine, née à Mahé.

4 Août

Pilavoine (Joseph, Julien, Maurice), fils de Maurice Pilavoine, employé de la Compagnie, et de Jeanne Figeac.

12 Août

Montjoye (Jeanne, Adélaïde), fille de Jean, Louis Montjoye, né à Paris, et de Victoire Vaz, née à Pondichéry.

16 Août

Marchal (Jean, Gabriel), fils de Pierre Marchal, né à Strasbourg, et de Catherine Correra, née à Négapatam.

20 Août.

Law (Joseph, Charles), fils de Jean Law de Lauriston, Gouverneur, et de Jeanne Carvalho, née au Bengale.

Parrain : Charles Smith, négociant, né à Londres. Marraine : Marie, Josephe Law, épouse de Louis Bruno, née à Pondichéry.

22 Août

Janne (François), fils de François Janne, adjudant canonnier, né à Braux, évêché d'Avrances, et de Dorothée Henry, née à Karikal.

27 Août.

Renaud (Thérèse), fille de Jacques Renaud, maître horloger, né à Besançon, et de Rite Courrier.

29 Août.

Germain (Henry, Charles), fils d'Henry, François Germain, sous-marchand de la Compagnie, né St. Suliac en Bretagne, et de Marie Jame, née à Pondichéry.

1er Septembre.

Hubert (Jean-Baptiste), fils de Toussaint Hubert, né à St. Laurent, diocèse de Chartres, et d'Anne Gaspard Jamse.

4 Septembre.

Dubaux (Louis), fils de Jean Dubaux, né à Paris, et de Marie, Anne du Rosaire, née à Porto-Novo.

4 Septembre.

Gallyot de la Villette (Anne), fille de Pierre Gallyot de la Villette, ancien greffier en chef et notaire du Conseil Supérieur de Pondichéry, né à Douzy en Nivernais, et de Françoise Jaffré, née à Pondichéry. Elle est décédée le 12 Septembre 1770.

14 Septembre.

Le Marchand (Isabelle. Marie), fille de Joseph Le Marchand, menuisier, et de Madeleine Blanche.

22 Septembre.

Quentin Trémisot (Thérèse, Elisabeth, Catherine), fille de Jean, Joseph, Antoine Quentin Trémisot, Conseiller, né à Mahé, et de Thérèse, Ursule, Andrée Lehec, née à Quimper-Corentin.

2 Octobre.

Jaquet (Philippe), fils de François Jaquet, sergent, né à Paris, paroisse Ste. Marguerite, et de Catherine de Ollivera.

14 Septembre.

Tardivel (Etienne), fils de Jean-Baptiste Tardivel, officier du nabab Mamoud Ali, né à Lambour en Bretagne, et de Marie, Madeleine Burot.

19 Octobre.

Bourely (Jean), fils d'Etienne Bourely, officier des troupes de l'Inde, né à Uzès, et de Marie Burot, née à Pondichéry.

30 Octobre.

Léridé (Marie, Françoise, Perrine, Louise), fille de Joseph Léridé, capitaine de vaisseau, né à Pondichéry, et de Marie, Anne, Françoise Morean née à l'île Bourbon. Elle a été baptisée le 24 Janvier 1771.

8 Novembre.

Dubois (Adélaïde, Elisabeth), fille de feu René Dubois, né à Logny-Bogny, et de Catherine Rocou, née à Pondichéry.

10 Novembre.

Clérot (Agnès, Marguerite, Rose), fille de Jacques Clérot, né à Chenoy en Champagne, et de Marie, Rose Artok, né à Pondichéry.

14 Novembre.

Dubois (Brigitte, Suzanne), fille de François, Baptiste Dubois, soldat, né à Cambrai, et d'Isabelle, née à Pondichéry.

5 Décembre.

Correa (Françoise), fille de Jean-Baptiste Correa, employé de la Compagnie, né à Goudelore, et de Marie, Isabelle Passagne, née à Pondichéry.

17 Décembre.

Servant (Antoine), fils d'Antoine Servant, né à Paris, et de . . . . . . née à Pondichéry.

17 Décembbe.

Guerre (Adélaide, Françoise), fille de Jacques Guerre, Lieutenant de vaisseau, né à Pondichéry, et de Marie, Jeanne, Jacqueline Bisschop, née à Pondichéry.

19 Décembre.

Durup (Michel, Célestin, Dominique), fils de Louis, Michel Durup, officier au bataillon de l'Inde, né à Voillecomte, en Champagne, et de Dominga Pereira.

27 Décembre.

Clisson (Louis), fils de Jacques Clisson, né à Paris, et d'Anne Cornélia, née à Sadras.

30 Décembre.

Dacosta (Marie Dominique), fille de Nicolas Dacosta, né à Chandernagor et de Marie, Rose Larve, née à Pondichéry.

Mariages.

23 Janvier.

Gradot (Claude Nicolas), né au Tremblay, diocèse de Paris, fils de Claude Gradot et de Marguerite Delaistre.

et Christine La Brèche, née à Pondichéry, fille de Manuel La Brèche, et de Jeanne de Silva.

20 Février.

Ruelle (Antoine), dessinateur de la grande voirie, né à Brennes en Picardie, âgé de 34 ans, fils de J-B. Ruelle et d'Antoinette Mellier.

et Marie, Anne Collondont, née à Pondichéry, âgée de 17 ans, fille d'Antoine Collondont et de Marie de Monte.

23 Avril.

Lafitte (Jean, Barthélemy), né à Pondichéry, fils de feu Jean-Baptiste, Lafitte, en son vivant chirurgien major du fort de cette ville, et de Françoise Aillot.

et Marie DRUGEON, née à Diu, âgée de 14 ans, fille naturelle de Joseph Drugeon, sous-marchand de de la Compagnie.

30 AVRIL.

AMIARD (Etienne), né à Montargis, fils de Pierre Amiard et de Marie Poirier.

et Marie BACHELIER, née à Pondichéry.

2 MAI.

MEURISSE (Jérôme). né à Laon, fils de Jean Meurisse et d'Elisabeth Lambin.

et Eléonore VIERRA de CARVAILLE, née à Tranquebar, fille de feu Pinto Vierra de Carvaille et d'Ignacie de Matos.

7 MAI.

FAYFFE (James), natif de la Hollande, âgé de 27 ans, sergent invalide, fils de Guillaume Fayffe et de Catherine Madeleine.

et Romaine PEREIRA, née à Karikal, âgée de 16 ans, fille de Romain Pereira et d'Anne Cactane.

21 MAI.

FILATREAU (Jean, François), dit l'Espérance, coparal invalide, né en Beauce, âgé de 38 ans, fils de Jean Filatreau et d'Anne Laluque.

et Brigitte REMANTE, fille de Georges Remante et de Paule de Rozaire, âgée de 18 ans. née à Pondichéry.

21 MAI.

STURLING de LAUBEN (Jean, Christian, René), employé de la Compagnie, né à Nantes, âgé de 26 ans, fils de Jean, Christian Sturling de Lamben, ci-devant Consul général de Sa Majesté suédoise à Nantes et autres ports de Bretagne, et de Louise Ciret ;

et de Marie, Madeleine Lepissier, née à Soissons, âgée de 26 ans, fille de Jacques Lepissier et de Madeleine Gaigneux.

21 Mai.

Touzalin de Tempenois (Charles, Eustache), écuyer, né à Poitiers, âgé de 37 ans, fils de Charles Touzalin, écuyer, seigneur de Lussabeau, capitaine d'infanterie, et de Radegonde, Marie, Anne Grosleau ;

et de Louise Philibert, née à Lorient, âgée de 17 ans, fille de Julien, Marie, Nicolas Philibert et d'Angélique Baudin.

28 Mai.

Pingault (Jean, François), employé de la Compagnie, né à Paris, âgé de 26 ans, fils de François Pingault, écuyer, Conseiller secrétaire du Roi, maison et couronne de France et de ses finances, et de Jeanne, Charlotte, Rose Loiseau ;

et Marie, Adélaïde Cornet, née à Pondichéry, âgée de 20 ans, fille de Pierre, Etienne, Mathurin Cornet, ci-devant Conseiller, et de Marie, Françoise Guerre.

Témoins : Louis, Pierre Trémolières, Secrétaire du Conseil, et Jean-Baptiste Lefebure, sous-marchand de la Compagnie.

9 Juillet.

Perichon de Vandeuil (Armand, Etienne), écuyer, employé de la Compagnie, né à Paris, paroisse St. Roch, âgé de 24 ans, fils d'Etienne, Guillaume Perichon de Vandeuil, écuyer, receveur général des domaines et bois de Sa Majesté dans la généralité de Moulins, et de Constance, Armande Moutier ;

et Jeanne, Madeleine Abeille, née à Pondichéry, âgée de 16 ans, fille de Jean, Joseph Abeille, écuyer, Conseiller, et de Brigitte Leridé.

30 Juillet.

Gonsalvez (Joseph), né à Porto en Portugal, âgé de 28 ans, fils de Jean Gonsalvez, et de Marie, Anne, Thérèse ;

et Anne Henry, né à Virdachellam, âgée de 13 ans, fille naturelle de feu Henry, chirurgien.

10 Septembre.

De Braux (François, Jean), né à Mornay, fils de Sébastien, Antoine de Braux et d'Elisabeth Rey ;

et Marie, Renée Boilesve, native de la Bretagne, fille de Pierre Boilesve, et de Marie, Monique Labbaye.

17 Septembre.

Lebrun (Michel), né à Liège, fils de Michel Lebrun, et d'Anne Clossé ;

et Jeanne Filibert, née à Lorient, fille de feu Julien, Nicolas Filibert et d'Angélique Baudin.

17 Septembre.

Lamoury (Pierre), né à Pondichéry, fils de feu Pierre, Benoît Lamoury et de Louise Carlier ;

et Jeanne Brunet, née à Pondichéry, fille de Pierre Brunet, maître forgeron de la Compagnie, et de Marie Castelle de Valle.

18 Septembre.

Grimaud des Chempvert (Paul), né à l'Ile Bourbon, Lieutenant des troupes de l'Inde, fils d'Henry Grimaud, Commandant des troupes nationales de l'Ile de Bourbon, et de Jeanne, Julienne Grichard ;

et Anne Demoulins, née à Pondichéry, fille de feu Nicolas Demoulins et de Marie, Anne Lamaison.

26 Novembre.

Hurte (Charles), dit Dupuy, soldat, né à Pondichéry, âgé de 24 ans, fils de François Hurte et de Catherine Petit ;

et Catherine Leblance, née à Pondichéry, âgée de 13 ans, fille adoptive de Joseph et Jeanne du Rosaire.

Décès.

3 Janvier.

Grisin (Pierre), dit La gemme, soldat, né à Richelieu en Poitou, âgé de 21 ans, fils de Vincent Grisin et de Françoise Loullier.

4 Janvier.

Gagnard (Joseph), soldat, né à Quimper-Corentin, âgé de 30 ans, fils d'Henry Gagnard et d'Anne Plouleqvin.

17 Janvier.

Giraud (Marguerite), âgée de 18 ans, fille de Louis Giraud, soldat invalide, né à Niort, et de Marie Loudun, née au Bengale.

18 Janvier.

Pirron (Nicolas), soldat, natif de la Bretagne, âgé de 24 ans, fils d'Etienne Pirron et d'Anne Rovault.

25 Janvier.

Cheron (François, Jean), dit Bonne foi, soldat, né à Bruc en Bretagne, âgé de 23 ans, fils de feu René Cheron et de Jeanne Granier.

29 Janvier.

Legon (Guillaume), dit La dépêche, soldat, né à Quistinic en Bretagne, âgé de 27 ans, fils de feu Yves Legon et de Marie Charles.

29 Janvier.

De Soza (Antonio), né à Madras, âgé de 30 ans.

1er Février.

Clisson (Pierre, Marie), âgé de 6 jours, fils de Jacques Clisson, adjudant canonnier, et de Corneille.

14 Février.

Bélu (Jean-Baptiste), soldat, né à Paris, paroisse Ste Marguerite, âgé de 22 ans, fils de Jean-Baptiste Bélu et de Toinette Dumont.

17 Février.

Gautier (Henry), matelot de « l'Outarde », marié à Lorient, âgé de 39 ans.

18 Février.

Gourmendel (Urbain), maître de vaisseau, né en Prusse, âgé de 35 ans.

22 Février.

Keaysser (Louis, Nicolas), sergent, né à Francfort, âgé de 39 ans, fils de François, Nicolas Keaysser et de Marie, Madeleine Bachelié.

28 Février.

Pinçon (Maurice), soldat, né à Ploermel, évêché de St. Malo, âgé de 30 ans, fils de feu Jean Pinçon et de Jeanne Quiqueret.

1770

28 Février.

Deville (François), né en Bretagne, fils de noble homme François Deville et de Marie, Anne Burban.

12 Mars.

Veuve Bellefin (Françoise), née à Pondichéry, âgée de 48 ans, veuve de Louis Bellefin, ancien canonnier.

5 Avril.

Giquel (Julien), âgé de 8 jours, fils de Bertrand Giquel, né à Auray, et d'Isabelle Pléan, née à Goudelour.

7 Avril.

Mauzer (Jean, Paul), matelot.

11 Avril.

Hery (Pierre), matelot du vaisseau « L'Indien », né à Dinan, âgé de 35 ans.

16 Avril.

Hecquet (Marie, Françoise), âgée de 10 mois, fille de Jacques, Augustin Hecquet, sous-marchand de la Compagnie, et de Cuillemette, Céleste Prioux.

18 Avril.

Penhoedic (Jeanne), née à Brest, âgée de 37 ans.

19 Mai.

Labatte (Honoré), âgé de 10 mois, fils de Jean Labatte et de Jeanne de Silva.

21 Mai.

Huet (François), soldat, né à St. Calais, âgé de 28 ans, fils de feu Michel Huet et d'Isabelle Catiet.

23 Mai.

Lepeltier (François, Guillaume), âgé de 8 jours, fils de Guillaume Lepeltier, né à St. Malo, et de Geneviève Guérin, née à Pondichéry.

23 Mai.

Ruel (Elisabeth), née à Pondichéry, âgée de 25 ans, épouse de Pierre Poulet

26 Mai.

Le Routenec (Gilles), soldat de la 8me compagnie, né à Vannes, âgé de 23 ans, fils de Julien Le Routenec et de Jeanne Jacob.

27 Mai.

Lucas (Louis), soldat de la 4me compagnie, né à St. Maurille en Anjou, âgé de 17 ans, fils de Louis Lucas et de Charlotte Houdet.

28 Mai.

Jonneau (François, Louis, Marie), âgé de 2 ans, et 1 mois, fils de Louis Jonneau du Coudray et de Louise, Josephe Bourquenoud.

15 Juin.

Pierre, dit Tête forte, soldat, âgé de 30 ans, né à Paris, paroisse St. Etienne du Mont.

17 Juin.

Debure d'Enfrenay (François, Michel), officier du bataillon de l'Inde, né à Vire-basse en Normandie, âgé de 24 ans.

21 Juin.

Reau (Charles), partisan du détachement de Zéphire, né à Condé-sur-Vire, âgé de 45 ans.

25 Juin.

Lebreton (Pierre), soldat d'artillerie, né à Landivy en Maine, âgé de 26 ans.

1er Juillet.

Moutier (Jacques), dit La Trimouille, soldat, né à Clermont en Auvergne, âgé de 22 ans, fils de Simon Moutier et de Michelle Fineston.

1er Juillet.

Garre la Voye (Jean-Baptiste), soldat, né à Redon en Bretagne, âgé de 32 ans, fils de Jean Garre la Voye, et de Lucrèce Moisson.

9 Juillet.

Huzard (Vincent, Joachim), dit Mon plaisir, né à St. Malo, âgé de 19 ans, fils de Julien Huzard et de Perrine Privé.

10 Juillet.

Menesier (Anne, Marie), âgée de 3 ans, fille de Jean Menesier, né à Chauny en Picardie, officier dans le bataillon de l'Inde, et d'Anne, Marie Caster.

10 Juillet.

Bare (Gilles), officier ingénieur, né à Avranches, âgé de 38 ans.

12 Juillet.

Campion (Etienne), matelot calfat de la goëlette "La curieuse", né à Recouvrance, âgé de 28 ans.

13 Juillet.

Garnier (Jacques, Pierre), soldat, né à Rennes, âgé de 22 ans, fils de Jean, Julien Garnier.

14 Juillet.

Courtet (Dominica), née à Pondichéry, âgée de 32 ans, fille de Hervé Courtet, et de Françoise de Souza, épouse de Vincent Thomas.

18 Juillet.

Daumain (Nicolas, François), âgé de 18 mois, fils de Jean-Baptiste Daumain, et de Marie, Louise Lahoche.

18 Juillet.

Olichon (Jacques), soldat, né à Vannes, âgé de 37 ans, fils de Claude Olichon et d'Anne Dugué.

20 Juillet.

Ponton (François), dit Beausoleil, sergent invalide, né à Lannion, âgé de 60 ans.

26 Juillet.

Crouze (Geneviève), née à Pondichéry, âgée de 5 ans, fille de Christophe Crouze et de Dominique Perreire.

4 Août.

Sçaumont (François, Bernard), âgé de 13 mois, fils de Pierre Sçaumont, chirurgien major, et de Louise Fanthome.

12 Août.

Dufour (Thérèse), née à Namur, âgée de 41 ans.

18 Août.

Valtrain (Jean, François), né à Châtillon, évêché de Dijon en Bourgogne, âgé de 36 ans.

19 Août.

Floury (Marie), âgée de 3 ans, fille de François Floury et d'Elisabeth Podelgat.

24 Août

Jamme (Charles), officier de vaisseau, âgé de 33 ans, fils de Charles Jamme et de Marie Lélan.

24 Août

Richard (Julien), dit sans crainte, soldat, né à Melles, évêché de Rennes, âgé de 16 ans 9 mois, fils d'Etienne Richard et de Françoise Rouhemet.

28 Août

Poittevin (Charles), âgé de 3 ans, fils de Poittevin, et de Marie de Rosaire.

31 Août.

Fleurin (François, Marie), Conseiller, Commandant de Karikal, âgé de 53 ans.

6 Septembre.

Kergoat (Laurent), soldat, né à Quéménéven, évêché de Quimper, âgé de 25 ans, fils d'Allain Kergoat et de Marie Lardie.

9 Septembre.

Decaen de Villeneuve (Pierre), né à Montpellier, docteur en médecine de la Faculté de la dite ville, âgé de 54 ans.

12 Septembre.

Gallyot de la Villette (Anne), fille de Pierre Gallyot de la Villette et de Françoise Jaffré, âgée de 8 jours.

18 Septembre.

Pichon (Mathurin), soldat, né à Tremblay, âgé de 17 ans, fils de Pierre Pichon et de Perrine Goaguelin.

19 Septembre.

Jeancour (François), matelot calfat du vaisseau « Le Mars », commandé par M. Boret, né à Lorient.

20 Septembre.

Marche (Antoine) dit Caprais, né à Ste Foy en Agenois, soldat, âgé de 49 ans, fils de François Marche et de Madeleine Morasse.

22 Septembre.

Sorel (Jacquette), née à St. Malo, âgée de 38 ans, épouse de Louis Deveaux.

29 Septembre.

Ceccatty (Georges de), âgé d'environ 14 mois, fils de Charles, François, Léopold de Pavans, Baron de Ceccatty, chevalier de St. Louis, ancien commandant des troupes de Pondichéry, et de Marie, Jeanne Lenoir.

6 Octobre.

Sçaumont (Marie, Louise), âgé de 4 ans, fille de Pierre Sçaumont, Chirurgien major, né à Salzbourg, et de Louise Fanthome, née à Mahé.

6 Octobre.

Brevedan (Jean-Baptiste de), né à Genneville, diocèse de Lisieux, âgé de 30 ans.

8 Octobre.

Brousset (Jean), né à Montandre, diocèse de Saintes, âgé de 21 ans, fils de Pierre Brousset et de Marie Treniot.

Souin (Yves), né à Chateauneuf, évêché d'Angers, âgé de 18 ans, fils de feu Jean Souin et de Jeanne.

MILAU (Nicolas), né à Munster, en Cologne, âgé de 37 ans, fils de feu Georges Milau et de Catherine Balame

8 Octobre.

DUET (Jacques), né à Niort, fils de Louis Duet et de Marie Roulan, âgé de 18 ans.

VIBRAC (Jean, Louis), né à Strasbourg, âgé de 24 ans, fils de Jacques Vibrac.

MARTIN (Barthélemy), né à Marseille, âgé de 21 ans, fils de feu J-B. Martin et de Françoise Lion.

JORÉ (Christophe), né à Imbourg en Flandre, âgé de 29 ans, fils de Pierre Joré et d'Anne Lempour.

BREBAUT (Guillaume), né à Bourbriac, évêché de Tréguier, âgé de 30 ans, fils de feu Charles Brebaut et d'Anne le Belhé.

SAVATTIER (Simon), né à Paris, âgé de 19 ans, fils de feu Louis Savattier et de Marie Bailly.

SOUVRAY (François), né à St. Bry, évêché du Mans en Maine, âgé de 18 ans, fils de feu François Souvray et de Marie Foucault.

GAUTIER (François), né à Dol en Bretagne, âgé de 23 ans, fils de feu Oulivier Gautier et de Bastienne Trébont.

MENANTIAU (Jean), né à Bourg de Vizier, évêché d'Angers, âgé de 21 ans, fils de René Menantiau et de Jacqueline Mollet.

CARRÉ (Pierre), né à Beaufort en Anjou, âgé de 20 ans, fils de Pierre Carré et de Catherine Chevalier.

Brouttay (Antoine), né à Chartres sur Sèche, évêché de Rennes, âgé de 19 ans, fils de François Brouttay et d'Anne Huet.

15 Octobre.

Martin (Jean), soldat, né à Parcé, évêché de Rennes, âgé de 20 ans, fils de Michel Martin et d'Hélène Lourdet.

16 Octobre.

Scahaul (René), soldat, né à Nogent le Retrou, évêché de Chartres en Beauce, âgé de 17 ans, fils de Jean-Baptiste Scahaul et de Louise Gurnier.

21 Octobre.

Petit (Claude), soldat, né à Verdun, âgé de 20 ans, fils de Claude Petit et de Marie, Anne Blandin.

21 Octobre.

Lallumet (Marie), née à Pondichéry, âgée de 19 ans, veuve de François Péricur.

22 Octobre.

Barjot (Jean, François), âgé de 9 mois, fils de Jean, François Barjot, né à Méracq en Gascogne, et de Marie Xavier, née à Goudelour.

31 Octobre.

Ysact (Pierre), Conseiller et Procureur du Roi, né à Lyon, âgé de 55 ans.

31 Octobre.

Piré (René, Louis), soldat, né à Piré, évêché de Rennes, âgé de 23 ans, fils de François Piré et de Renée Jacques.

1er Novembre.

Le Fers (Jean-Baptiste), soldat, né à Morlaix, âgé de 26 ans, fils de Claude Le Fers et de Michelle Otomase.

11 Novembre

Fleury (François), fifre dans la troupe, né à Paris, âgé de 35 ans.

16 Novembre.

Monnier (Jean), soldat, né à Vitré, évêché de Rennes, âgé de 17 ans, fils de Jacques Monnier et d'Anne, Marie Palatre.

23 Novembre.

Bourdin (Julien), soldat, né à Mellé, juridiction et évêché de Rennes, âgé de 22 ans, fils de Julien Bourdin et de Jeanne Gal.

27 Novembre.

Herault (Jean), dit Poitevin, soldat, né à St. Jean de Sauves, évêché de Poitiers, âgé de 41 ans, fils d'Edme Hérault.

28 Novembre.

Millerais (Jean François), caporal, né à Rennes, âgé de 37 ans, fils de Pierre Millerais et de Marie Gautier.

30 Novembre.

Doyez (Jeanne, Françoise), âgée de 11 mois, fille d'André. Adrien Doyez et de Françoise Hergeaux.

2 Décembre.

Chagneau (René), soldat, né à St. Philbert-de-Grandlieu, évêché de Nantes, âgé de 23 ans, fils de Pierre Chagneau et de Jacquette Grarduille.

12 Décembre.

Brisson (Louise), née à Québec, âgée de 15 ans, fille de Joseph Brisson de Testu, capitaine de vaisseau, et de Geneviève Girardin.

13 Décembre.

Caussard (Louis Julien), soldat, né à Paris, paroisse St. Eustache, âgé de 35 ans, fils de Louis Gaussard.

14 Décembre.

Guillot (Urbain), soldat, né à Saumur, âgé de 26 ans, fils de Jean Guillot et de Perrine Edmon.

16 Décembre.

Pierre dit le Provençal, natif de Provence, âgé de 66 ans.

24 Décembre.

Kerverson (Hervé), volontaire dans les troupes de l'Inde, né à Brest, âgé de 24 ans, fils de Guillaume Kerverson.

25 Décembre.

Dasinger (Laurent), âgé de deux ans, fils de Jean-Baptiste Dasinger, né à Mayence, et de Catherine de Monte, née à Pondichéry.

25 Décembre.

Brillard (Julien), dit La forge, grenadier, né à Nantes, âgé de 29 ans, fils d'Etienne Brillard et de Marie Le Beaupir.

25 Décembre.

Pinar (François), né à Dinan, âgé de 50 ans.

27 Décembre.

Lebreton (Pierre), soldat, né à Pléven-Jugon, évêché de St. Brieuc, âgé de 25 ans, fils de François Lebreton et de Mathurine Lucas.

30 Décembre.

Pereira (Louise), née à Goudelour, âgée de 34 ans, épouse de Pierre Jodème, dit St. Philibert.

ANNEE 1771.

Naissances.

10 Janvier.

Fayfe (Catherine), fille de James Fayte, sergent invalide, natif d'Irlande, et de Romaine Perreire, née à Tranquebar.

19 Janvier.

Talampon (Anne), fille d'Antoine Talampon, natif de Champagne, et de Marie, née à Pondichéry.

29 Janvier.

Labeyrie (Marie, Louise), fille de Guillaume Labeyrie, officier de vaisseau, né à Bordeaux, et de Françoise Gaucher, née à Pondichéry. Elle a été baptisée le 14 Février 1771.

30 Janvier.

Meurisse (François, Jérôme), fils de Jerôme Meurisse né à Laon en Picardie, et d'Eléonore Carvalho, née à Tranquebar.

30 Janvier.

Motier (Catherine), fille de Jacques Motier, né à La Chapelle-au-Riboul, et de Marguerite Ficher, née à San Thomé.

4 Février.

Pingault (Brigitte, Marie. Adélaïde), fille de Jean, François Pingault, écuyer, employé de la Compagnie, né à Paris, et de Marie, Adelaïde Cornet, née à Pondichéry.

23 Février.

Bouché (Catherine, Louise), fille de J. B. Bouché, maître charron de la Compagnie, né à Paris, paroisse St. Eustache, et de Marie Anne Lamoureux dit Lafontaine, née à Pondichéry.

24 Février.

Deranger (Gilbert, André), fils de Gilbert Deranger, capitaine ingénieur, né à Paris, paroisse St. Sulpice, et de Sophie Couchri, née à Alep.

10 Mars.

Germain (Michel), fils de Pierre Germain, né à Mahé, et de Geneviève St. Jacques, née à Pondichéry.

22 Mars.

Renaux (Marie), fille d'Etienne, François Renaux, né à Rouen, et de Jéronime Calame.

16 Avril.

Lelièvre (Joseph, Nicolas), fils de Nicolas Lelièvre, dit Desjardins, sergent invalide, né à Paris, paroisse St. Leu, et de Marguerite Lacloche, née à Pondichéry.

17 Avril.

Hecquet (Victoire, Augustine, Céleste), fille de Jacques, Augustin Hecquet, né à Amiens, et de Céleste, Guillemette Priou, née à Châteauneuf.

21 Avril.

Ruelle (Antoine, Marie, François), fils d'Antoine Ruelle, commis de la grande voirie, né à Breny, diocèse de Soissons, et de Marie, Anne Collondout, née à Pondichéry.

30 Avril.

Filatriau (Louise, Brigitte), fille de Jean, François Filatriau, né à Guineville-St. Hilaire en Beauce, et de Brigitte Remande, née à Pondichéry.

7 Mai.

Bouchez (Marie, Anne), fille de Joseph, Julien Bouchez, capitaine de vaisseau, né à St. Malo, et d'Anne, Marie Monique Ferniet, née à Mahé. Elle a été baptisée le 15 Mai 1771.

8 Mai.

Touzalin de Tempenoy (Pierre, Eustache), fils de Charles, Eustache Touzalin de Tempenoy, né à Poitiers, et de Louise Philibert, née à Lorient.

8 Mai.

Viollette (Pierre), fils de Jean, Joseph Viollette, officier de vaisseau, né à St. Malo, et de Victoire Schriver, née à Mergui.

3 Juin.

Amiard (Etienne), fils d'Etienne Amiard, né à Montargis, et de Marie Bachelier, née à Pondichéry.

10 Juin.

Bruno (Adrien, François), fils de Louis Bruno, né à Chandernagor, et de Marie, Josèphe Law, née à Pondichéry.

15 Juin.

Aimery (Françoise), fille de Guillaume Aimery, né à St. Brieuc, et de Guillaine Pereira.

24 Juin.

Arpem (François), fils de Laurent Arpem, soldat, né à Caen, et de Christine, née à Goudelour.

24 Juin.

Saulnier (Jean-Baptiste), fils de Pierre, Nicola-Saulnier, né à Paris, paroisse St. Eustache, et d'Anastasie de Cruz, né à Mergui.

26 Juin.

Sicé (Louis), fils de Pierre Sicé, né à Parigné-l'Evêque, diocèse du Mans, et de Marie, Anne de Silva, née à San Thomé.

2 Juillet.

Pinhero (Jeanne), fille de Joseph Pinhero, né à Lisbonne, et de Jeanne de Cruz, née à Pondichéry.

5 Juillet.

Charray (Joseph), fils de Jean, Pantaléon Charray, natif du Piémont, et de Thomasia de Monte, née à Goudelour.

8 Juillet.

Vincent (Marie, Madeleine), fille de Michel Vincent, natif d'Alsace, et de Marie Anne, née à Pondichéry.

11 Juillet.

Bourgine (Victor, Hilaire), fils d'Hilaire, Polycarpe Bourgine, né à la Rochelle, et de Marie, Anne, Méder, née à Mahé.

2 Août.

Law (François, Jean, Guillaume), fils de Jean Law, baron de Lauriston, écuyer, Chevalier de l'ordre de St. Louis, brigadier des armées du Roy, Gouverneur pour le Roy de la ville de Pondichéry, Commandant de tous les établissements français aux Indes Orientales, et président des Conseils supérieur et provinciaux y établis, né à Paris, paroisse St Roch, et de Jeanne Carvalho, née au Bengale.

1771

Parrain : Jean Law de Lauriston, frère aîné de l'enfan né à Chandernagor.

Marraine : Demoiselle Françoise, Charlotte Law, née à Pondichéry.

Ont signé l'acte : Law de Lauriston, F. Law, Jolly Moracin, Lagrenée de Mézière, M. Carvalho Law, Dayot, Renault, Martin, Trémisot, Lefébure, Trémolières et Desclairons.

9 Août.

REGNAUDET (Dominique), fils de Thomas, François Regnaudet, né à Paris, et de Marie, Françoise Manceau, née Pondichéry.

19 Août.

DAUMAIN (Antoine, Jean, Marie), fils de J-B. Daumain, écrivain de l'hôpital, né à St. Pourçain en Auvergne, et de Marie, Louise Lahoche, née à Pondichéry.

4 Septembre.

LEFEBVRE (Vincent), fils de Jean, Robert Lefebvre, huissier du Conseil, né à Genesse, évêché de Paris, et de Louise Monisse, née à Pondichéry.

5 Septembre.

ROUX (Marie, Madeleine, Josèphe), fille de François Roux, né à Agen et de Bastienne de Cruz, née à Pondichéry.

6 Septembre.

LEFEBURE (François, Philippe, Auguste), fils de J-B, Nicolas, Claude Lefébure, Procureur général du Roy au Conseil souverain de Pondichéry, né à Noyon, et de Perrine, Henriette Dutrevoux, née à l'île Bourbon.

8 Septembre.

Renaud (Anna), fille d'Antoine Renaud, né à Dijon, et de Marie Trovillard, née au Sénégal.

16 Septembre.

Gochin (Madeleine), fille de Jean Gochin, né à Bordeaux, invalide, et Rite de Rosaire, née à San Thomé.

19 Septembre.

Lafitte (Charlotte, Marie), fille de Barthélemy Lafitte, employé de la Compagnie, né à Pondichéry, et de Marie Lafitte, née à Divy.

7 Octobre.

Pilavoine (Julien, Joseph, Maurice), fils de Maurice Pilavoine, employé de la Compagnie, né à Pondichéry, et de Jeanne Figeac, née à Pondichéry.

13 Octobre.

Bertrand (Rosa), fille de Jean Mathurin Bertrand, né à Gand, et de Françoise de Rosaire, née à Pondichéry.

2 Novembre.

Le Pelletier (Françoise), fille de Guillaume Le Pelletier "Polleyeur" de la Compagnie, né à St. Malo, et de Geneviève Guérin, née à Pondichéry.

2 Novembre.

Bayet (François, Charles), fils de Jean Bayet, capitaine de vaisseau, né à St. Malo, et de Marie Geneviève Jame, née à Pondichéry.

8 Novembre.

Trémisot (René, François), fils de Jean, Joseph, Antoine Quentin Trémisot, né à Mahé, écuyer et Conseiller au Conseil souverain de Pondichéry, et de Thérèse, Ursule, Andrée Lehec, née à Quimper-Corentin.

9 Novembre.

Dubeau (François), fils de Jean Dubeau, né à Paris, paroisse Ste Marguerite, et de Marie de Rosaire, née à Pondichéry.

10 Novembre.

Renaud (Marie, Pierrette), fille de Jacques Renaud, né à Besançon, et de Rite Courrier, née à San Thomé.

11 Novembre.

Lerridé (Pierre, François), fils de Joseph Lerridé, capitaine de vaisseau, né à Pondichéry, et de Marie, Anne, Françoise, née à l'île Bourbon.

23 Novembre.

Dupuy Durotté (Eléonora), fille de Charles Dupuy Durotté, né Pondichéry, et de Catherine Leblanc, née à Pondichéry.

24 Novembre.

Gordon (Marie, Agnès), fille de Thomas Gordon, née à Pondichéry, et de Marie Wilstoc, née à Pondichéry.

27 Novembre.

Menessier (Louis, Jean), fils de Jean Menessier, officier d'artillerie, né à Chauny, et d'Anne, Marie Castor, née à Colombo.

3 Décembre.

Bourely (Gabriel, Etienne), fils d'Etienne Bourely, officier du bataillon, né à Uzès, et de Marie Burot, née à Pondichéry.

3 Décembre.

Dumont (Brigitte), fille de François Dumont, soldat, né à La Chapelle, diocèse de Senlis, et de Jeanne Marck, née à Colombo.

4 Décembre.

Lebrun (Marie, Barbe), fille de René Lebrun, né à Pondichéry, et de Françoise de Rosaire, née à Pondichéry

5 Décembre.

Noel (Jeanne, Françoise), fille de François Noël, né à Chevry en Beauce, et de Thérèse Navier, née à Pondichéry.

7 Décembre.

Boisclaire (Etienne, François), fils de Louis Boisclaire, né à Paris, et d'Andrée Frégose, née à Pondichéry.

7 Décembre.

Picart (Jean), fils de Jean Picart, né à Pondichéry, et de Marie, Régine Nicolas, née à Pondichéry. Parrain : Jean Bourcet, écuyer, lieutenant-colonel, géographe et Ingénieur en chef à Pondichéry. Marraine: Jeanne Gallops Clairet, née au Bengale.

8 Décembre.

Labatte (Jeanne, Thérèse), fille de Jean Labatte, né à Roquefort en Guyenne, et de Jeanne de Silva, née à Pondichéry.

12 Décembre.

Duru (Charles François), fils de Jean, François Duru, né à Paris, et de Marie, Catherine Poulet, née à Pondichéry.

15 Décembre.

Corréa (Jean) fils de Jean Baptiste Corréa, né à Goudelour, et de Isabelle Passanha, née à Pondichéry.

1771

20 Décembre.

Guilbard (Emmanuel), fils d'Antoine Guilbard, né à Paris, et de Françoise Renard, née à Pondichéry.

20 Décembre.

Condat (François), fils de Sébastien Condat, né à Trébons, diocése de Tarbes en Bigorre, et de Paule Savy, née à Goudelor.

Mariages

14 Janvier.

Dessonnet (Etienne), bourgeois, fils de François Dessonnet et de Marie, Anne Vignon, né à Noyon en Picardie, âgé de 36 ans.

et Elisabeth Bachelier, fille de feu Michel Bachelier et de Françoise Bellec, née à Pondichéry, âgée de 15 ans.

11 Février.

Collard (François), fils de Louis Collard et de Françoise Robert, né à l'île Maurice, paroisse St. François, âgé de 26 ans

et Sabine, Gratienne Martin, veuve de Claude Picard, âgée de 27 ans, née à Karikal, fille de Jacques Martin et de Françoise Bessier.

12 Mai.

Warren de Verney (Georges), fils de Jacques Warren de Verney et d'Elisabeth Capelle, né à Marseille, paroisse N-D des Accoules, âgé de 31 ans.

et Brigitte Sinan, fille de feu Johannis Sinan et de Catherine Elias, née à Pondichéry, âgée de 20 ans.

15 Juillet.

Picard (Joseph), fils de feu François, Henry Picard, et de Madeleine de Rose, né à Pondichéry, âgé de 23 ans.

et Regine Du Rosaire, fille de Gaspard du Rosaire et Victoire du Rosaire, née à Pondichéry, âgée de 17 ans.

26 Août.

Rivière (René), négociant, fils de René Rivière et de Marie, Françoise Cattié, né à Domine, diocèse de Grenoble, âgé de 34 ans.

et Céleste Lemaire de Morampon, fille de Charles, Antoine Lemaire de Morampon, Lieutenant au bataillon de l'Inde, et d'Anne Julien, née à Somsois en Champagne, diocèse de Troyes, âgée de 15 ans.

4 Septembre.

Puren (Jacques, Louis), officier de Marine, fils de Jean, Pierre Puren et de Charlotte Quimard, né à Lomener, diocèse de Vannes, âgé de 35 ans.

et Philippe, Catherine Vasquez, veuve de Louis Lochane, née à Manille, fille de don Antoine Vasquez et de Marie Tollet, âgée de 34 ans.

7 Octobre.

Gommié (Maurice), fils de François, Nicolas Gommié et de Marie Duguet, né à Auxerre en Bourgogne, âgé de 24 ans.

et Marie Fernandez, née à Madras, âgée de 30 ans, veuve de Laurent Cormek, fille de Venture Fernandez et de Dominga de Cruz.

18 Novemrre.

Mallet (Jacques, Louis), lieutenant au bataillon de l'Inde, fils de Jacques, Guillaume Mallet, garde magasin de la Compagnie à l'île de France, et de Jeanne, Toinette Daumon, né à l'île de France, âgé de 35 ans.

et Marie, Anne, Brigitte De Lassalle Mariehaure, fille de J-B. de Lassalle Mariehaure, écuyer, capitaine d'Infanterie, et de Marie, Jacques Febvrier, née à Pondichéry, âgée de 14 ans.

Décès.

2 Janvier.

Magnan (Emmanuel), âgé de 6 mois, fils de Pierre Magnan et d'Ignacia de Mendoza.

8 Janvier.

Cardeu (Jacques), né à Ploubalay, évêché de St. Malo, âgé de 19 ans, fils de Jacques Cardeu et de Jeanne Lucas.

12 Janvier.

Benchet (Charles), dit La tranchée, soldat, né à Nuits, évêché d'Autun, âgé de 22 ans, fils de Nicolas Benchet et de Denise Moissonet.

17 Janvier.

Esticence (Etienne), dit Saint-Etienne, soldat, né à Châtelaudren, évêché de St. Brieuc, âgé de 30 ans, fils de Jean Trebordau et d'Anne Capitaine.

3 Février.

Beaubé (François), officier de troupe, né à la Matinique, âgé de 26 ans.

6 Février.

Royer (Michel), soldat, né à Fougères, évêché de Rennes, âgé de 22 ans, fils de Jean Royer et de Marie la Liberté.

9 Février.

Cruz (Jean), âgé de 3 jours, fils de Christophe Cruz et de Dominique Fereira.

20 Février.

Miot (Jean), soldat, né à Fourgères, évêché de Rennes, âgé de 18 ans, fils de Paul Miot et de Jeanne Brouillé.

5 Mars.

Marchand (Louis), matelot, du vaisseau « Mars », né à St. Malo, âgé de 30 ans.

15 Mars.

Kracht (Jean, Christian de), officier au bataillon des Indes, né en Saxe, âgé de 32 ans.

18 Mars.

Gossin (Marie), âgé de 20 mois, fils de Jean Gossin, né à Bordeaux, et de Marie du Rosaire, née à Pondichéry.

25 Mars.

Steylen (Jeanne), âgée de 20 mois, fille de Michel Steylen, soldat invalide, et de Christine Silvey.

4 Avril

Grossin (Jean, Henry), né à Paris, âgé de 46 ans.

13 Avril.

Rault (Etienne), soldat, né à Lanfains, juridiction et évêché de St. Brieuc, âgé de 26 ans, fils d'Yves Rault et d'Hélène Lestire.

25 Avril.

Hecquet (Victoire, Augustine, Céleste), fille de Jacques, Augustin Hecquet et de Céleste Guillemette Priou.

27 Avril.

Le Bide (François), soldat, né à Nantillac, juridiction de Josselin, évêché de Vannes, âgé de 24 ans 4 mois, fils de Louis Le Bide et de Marie Lecocq.

22 Mai.

Palison (Mathurin), soldat de la 7me compagnie, né à Villepot, évêché de Nantes, âgé de 17 ans, fils de Mathieu Palison et de Jacquine Chevalier.

24 Mai.

Picault (Mathurin), soldat, né à Pleudihen, juridiction de Dinan, évêché de Dol-de-Bretagne, âgé de 19 ans, fils de Mathurin Picault et de Françoise Martin.

28 Mai.

Chenel (Pierre), soldat, né à Petit-Fougeray, évêché de Vannes, âgé de 32 ans, fils de Jean Chenel et de Jeanne Cohiac.

5 Juin.

R. P. André d'Orléans, capucin, missionnaire apostolique, âgé de 50 ans.

5 Juin.

D'Almeide (Emmanuel, Joseph), soldat, né à Lisbonne, âgé de 25 ans.

6 Juin.

Legotte (Jean Marie), soldat, né à Lesneven, diocèse de Léon en Bretagne, âgé de 28 ans.

11 Juin.

Poisson (Nicolas), soldat, né à Ville, paroisse de St. Marien, évêché de Mets, âgé de 25 ans, fils de Dominique Poisson et de Toussainte Janno.

25 Juin.

Pilavoine (Antoine, Joseph), âgé de 11 mois, fils de Maurice Pilavoine, sous-marchand, et de Rose Figeac.

26 Juin.

Renault de St. Germain, morte le jour de sa naissance (26 Juin 1771, fille de Joseph, Pierre Renault de St. Germain, capitaine des grenadiers au bataillon de l'Inde, né à Chandernagor, et de Rose Dagot, née à l'île de France.

28 Juin.

Abeille (Jean, Joseph), écuyer, Conseiller, né à Toulouse, âgé de 50 ans.

30 Juin.

Esnelle (Julien), soldat, né à Rennes, âgé de 35 ans, fils de Jacques Esnelle et d'Olive Fougère.

16 Juillet.

Beneau (Simon), dit Saint-Simon, sergent de la 14me Compagnie, né à Orléans, âgé de 37 ans fils de Simon Beneau et de Marguerite Lefrère.

18 Juillet.

Chotard (Rosalie), âgés d'un jour, fille de Nicolas Chotard, officier du bataillon, né à Maurice, et de Marie, Josèphe Heyriez, née à Brest.

20 Juillet.

Caro (Marie, Jeanne), âgée d'un an, fille de François Caro, soldat invalide, et de Rose Bellefille.

28 Juillet.

Collin (Alexis), chirurgien major de l'hôpital général de Pondichéry, né à Paris, âgé de 50 ans.

30 Juillet.

Stephan (Pierre, Marie), soldat, né à Corlay, évêché de Quimper, âgé de 24 ans, fils d'Yves, Stephan et d'Anne Lebail.

1er Août.

Dupont (Pierre), soldat, né à Pamplie en Poitou, âgé de 44 ans, fils de Jean Dupont.

12 Août.

Boyer (Michel), soldat, né à Clermont en Auvergne, âgé de 23 ans, fils de Jean Boyer.

Témoins : Louis, Pierre Trémolières, secrétaire du Conseil supérieur, et Jacques, Augustin Hocquet.

13 Août.

THOMAS (Catherine), âgée de 28 ans, épouse de Descautons.

18 Août.

ARNAULT (Jean-Baptiste), soldat, dit Tanneur, né à Vitré, évêché de Rennes, âgé de 20 ans, fils de J-B. Arnault et de Jacquette Le Meunier.

20 Août.

POURCELLE (Marie), âgée de 18 mois, fille d'Antoine Pourcelle, né à Villefranche, et de Marie Joseph.

20 Août.

MAGNY (Denis), soldat, dit Orléans, né à Chartres en Beauce, âgé de 29 ans, fils de Pierre Magny et de Marie Charpentier.

24 Août

LASCARIS (Catherine), épouse de J-B. Lascaris, allemand, ancien soldat de cette garnison, âgée de 30 ans.

28 Août.

ROUXEL (François), dit La touche, caporal, né en Bretagne, âgé de 34 ans, fils de Jacques Rouxel et de Jeanne Pilorget.

30 Août.

BISCHOP (Marie), épouse de Jacques Guerre, officier de vaisseau, née à Pondichéry, âgée de 25 ans.

31 Août.

LAMAURY (Jacqueline), décédée le jour de sa naissance, fille de Pierre Lamaury et de Jeanne Brunet.

1er Septembre.

Le Clech (Bastien), soldat, dit Saint-Sébastien, né à Treffiagat, juridiction de Pont l'Abbé, évêché de Quimper, âgé de 20 1/2 ans, fils de Corentin Le Clech et de Marie Lemonie.

4 Septembre.

Bougon (Eustache), né à Juilly, âgé de 47 ans, fils de Jean, François Bougon.

4 Septembre.

Lahaye (François-Xavier), chirurgien du vaisseau, le "Saint-André", né à Lorient, âgé de 27 ans.

4 Septembre.

Aigoin (Jean, Pierre), né à Nîmes, âgé de 28 ans, fils de Thomas Aigoin et de Marie Paris.

11 Septembre.

Perrin (Louis), sergent, né à Paris, paroisse St. Paul, âgé de 24 ans, fils de Jean Perrin et d'Anne Barthol.

14 Septembre.

Lucas (Pierre), matelot, né à La Hougue en Normandie.

28 Septembre.

Dutilch (Jean-Baptiste), soldat, né Carcassonne, âgé de 28 ans, fils de feu Dominique Dutilch et de Thérèse Audrien.

14 Octobre.

Jendt (François), aide-canonnier, né à Biard, âgé de 36 ans.

27 Octobre.

Montagne (Louis), né à Aulas, près de Nimes, âgé de 36 ans, fils de David Montagne et de Marguerite Barrié.

6 Novembre.

Mercier (Charles), soldat, né à Chalons, diocèse de Luçon en Poitou.

10 Novembre.

Le Peltier (Françoise), âgée de 6 jours, fille de Guillaume Le Peltier, né à St. Malo, et de Geneviève Guérin, née à Pondichéry.

12 Novembre.

Havant de Launay (Hyacinthe), écuyer, capitaine de vaisseau, né à St. Malo, âgé de 45 ans

30 Novembre.

Pilavoine (Julien, Joseph, Maurice), âgé de 2 mois, fils de Maurice Pilavoine, employé au service de la Compagnie, et de Jeanne Figeac.

22 Décembre.

Hall (Frédéric), soldat invalide, né à Amsterdam, âgé de 37 ans.

27 Décembre.

Barbault (François), né à Challot, évêché de La Rochelle en Poitou, âgé de 25 ans, fils de feu Claude, Charles Barbault et de Louise Ménard.

30 Décembre.

Condat (François), âgé de 2 jours, fils de Sébastien Condat, né à Trébons, diocèse de Tarbes en Bigorre, et de Paule Savy, née à Goudelour.

ANNÉE 1772.

Naissances.

13 Janvier.

COMPOINT (Françoise), fille de Jean, Philippe Compoint, né à Paris, paroisse St. André-des-Arts, et de Marie, Anne Dessa, née à Pondichéry.

15 Janvier.

LEYRAT (Antoine), fils de Jean Leyrat, né à Bordeaux, et de Catherine du Rosaire.

2 Février.

PIERON (Marie, Jeanne, Geneviève), fille de François Piéron, soldat invalide, né à Liège, et de Julienne d'Almeïde, née à San Thomé.

5 Février.

LIDURE (Jeanne, Félicité), fille de Jacques, Christophe Lidure, employé de la Compagnie, né à Pondichéry, et de Geneviève Gigan, née à Pondichéry.

5 Février.

MEURISSE (Jeanne, Elisabeth), fille de Jérôme Meurisse, né à Laon en Picardie, et d'Eléonore Carvalho.

29 Février.

CROGON (Emmanuel), fils de Gabriel Crogon, né à Marmande, et de Marie du Rosaire, née à Pondichéry.

1er Mars.

BOUCHÉ (Marie, Adelaïde), fille de Jean-Baptiste Bouché, né à Paris, paroisse St. Eustache, et de Marie l'Amourray.

4 Mars.

Warren de Verney (Elisabeth, Eléonore), fille de Georges Warren de Verney, écuyer, cy-devant officier d'infanterie, né à Marseille, et de Brigitte Sinan, née à Pondichéry.

17 Mars.

Pingault (Jean), fils de Jean, François Pingault, né à Paris, et d'Adelaïde, Marie Cornet, née à Pondichéry.

24 Mars.

Le Mel (Marie, Louise), fille de Jean Le Mel, né à Rennes, et de P. de Silva, née à Goudelour.

8 Avril

Bergiot alias Barjotte (Joseph), fils de François Bergiot, soldat, né à Marsan, diocèse d'Auch, et de Marie Xaviel, née à Goudelour.

15 Avril.

Lettoré (Adélaïde), fille de Julien Lettoré, né au Mans, et de Marie Lettoré, née à Pondichéry.

2 Mai.

Hardy (Louis, Guy), fils de Pierre Hardy, sergent invalide, né à Tonnerre en Bourgogne, et de Marie Toussaint, née à Pondichéry.

6 Mai.

Lebrun (Joseph, Michel), fils de Michel Lebrun, né à Liège, et de Jeanne Philibert, née à Lorient.

8 Mai.

Dessonnet (Louise), fille d'Etienne Dessonnet, né à Noyon en Picardie, et d'Elisabeth Bachelier, née à Pondichéry.

12 Mai.

Le Begue (Louise), fille de Louis le Bègue, né à Bourbon.

26 Mai.

Ruelle (Marie, Antoine, Françoise), fille d'Antoine Ruelle, Commis de la grande voirie, né à Braisne, diocèse de Soissons, et de Marie, Anne Collondont, née à Pondichéry.

27 Mai.

Tuyot (Anne), fille de Pierre Tuyot.

27 Mai.

Jaquet (Florence), fille de François Jaquet, sergent, né à Paris, et Catherine d'Olivera, née à Mergui.

11 Juin.

Faure (Pierre, Joseph), fils de Joseph, Alexis Faure, écuyer, lieutenant d'Infanterie, né à Lorient, et de Marie, Joseph Desmoulin, née à Pondichéry.

Parrain: Pierre Croizille de Repentigny, écuyer, Colonel d'infanterie, Chevalier de St. Louis, Major de la place, Major général et Commandant des troupes de l'Inde, né au Canada.

Marraine: Françoise La Mettrie, épouse de St. Paul, née à Madras.

20 Juin.

Soliman (Jeanne, Françoise, Elisabeth), fille de Jacques Soliman, né à Paris, paroisse St. Roch, et d'Apolline Fombert.

14 Juillet.

Daviot (Philippe, Louis), fils de Philippe Daviot, adjudant canonnier, né à la Clayette en Mâconnais, et de Marie, Anne Hue, née à Pondichéry.

18 Juillet.

Doigt (Anne), fille de Charles Doigt, né à Paris, et de Thomase Rodriguez, née à Pondichéry.

19 Juillet.

Gradot (Louis, Joachim), fils de Claude, Nicolas Gradot, né à Trambly, et de Christine Labrèche, née à Pondichéry.

29 Juillet.

Pouthaux (Rose), fille d'Augustin Pouthaux, soldat, né à Amiens, et de Françoise Fernandez, née à Mangalore.

3 Août.

Hamayon (Jean, Simon, Henry), fils de Jean Hamayon, soldat d'artillerie, né à St. Brieuc, et de Clémence, Claude, Marie Marzin, née à Quimperlé. L'enfant est né à bord du vaisseau " Le Triton ".

7 Août.

Madré (Pierre), fils d'Etienne Madré, soldat, né à Calais.

12 Août.

Vincent (Christine), fille de Michel Vincent, né à Luscan, et de Marie, Anne Montdelly, née à Pondichéry.

20 Août.

Chautard (Rosalie, Thérèse), fille de Nicolas, François Chautard, officier du bataillon, natif de l'île de France, et de Marie, Josèphe Heyriez, née à Recouvrance.

28 Août.

Beauttry (Dorothée), fille de Pierre Beauttry, né à Paris,

28 Août.

Du Change de Beaubrun (Rosalie), fille de Louis du Change de Beaubrun, écuyer, né à Paris, Caissier de la Compagnie, et de Mathurine, Rosalie Hocheru de Gassonville, née à Paris.

31 Août.

Beylié (Marguerite Marie, Madeleine), fille d'Augustin Beylié, capitaine d'artillerie, Chevalier de St. Louis, né à Grenoble, et de Jeanne Delarche, née à Pondichéry.

4 Septembre.

Germain (Marie, Geneviève, Charlotte), fille d'Henry Germain, sous-marchand de la Compagnie, né à Saint-Servan, et de Marie, Anne Jame, née à Pondichéry.

6 Septembre.

Germain (Jean, Nicolas), fils de Pierre Germain, né à Pondichéry, et de Geneviève Jacquet, née à Pondichéry.

10 Septembre.

Pané (Barbe), fille de Gilles Pané, né à Fougères, diocèse de Rennes, et d'Ursule Marchand, née à Karikal.

20 Septembre.

Renault de St. Germain (Julie, Catherine), fille de Joseph Renault de St. Germain, Capitaine de grenadiers du bataillon de l'Inde, Chevalier de St. Louis, né à Chandernagor, et de Rose Dayot, née à l'île de France.

30 Septembre.

De Silva (Catherine, Brigitte), fille d'Emmanuel de Silva, né à Méliapour, et de Françoise Nicolas, née à Pondichéry.

1er Octobre.

Perichon de Vaudeuil (Marie, Josephe, Brigitte), fille d'Armand, Etienne Périchon de Vaudeuil, écuyer, né à Paris, et de Jeanne, Madeleine Abeille, née à Pondichéry.

9 Octobre.

Bonnefoy (Louis, Guillaume), fils de Jean, François Bonnefoy, né à Aix-en-Provence et de Marie, Barbe Graisseux, née à Karikal.

16 Octobre

Le Faucheur (Thérèse, Marie, Odon), fille de Joseph Le Faucheur, sous-marchand et Trésorier général de ce comptoir, né à Pondichéry, et de Thérèse Burel, née à Pondichéry.

Parrain : Odon, Jean, Louis Demars, sous-marchand et Secrétaire du Conseil supérieur de Pondichéry, né à Paris.

Marraine : Marie Cornet, épouse de Blin de Grincourt, teneur de livres en chef du dit compoir, née à Pondichéry.

17 Octobre.

Saulnier (Alexis Ignace), fils de Pierre, Nicolas Saulnier, né à Paris, paroisse St. Eustache, et Anastasie de Cruz, née à Mergui il a été baptisé le 5 Février 1773.

23 Octobre.

Laborde (Pierre, Gilles), fils de Gilles Laborde, né à Beaumont-de-Lomagne, diocèse d'Auch, et de Marie Béan-Bréci, née à Besançon.

25 Octobre.

Bourely (Marie, Antoine, Rite), fille de Bourély, officier de troupes, né à Uzès, et de Marie Burot, née à Pondichéry.

26 Octobre.

Prelot (Marie, Madeleine), fille de Jean, Thomas Prelot, soldat d'artillerie, natif du Piémont juridiction de Turin, et de Marie, Anne Valian, née à La Fère en Picardie.

29 Octobre.

Sof (Louis), fils de Claude Sof, né à Ligny-en-Barrois, et de Marie, Anne André, née à Pondichéry.

4 Novembre.

Tardivel (Joseph, François), fils de J-B. Tardivel, officier du nabab, Mahmoud Ali, natif du diocèse de St. Brieuc, et de Madeleine Burot, née à Pondichéry.

Parrain : François Gardé, ancien officier du nabab, Mahmoud Ali, né à Laon.

Marraine : Rite Courrier, épouse Renaud, née à Pondichéry.

Tardivel (Charlotte, Thomase), fille des ci-dessus.

Parrain : Jacques Baudouin, né à Douai, représenté par Charles Pithois, né à Etampes.

Marraine : Thomase Legalou née à Pondichéry.

Les deux enfants ont été baptisés le 3 Novembre 1774.

10 Novembre.

Durup de Dombal (Marie, Anne), fille de Louis, Michel Durup de Dombal, écuyer, officier au bataillon de l'Inde, né à Bois-le-Comte en Champagne, et de Dominique Pereire, née au Siam.

13 Novembre.

Cabesse (Simon), fils de Simon Cabesse, né en Suisse, et d'Agarhe de Conoure.

16 Novembre.

Chevalier (Marie, Josephe), fille du sieur Chevalier, né à St. Liviers, diocèse de Metz, et de Marie Chenac, née à Quimper.

16 Novembre.

Mensins Tailleur (Marie, Joseph), fils de Nicolas Mensins Tailleur, né à Pont-à-Mousson, et de Marie Yvon, née à Quimperlé. Voir la note explicative à la date du 2 Avril 1773.

20 Novembre.

Labeyrie (Jeanne), fille de Guillaume Labeyrie, officier de vaisseau, né à Bordeaux, et de Françoise Gaucher.

20 Novembre.

Labeyrie (Jeanne, Françoise), fille de Guillaume Labeyrie, officier de vaisseau, née à Bordeaux et de Françoise Gaucher née à Pondichéry, a été baptisée le 18 Avril 1773.

14 Décembre.

Le Peltier (Louis, Auguste), fils de Guillaume Le Peltier, maître poulieur de la Compagnie, né à St. Malo, et de Geneviève Guérin, née à Pondichéry.

19 Décembre.

Limouzin (Pierre), fils de René Limouzin, né à Poitiers, et de Rite de Rosaire, née à Pondichéry.

1772

Mariages.

28 Janvier.

Folleville (Louis), fils de Paul, Louis Folleville et de Catherine Boulin, né à St. Brieuc, âgé de 35 ans.

et de Jeanne, Gabrielle Champagnon, fille de Joseph Champagnon et de Marie Feiffre, née à Dijon, âgée de 25 ans.

3 Février.

Launay (Pierre, Thomas), bourgeois, fils de Pierre, Thomas Launay et de Marie Chapu, né à Angers, âgé de 34 ans.

et de Françoise Gadet, née à Pondichéry, âgée de 16 ans.

10 Février.

Carez (Dieudonné), sergent, né à Metz, fils d'Humbert Carez et de Jeanne Mangin, âgé de 33 ans.

et Louise Balieu, veuve de Pierre Burot, née à Madras, âgée de 37 ans.

17 Février.

Waxe (Pierre), fils de Jean Waxe et de Catherine Ludovigne, né à Thionville, âgé de 45 ans.

et de Françoise Saudre, fille de feu Jean Saudre et de Geneviève Gibonne, née à Goudelour, âgée de 16 ans.

24 Février.

Jodenet (Pierre), sergent, fils de François Jodenet et d'Anne Roré, né à St. Philibert, diocèse de Dijon, âgé de 36 ans.

et Rose Streinet, fille de Pierre Streinet et d'Anne de Silva, née à Bimlipatam, âgée de 17 ans.

24 Février.

Moreira (Antoine, Bernard), fils d'Antoine, Jean Moreira et de Marie Rodriguez, né à Bragance en Portugal, âgé de 25 ans.

et Josepha De Silva, fille de Manuel de Silva et de Jeanne du Rosaire, née à Pondichéry, âgée de 20 ans.

24 Mai.

Schweinhoubre (Ignace, Léopold, Henry de), écuyer, ancien capitaine de cavalerie, fils de François de Schweinhoubre, intendant de la principauté de Bade, et d'Anne, Marie Mayer, né à Rastatt, âgé de 45 ans.

et de Marie, Louise Lettoré, fille de Julien Lettoré, ancien officier de bourgeoisie, et de Marie Pereire, veuve de Gilles Borée, officier ingénieur de cette place, née à Pondichéry, âgée de 20 ans.

3 Juin.

Collondont (François), fils d'Antoine Collondont et de Marie de Monte, né à Pondichéry, âgé de 23 ans.

et Catherine Rognon, veuve Dubos, fille d'Antoine Rognon et d'Antoinette de Monte, née à Pondichéry, âgée de 25 ans.

20 Juillet.

Favier (François), pilote du Gange, fils de François Favier et de Marie, Jeanne Simon, né au Faouet, âgé de 25 ans.

et Marie, Anne Duru, fille de Jean, François Duru, bourgeois de cette ville, et de feue Marie, Anne, Marceline Gigot, née à Pondichéry, âgée de 16 ans.

16 Octobre.

Imbert (Joseph), né à Aix-en-Provence, fils d'Etienne Imbert et de Marguerite Escayonne, marié inextremis à

Laurence Hervé, fille de Joseph Hervé et de Laurence Cuvilier, née à Boulogne.

16 Octobre.

Pallu (Nicolas), fils de Florent Pallu et de Marie, Louise Durand, né à Nogent-le-Retrou, âgé de 25 ans.

et Rose Lequint, fille de Jean Chrysostome Lequint et d'Anne Pigmann, née à Pondichéry, âgée de 16 ans.

16 Novembre.

Mahu (Nicolas, Joseph), lieutenant d'artillerie, né à Saint-Simon, évêché de Noyon, fils de Nicolas Mahu, greffier et notaire du duché et pairie de Saint-Simon, et de feue Marie, Adrienne Thierry, née à Alaincourt, évêché de Laon, âgé de 37 ans.

et Françoise Royer, veuve de Jean, Bernard Hubert, Capitaine de vaisseau, fille de feu Dominique Royer et de Dame Cadot, née à Pondichéry, âgée de 34 ans 3 mois.

13 Décembre.

Lagrenée de Mezière (Simon), second de Pondichéry, Conseiller, fils de François Melchior Lagrenée de Mézière et de feue Rose Duhamel, né à St. Paul, île de Bourbon, âgé de 43 ans.

et Marie, Julie, Adélaïde Le Faucheur, veuve de Claude, Nicolas Desvaux, Comte Dusaussay, Chevalier de St. Louis, mestre de camp, ancien capitaine au bataillon de l'Inde, fille de feu Nicolas Le Faucheur, sous-marchand de la Compagnie, et de Jeanne, Julienne, Michel Artur, épouse de Mr. Boyelleau, née à Mazulipatam, âgée de 46 ans.

17 Décembre.

Demars (Odon, Jean, Louis), sous-marchand secrétaire du Conseil Supérieur de Pondichéry et de la liquidation des affaires de la Compagnie des Indes, fils de feu Jean, Odon Demars, bourgeois de Paris, et de feue Geneviève, Françoise Legris, né à Paris, paroisse St. Germain l'Auxerrois, âgé de 35 ans.

et Marie, Rose CANET, fille de Charles, Nicolas Canet, cy-devant officier au bataillon de l'Inde, de présent gouverneur de la Tour d'Ambleteuse, et de feu Claire Imbert, née à Pondichéry, âgée de 15 ans.

Témoins : Jean Law de Lauriston, écuyer, Chevalier de St. Louis, brigadier des armées du Roy, Commissaire plénipotentiaire de Sa Majesté pour les contestations entre les Colonies françaises et anglaises aux Indes orientales, Gouverneur pour le Roy de la ville de Pondichéry, Commandant des Etablissements français aux Indes, président des Conseil souverain et provinciaux y établis, né à Paris. André Boyelleau, ancien Commandant de Pondichéry, né à Paris. Louis Cassenove, Commissaire de la Marine, né à l'île Bourbon. André Christophe Piveron, écuyer, sieur de Morlat, greffier en chef du Conseil supérieur de Pondichéry, né à Ernée en Bas Maine.

Décès.

4 JANVIER.

MEHAIGNERIE (Jean-Baptiste), soldat, né à Vitré en Bretagne, âgé de 21 ans.

7 JANVIER.

TESSIER (François), soldat, né à Sainville, âgé de 19 ans, fils d'Antoine Tessier et de Madeleine Carré.

7 JANVIER.

JULLIAC (François), soldat, né à Lombez en Guyenne, âgé de 21 ans, fils de Bernard Julliac et de Jacquette Labat.

10 Janvier.

Poulin (Jean), dit Francœur, soldat du corps royal, né à Etaples en Picardie, âgé de 30 ans.

12 Janvier.

Clerot (Marie), âgée de 6 jours, fille de Jacques Clerot et de Rose Marie Artock.

16 Janvier.

Pinsard (François), soldat, né à St. Malo, âgé de 31 ans, fils de Julien Pinsard et de Julienne Laudet.

19 Janvier.

Bourrely (Etienne), âgé d'un mois 10 jours.

27 Janvier.

Fregose (Andrée), née à Pondichéry, âgée de 20 ans, épouse de Louis Boisclerc.

7 Février.

Compoint (Françoise), âgée de 25 jours, fille de Jean, Philippe Compoint et de Marie, Anne Dessa.

7 Février.

Pinot (François), caporal invalide, natif du Poitou, âgé de 43 ans, fils de René Pinot et de Madeleine Tessier.

7 Février.

Rouxel (Julien), soldat, né à St. Sauveur, paroisse de l'évêché de Rennes en Bretagne, âgé de 19 ans.

14 Février.

Tarrabillon (François), né à Pondichéry, âgé de 27 ans, fils de Louis et Catherine Tarrabillon.

2 Mars.

Pierron (Claude), né à Cusset en Auvergne, âgé de 40 ans.

4 Mars.

Plessis (Jean), dit Duplessis, soldat de la Compagnie de Mr. Renault de Saint-Germain, né à Rennes, âgé de 20 ans, fils de René Plessis et de Marie Trémelot.

10 Mars.

Assenço (Antoinette), veuve de Pitre, hollandais, ancien canonnier, né à Pondichéry, âgée de 34 ans.

N.B. Dans les actes de mariage du 6 Mai 1754, Antoinette Assenço figure comme épouse de Pierre Maan, né à Bruges.

17 Mars.

Amont (Jacques), sergent, né à Paris, paroisse St. Germain l'Auxerrois, âgé de 30 ans, fils de Jacques Amont.

3 Avril.

Tatin (Jacques), soldat, né à Rennes, âgé de 22 ans, fils de François Tatin et de Guillemette Chauvelle.

10 Avril.

Gaguard (François), soldat, né à Nantes, âgé de 23 ans, fils de Jacques Gaguard et de Michelle Massé.

21 Avril.

Crancy (Louis, François), dit Labranche, canonnier de la Compagnie de Mr. Beylié, né à Paris, paroisse St. Eustache, âgé de 33 ans.

22 Avril.

Brossard (Michel, Jacques de), 1er lieutenant des vaisseaux de la Compagnie des Indes, né à Livarot, en Normandie, âgé de 45 ans.

26 Avril.

Lebreton (Louis), sergent invalide, né au Hâvre de Grâce en Normandie, âgé de 72 ans, fils de Pierre Lebreton et d'Anne Lemoine.

27 Avril.

Du Rosaire (Marguerite), âgée de 35 ans.

27 Avril.

Louis (Jean), soldat, né à Paris, paroisse St. Barthélemy, âgé de 35 ans, fils de François, Jean Louis.

30 Avril.

Plos (Elisabeth), fille de Laurent Plos et de Marguerite Pittermann, épouse de René Jique, âgée de 24 ans.

2 Mai.

Pouvereau (François), soldat, né à Millau, âgé de 33 ans, fils de Jean Pouvereau et de Jeanne Groulon.

2 Mai.

Janvier (Mathurin), soldat, né à Azé, juridiction de Château-Gontier, évêché d'Angers, âgé de 21 ans, fils de feu Mathurin Janvier et de Geneviève Tardif.

6 Mai.

Deux jumeaux (garçon et fille) de Michel Jean Perrier et de Scholastique Rose, décédés le jour de leur naissance.

8 Mai.

Rose (Scholastique), épouse de Michel, Jean Perrier, officier de vaisseau, née à Pondichéry, âgée de 37 ans.

10 Mai.

Callendot (Louis, Marie), officier du bataillon de l'Inde, né à Vannes, âgé de 38 ans.

18 Mai.

Bourgine (Rosalie, Renée), née à Pondichéry, âgée de 4 ans, fille d'Hilaire, Polycarpe Bourgine, écuyer, et de Marie, Anne Méder.

26 Mai.

Olivault (Pierre), habitant de cette ville, natif de l'évêché de Vannes, âgé de 50 ans.

30 Mai.

Galet (Jean), dit la Galette, soldat invalide, né à Turly, généralité et diocèse de Bourges, élection de Le Blanc en Berry, âgé de 38 ans, fils de Sylvain Galet.

3 Juin.

Guillot (Pierre), soldat, né à St. Laurent du bas, évêché de Saintes, âgé de 20 ans, fille de feu Jacques Guillot et d'Elisabeth Bonnet.

7 Juin.

Careaux (François), âgé d'un jour, fils de François Careaux, né à Dinan, et de Rosalie Bellefille, née à Pondichéry.

7 Juin.

Guenot (Urbain), 2me bombardier de la compagnie de Mr. de Barry au corps royal d'Artillerie, natif de la Bourgogne, âgé de 30 ans, fils de Claude Guenot et d'Anne Vernevode.

10 Juin.

Tessendier (André), officier du brigantin « Le vigilant », né à Ste Foy, évêché d'Angenois, âgé de 22 ans.

20 Juin.

Menessier (Augustin), âgé de 2 1/2 ans, fils de Jean Menessier, officier du corps royal, né à Chauny en Picardie, et d'Anne, Marie Castor, née à Colombo.

25 Juin.

Gerard (André, Guillaume), chirurgien, né à Paris, âgé de 57 ans.

5 Juillet.

Cheret (Nicolas), soldat, né à St. Sulpice-des-Landes, évêché de Mantes, âgé de 25 ans, fils de Jean Cheret et de Perrine Melouron.

12 Juillet.

Boisclaire (Etienne, François), âgé de 7 mois, fils de Louis Boisclaire, né à Paris, et d'Andrese Frégose, née à Pondichéry.

13 Juillet.

Borel (Olivier), né à Aix-en-Provence, âgé de 70 ans, dit Saint-François, fils de Mathieu Borel et de Dauphine Gravier.

14 Juillet.

Dubaux (Louis), âgé de 2 ans, fils de Jean Dubaux, né à Paris, et de Marie du Rosaire, née à Pondichéry.

20 Juillet.

Dumont (Brigitte), âgée de 7 1/2 mois, fille de François Dumont, soldat, né à La Chapelle, et de Jeanne Marck, née à Colombo.

26 Juillet.

Doigt (Anne), âgée de 8 jours, fille de Charles Doigt, né à Paris, et de Thomase Rodriguez, née à Pondichéry.

31 Juillet.

Gradot (Louis, Joachim), âgé de 20 jours, fils de Claude, Nicolas Gradot. né au Tremblay, et de Christine Labrèche, née à Pondichéry.

31 Juillet.

Menessier (Louis, Jean), âgé de 8 mois, fils de Jean Menessier, officier du corps royal, né à Chauny, et d'Anne, Marie Castor, née à Colombo.

1er Août.

Guillebar (Brigitte), âgée de 3 1/2 ans, fille d'Antoine Guillebar et de Françoise Reynier.

8 Août.

Bourbard (Charles), matelot, né à Hennebont, âgé de 26 ans, matelot sur le « De Boigne ».

14 Août.

Guinet (Jean), dit La Feuillade, canonnier au corps royal, né à Chevillon, évêché de Châlons, âgé de 34 ans, fils de Jean Guinet et de Marie Chatoine.

22 Août

Hamayon (Jean, Simon, Henry), âgé de 20 jours, fils de Jean Hamayon, soldat d'artillerie, et de Clémence, Claude, Marie Marzin.

28 Août

Laurent (Martin), soldat de la compagnie des invalides, né à Bayonville en Lorraine, âgé de 22 ans, fils de François Laurent et de Marie Vigneron.

29 Août

Regnaudet (Dominique), âgé de 13 mois 21 jours, fils de Thomas, François Regnaudet et de Marie, Françoise Manceau.

31 Août.

Corero (Catherine), âgée de 35 ans, épouse de Georges Marzal, soldat

2 Septembre.

Venidier (Marc), matelot sur le « De Boigne », commandé par Mr. Lebrun de Rennes, né à Lorient.

7 Septembre.

Schipner (Paul), sergent de la compagnie des invalides, né à Mayence, âgé de 39 ans, fils de Thomas Schipner.

7 Septembre.

Morte (Pierre), soldat de la compagnie de Mr. de Carrion, né à Boulogne en Picardie, âgé de 32 ans, fils de Pierre Morte et de Catherine Barbe.

12 Septembre.

Lalane (Vve Anne), née à Mergui, âgée de 40 ans.

12 Septembre.

Frangeul (François), soldat, âgé de 21 ans, fils de François Frangeul et de Marie Joubelet.

12 Septembre.

Jaquet (Florence), âgée de 4 mois, fille de François Jaquet, né à Paris, et de Catherine d'Olivera, née à Mergui.

16 Septembre.

Lafitte (Marie), âgée de 17 ans, née à Divi.

22 Septembre.

Lecointe (Pierre), écuyer, enseigne sur le vaisseau " Pondichéry" commandé par Mr. de Lamothe, âgé de 18 ans, fils de Jean Lecointe, seigneur de Marcillac et de La Castelle, et de Catherine de Jourdan.

28 Septembre.

Lecoeur (Jeanne) épouse de François, Joseph Liénor dit Pintre, née à l'île de France, âgée de 22 ans.

2 Octobre.

Fournier (Louise), épouse de Saint-André, née à Pondichéry, âgée de 21 ans.

3 Octobre.

Labeyrie (Jeanne), âgée d'un an et demi, fille de Guillaume Labeyrie, officier de vaisseau, et de Francoise Gaucher.

5 Octobre

Lebrun (François), grenadier, né à St. Christophe-de-Bois, évêché de La Rochelle, âgé de 21 1/2 ans, fils de François Lebrun et de Françoise Repoche.

7 Octobre.

Beauttry (Dorothée), âgée d'un mois et demi, fille de Pierre Beauttry, né à Paris.

9 Octobre.

Georges d'Angleterre, soldat.

26 Octobre.

Lambremont, 3me pilote du vaisseau " Le Pondichéry.

28 Octobre.

Buisson (François), canonnier au corps royal d'artillerie, Compagnie de Mr. de Barry, natif du Dauphiné, juridiction de Grenoble, fils de François Buisson et d'Antoinette Condat.

29 Octobre.

Bollat (Claude), dit La Victoire, soldat d'artillerie, né à Saumur, âgé de 30 ans, fils de Claude Bollat et de Marie Martin.

7 Novembre.

Pilavoine (Maurice), Conseiller au Conseil Supérieur de Pondichéry, né à Surate, âgé de 80 ans 3 mois.

7 Novembre.

Platel (Jean), sergent de la Compagnie des invalides, né à Canchy en Picardie, âgé de 75 ans, fils de Jean Platel et de Marie Desmarest.

18 Novembre.

Leguillon (Louis), caporal de la Compagnie de Mr. de Carrion, né à La Rochelle, paroisse St. Barthélemy, âgé de 29 ans, fils de feu Mars Leguillon et de Marie Cleuho.

25 Novembre.

Gigot (Jacques), dit La Flamme, caporal invalide, né à Quimper-Corentin, âgé de 49 ans, fils de Tanguy Gigot et de Marie Augé, mort noyé.

30 Novembre.

Hardy (Louis, Guy), âgé de 7 mois, fils de Pierre Hardy, sergent invalide, et de Marie Toussaint.

12 Décembre.

Gaucher (Françoise), née à Pondichéry, âgée de 29 ans, épouse de Guillaume Labeyrie, officier de vaisseau, né à Bordeaux.

12 Décembre.

Kersevaux, (Jacquette), veuve Poupon, âgée de 62 ans.

22 Décembre.

Veillet (Jean), marchand, né à St. Nazaire en Saintonge, âgé de 54 ans.

24 Décembre.

Gaudin (François), soldat de la Compagnie de Mr. Méder, né à Fougères, évêché de Rennes, âgé de 21 ans, dit Saint-Léonard, fils de Julien Gaudin et de Julienne Mainville.

29 Décembre.

Labreche (Nicolas, Antoine), né à St. Malo, âgé de 67 ans.

ANNÉE 1773.

Naissances.

1er Janvier.

Delarche (Jean, Jacques, Janvier), fils d'Alexandre (Delarche ?) fils, né à Pondichéry, et de Julie, Johannis Sinan, née à Pondichéry.

4 Janvier.

Rivière (Françoise, Thérése, Céleste), fille de René Rivière, né à Grenoble, et de Céleste Lemaire, née à Vitry-le-François.

6 Janvier.

Viollette (Jean, Jacques, Emmanuel), fils de Jacques, François Viollette, Capitaine de vaisseau, né à St. Malo, et de Marie, Renée Leborgne, du diocèse de Quimper-Corentin.

11 Janvier.

Hérot (Félix, Casimir), fils de Jean Hérot, né à Châteauroux en Berry.
Parrain : Victor Amalric, négociant, né à Marseille.
Marraine : Françoise Chrestien, née à l'île de France.
Décédé le 7 Octobre 1778, à cette date, l'acte de décès porte trois noms : Denandol, Denandal et Durandel ; Celui d'Hérot n'y figure pas.

17 Janvier.

Launay (François, Thomas), fils de Pierre, Thomas Launay, né à Angers, et de Françoise Gadère, née à Pondichéry.
Parrain : François Collier, né à Montreuil-sur-mer.
Marraine : Hélène Sicé, née à Tranquebar.

27 Janvier.

Regnaudet (Jean, François), fils de Thomas, François Regnaudet, né à Paris, paroisse St. Germain, et de Marie, Françoise Manceau, née à Pondichéry.

8 Février.

Gordon (Jean, Alexis), fils de Thomas Gordon, né à Pondichéry, et de Marie Wilsteck, née à Pondichéry.

15 Février.

Compoint (Philippe, Théodore), fils de Jean, Philippe Compoint, né à Paris, paroisse St. André-des-arts, et de Marie, Anne Dessa, née à Pondichéry.

19 Février.

Labatte (Jacques), fils de Jean Labatte, né à Roquefort en Guyenne, diocèse d'Auch, soldat du corps royal, et de Jeanne de Silva, née à Pondichéry.

1er Mars.

Leconte (Arnould), fils d'Arnould Leconte (Marcy), Conseiller, né à Joinville en Champagne, et de Laurence Desjardins, née à Pondichéry.

7 Mars.

De Costa (Barthélemy), fils de Nicolas de Costa, né à Chandernagor, et de Marie Rose Larive, née à Pondichéry.

12 Mars.

Bouchez (Jacques, Julien), fils de Joseph, Julien, Capitaine de vaisseau, né à St. Malo, et Marie, Monique d'Almeïde, née à Mahé,

15 Mars.

Schmidt (Marie, Madeleine), fille de Christophe Schmidt, né à Berlin, soldat, et d'Anne Harlay, née à Ceylan.

18 Mars.

Sicé (Françoise), fille de Pierre Sicé, né au Mans, et d'Anne de Silva, née à Madras.

21 Mars.

Giraud (Rose), fille de Louis Giraud, soldat, né à Niort, diocèse de Poitiers.

25 Mars.

Sornay (Théodora), fille de Pierre, Basile Sornay, Capitaine ingénieur, habitant de l'île de France, natif de Pampelune, et de Jeanne Sinan, née à Pondichéry.

27 Mars.

Charray (Françoise), fille de Jean, Pantaléon Charray, né à Turin, soldat, et de Thomasia Dumont, née à Goudelour.

30 Mars.

Renaudin (Marie, Victoire), fille de Claude Renaudin dit Saint-Georges, natif du Berry, et de Victoire de Rosaire, née à Négapatam.

4 Avril

Thibaud (Jean), fils de Jean Thibaud, soldat de l'armée de Bonenfant.

12 Avril.

Amiard (Edme), fils d'Etienne Amiard, né à Montargis, en Gâtinois, et de Marie Bachelier, née à Pondichéry.

15 Avril.

L'Entier (Françoise, Anne), fille de Joseph, Armand l'Entier, employé, né à Port-Louis, et de Marie Acton, née à Pondichéry.

20 Mai.

Pingault (Jeanne, Françoise), fille de J-B., François Pingault, écuyer, né à Paris, et de Marie, Adélaïde Cornet, née à Pondichéry.

21 Mai.

Filatriau (Honoré), fils de Jean, François Filatriau, né à Guineville, diocèse d'Orléans, et de Brigitte Remande, née à Pondichéry.

28 Mai.

Toussaint (Luce, Charlotte), fille de Jean Toussaint, né à St. Michel, en Lorraine, et de Marie Siqueira, née à Goa.

2 Juin.

Tuyot (Laurent), fils de Pierre Tuyot, né à Fulvy en Bourgogne, et de Marie, Catherine de Rosaire, née à Pondichéry.

10 Juin.

Chrestien des Noyers (Félix, Edouard), fils de Jean Nicolas Chrestien des Noyers, né à Metz, sous-marchand de la Compagnie, et de Françoise Bigaignon, née à l'île de France.

17 Juin.

Gilles (Alexis), fils de François Gilles et de Marie Liloy.

27 Juin.

Leroux (François), fils de Jean Leroux, né à Clairac, paroisse St. Pierre, diocèse d'Agen, et de Sébastienne de Cruz, née à Pondichéry.

29 Juin.

Ruelle (Jeanne, Madeleine), fille d'Antoine Ruelle, né à Brémes, diocèse de Soissons, et de dame Collondont, née à Pondichéry.

30 Juillet.

Renault (Elisabeth, Josèphe), fille d'Etienne, François Renault, né à Rouen, et de Jéronime Cullen, née à Goudelour.

2 Août.

Fayfe (Dieudonné), fils de James Fayfe, né en Irlande, et de Romaine Pereire.

2 Août.

Bourgine (Anne, Catherine), fille d'Hilaire, Polycarpe Bourgine, négociant, né à La Rochelle, et de Marie, Anne Méder, née à Mahé.

2 Août.

Loiseau (Liliane), fille de Louis Loiseau, soldat, et de Jeanne de Rosaire, née à Karikal.

6 Août.

Law de Lauriston (Louis, Georges), fils de Jean Law, baron de Lauriston etc. et de Jeanne Carvalho, née au Bengale.

Parrain : Louis, Alexandre Boisserolle, baron d'Albignac, Chevalier, Lieutenant-colonel, né à Arrigas, diocèse d'Alais en Languedoc.

Marraine : Jeanne Law, épouse du sieur Johnson, Conseiller au Conseil Supérieur de Madras, née à Pondichéry.

14 Août.

MICHOT (Louis, Etienne), fils de Guillaume Michot, né à Vesoul en Franche-Comté, et de Marie, Anne de Rosaire, née à Gingy.

16 Août.

STEILER (Marie), fille de Michel Steiler et de Christine de Silva.

18 Août.

RAPHAEL (Anne, Bonne), fille d'Edouard Raphaël, Arménien, né en Perse (Julfa), négociant, et de Marie Stephanus, née à Chandernagor.

23 Août.

DANGEREUX (Jeanne, Marie), fille de Louis, Charles Dangereux, écuyer, Conseiller des Indes, né à Paris, et d'Antoinette, Marguerite Babinet, née à Lorient.

Parrain : Jean Law, baron de Lauriston, écuyer, Chevalier de St. Louis, Brigadier des armées du Roy, Commissaire plénipotentiaire de Sa Majesté pour les contestations entre les colonies françaises et anglaises aux Indes orientales, Gouverneur pour le Roy de la ville de Pondichéry, Commandant de tous les Etablissements français aux Indes orientales, et Président des Conseils supérieur et provinciaux y établis, né à Paris, paroisse St. Roch.

Marraine : Marie Carvalho, épouse de feu Jacques Law, écuyer, Lieutenant-colonel, Chevalier de St. Louis, née à Madras.

10 Septembre.

CLEROT (Marie, Victoire, Jeanne), fille de Jacques Clerot, Chirurgien aide-major de l'hôpital militaire de Pondichéry, né à Chenoise en Brie, archevêché de Sens, et de Rose, Marie Artock, née à Pondichéry, diocèse de San Thomé.

12 Septembre.

Tamponeau (Marie), fille de Charles Eustache Tamponeau, et de Marie Philibert. Décédée le même jour.

14 Septembre.

Duru (Joseph), fils de François Duru, bourgeois de cette ville, et de Marie, Catherine Joullet, née à Pondichéry.

21 Septembre.

Mallet (Marie, Jeanne, Antoinette, Brigitte), fille de Jacques, Louis Mallet, lieutenant, né à l'île de France et Marie, Brigitte de la Salle Mariehaure, née à Pondichéry.

4 Octobre.

Massoneau (François, Jean), fils de Jean Massoneau, né à St. Rémy en Poitou, et de Rose Boulard, née à Pondichéry.

4 Octobre.

Wanterpold (François, André), fils d'André Wanterpold, né à Dunkerque.

6 Octobre

Germain (Charles, René), fils d'Henry Germain, né à St. Suriac, diocèse de St. Malo, et de Marie Jame, née à Pondichéry.

15 Octobre.

Clisson (René), fils de Jacques Clisson, né à Paris, paroisse St. Louis, et d'Anne Corneille, née à Sadras.

1er Novembre.

Gradot (Jeanne), fille de Claude, Nicolas Gradot, soldat invalide, né à Gonesse, près de Paris, et de Christine Labresse, née à Pondichéry.

4 Novembre.

Boileux dit Chevalier (Marie, Madeleine), fille de Procope Boileux dit Chevalier, musicien-major du régiment de Pondichéry, né en Artois, et de Marie, Josephe, Scholastique Brassaud, née à Lens.

8 Novembre.

Demars (Odon, Anne, André), fils d'Odon, Jean Louis Demars, sous-marchand, secrétaire de la liquidation, né à Paris, paroisse St. Germain l'Auxerrois, et de Marie, Rose Canet, née à Pondichéry.

Parrain : André Boyelleau, ancien Commandant immédiat après le sieur Law, né à Paris. Marraine : Anne Emmède, veuve de Louis Barthélemy, ancien Conseiller, second de Pondichéry, née à Goudelour.

14 Novembre.

Schweinhoubre (de), fils d'Ignace, Leyrit, Pierre, Henry de Schweinhoubre du Limbourg, ancien Capitaine de cavalerie, né à Rastadt et de Marie, Louise Lettoré, baptisé le 15 Février 1774.

28 Novembre.

Emery (Laurent, Guillaume), fils de Guillaume Emery, né à Pléven, évêché de St. Brieuc, caporal, et de Guite Péreire, née au Maduré.

2 Décembre.

Le Faucheur (Nicolas, Joseph), fils de Joseph, François, Nicolas Le Faucheur, grand voyer, Inspecteur des terres pour le Roy, né à Pondichéry, et de Thérèse Burel, née à Karikal.

Parrain : Denis, Nicolas Foucault, Commissaire de la Marine, Ordonnateur des Etablissements français dans l'Inde, président du Conseil Supérieur de Pondichéry et des Conseils provinciaux y établis, né à Québec, au Canada.

Marraine : Jeanne, Julie Artur, épouse de Mr. Boyelleau, ancien Commandant de Pondichéry, née à Brest.

12 Décembre.

DUCHANGE de BEAUBRUN (Louis, Joseph), fils de Louis Duchange, écuyer, sieur de Beaubrun, né à Paris, et de Mathurine, Rosalie Hochereau de Gassonville, née à Paris.

19 Décembre.

DELARCHE (Charles, Augustin), fils d'Alexandre Delarche, né à Pondichéry et de Julie Sinan, née à Pondichéry.

29 Décembre.

PILAVOINE (Jeanne, Geneviève), fille de feu Maurice, André Pilavoine, ancien employé de la Compagnie, et de Marie, Jeanne Figeac, tous deux nés à Pondichéry.

Mariages

10 Janvier.

PITHOIS (Charles), chirurgien, né à Etampes, âgé de 28 ans, fils de Charles Pithois et de feue Catherine Poussepain.

et Agnès BUROT, fille de feu Pierre Burot et de Louise Balieu, née à Pondichéry, âgée de 17 ans.

10 Janvier.

Bourcet (Jean), Lieutenant-colonel d'infanterie, ingénieur en chef de Pondichéry, né à Grenoble, âgé de 40 ans, fils de Jean Bourcet et de Françoise Beau.

et Thérèse Deveaux, fille de Louis Deveaux, lieutenant de vaisseau, et de feue Jacquette Sorel, née à St. Malo, âgée de 20 ans.

Témoins : Simon Lagrenée de Mézière; Louis, Firmin Barry de Richeville et Louis Duchange de Beaubrun.

22 Février.

Monisse (Vincent), né à Pondichéry, âgé de 25 ans, fils de feu Jean Monisse, officier au bataillon de l'Inde, et de feue Françoise de Soza.

et Marie De Mello, fille de Louis de Mello et de Marie de Rosaire, née à Pondichéry, âgée de 19 ans.

18 Avril.

Labeyrie (Guillaume), lieutenant de vaisseau « Desforges », né à Bordeaux, âgé de 45 ans, fils de Pierre Labeyrie de la Mothe Gentil.

et Nathalie. Joseph Battengs, fille de feu Pierre Battengs, Capitaine des vaisseaux de la Compagnie, et de Geneviève, Anne Mogis, née à Pondichéry, âgée de 16 ans.

19 Avril.

Garek (Jean), né à Riantec, évêché de Vannes, âgé de 34 ans, fils de Jean Garek et de Louise Gerlin.

et Eugénie Rencontre, fille d'Yves, Henry Rencontre et de Catherine Pereira née à Karikal, âgée de 19 ans.

27 Avril.

Mensuis Tailleur (Nicolas), artificier au corps royal, né à Pont-à-Mousson, âgé de 25 ans, fils de Nicolas Tailleur et de Marguerite Marie.

et Marie Yvon, fille de Louis Yvon et d'Anne Daniel, née à Quimperlé, âgée de 23 ans.

2 Mai.

Sufize de la Croix (Joachim, François), sergent au corps royal de l'artillerie, né à Donzère en Dauphiné, âgé de 34 ans, fils de Laurent Sufize de la Croix, écuyer, et de Jeanne, Marie Veyrène.

et Jeanne Durocher, fille de Noël Durocher et de Rose Lenoir, née à Pondichéry, âgée de 16 ans.

10 Mai.

Lefevre (Yves), maître voilier du vaisseau " Le Bienvenu ", commandé par le sieur Violet, né à Saint-Servan, âgé de 34 ans, fils de Guillaume Lefèvre et de Guillemette Demoriers.

et Marie, Anne Renault, fille de Joseph Renault, sergent invalide, et de Rite Fereire, née à Narzapour, âgée de 18 ans.

20 Juin.

Boutté (Nicolas), officier de vaisseau, né à St. Malo âgé de 25 ans, fils de feu Nicolas Boutté et de dame, Hubon.

et Marguerite Lettoré, fille de Julien Lettoré, ancien officier partisan, et de Marie Perreire, née à Pondichéry, âgée de 17 ans.

4 Juillet.

Boutton (François), officier de vaisseau, né à l'île d'Oleron en Saintonge, âgé de 38 ans, fils de Louis Boutton, négociant, et de Marie Papineau.

et Marie Sanson, fille de Paul Sanson, ancien officier d'artillerie, et de Marie Aria, née à Pondichéry, âgée de 14 ans.

18 Juillet.

Dembreun (Charles), officier de vaisseau, né à Port-Louis (Ile de France), âgé de 24 ans, fils de Jacques Dembreun et de Marie, Jeanne Courbon.

et Louise Boussier, fille de Claude Boussier, dit Montargis, et de Marguerite Alvès, née à Pondichéry, âgée de 23 ans.

9 Août.

Templier (Philippe), cy-devant sergent du bataillon de l'Inde, né à Paris, âgé de 34 ans, fils de Philippe Templier, marchand, et de Marguerite, Elisabeth Lejoly.

et Geneviève Gresseux, née à Karikal, âgée de 18 ans, fille de Jean-Baptiste Gresseux et de Barbe Pereira.

16 Août.

Justin (Michel), né à Montreuil, diocèse d'Amiens, âgé de 34 ans, fils de Michel Justin et de Marie Clachin.

et Claire Pedrero, fille de Jean Pedrero et de Louise Pedrero, née au Siam, âgée de 22 ans.

16 Septembre.

Demaux (Félix), né à Contescourt, diocèse de Noyon, âgé de 40 ans, fils de Michel Demaux et de Catherine Roquet.

et Guillemette Thomas, veuve de Pierre Ollieran, née à St. Malo, âgée de 48 ans.

27 Septembre.

Giquel (René, Bertrand), veuf d'Isabelle Plant, né à Auray, diocèse de Vannes, âgé de 32 ans, fils de René Giquel et de Marie Villebranche.

et Marie Lequin, fille de Jean, chrysostome Lequin et d'Anne Pitremann, née à Pondichéry, âgée de 14 ans.

4 Octobre.

Gigan (Louis, François), 1er Canonnier de l'artillerie royale, né en Basse Normandie, âgé de 30 ans, fils de Louis Gigan, et de Marie Sauvegain.

et Marie, Madeleine Jaquiet, fille d'Antoine Jaquiet et de Claudine Manion veuve Veillet, née à Grenoble, âgée de 55 ans.

Décès.

9 Janvier.

Berhault (Jean), dit La Tulipe, soldat, jardinier de profession, né à Talensac, évêché de St. Malo, âgé de 28 ans, fils de feu Guillaume Berhault et d'Anne Grevel.

9 Janvier.

Martin (René), soldat, cordonnier de profession, né à Saint-Georges, évêché d'Angers, âgé de 26 ans, fils de feu Claude Martin et de Suzanne Beaudviller.

16 Janvier.

Cebert (Pierre, François), caporal dans la Compagnie de Mr. Méder, né à Meaux, âgé de 33 ans, fils de Nicolas, Pierre Cebert.

5 Février.

De Cruz (Rose), veuve de Gravier dit St. Gilles, ancien sergent, âgée de 84 ans.

13 Février.

Morel (Joseph), dit l'Intrépide, caporal, né à Tulle, âgé de 34 ans, fils d'Antoine Morel et de Léonarde Gilles.

17 Février.

Gousdoue (François), soldat, natif de l'évêché de Tréguier, âgé de 24 ans.

24 Février.

Montoudon (Jean), matelot du vaisseau « La Bretagne », commandé par Mr. Manal, né à Marmande, âgé de 24 ans.

5 Mars.

Guillou (Jacques), matelot de « La Bretagne », né à Vannes, âgé de 30 ans.

20 Mars.

Manivat (Pierre), soldat, né à Fougères, évêché de Rennes, âgé de 27 ans, fils de feu Jean Manivat et de Gabrielle Bourdin.

26 Mars.

Dubault (Jean) dit Dastie, soldat, né à Genève, fils de Charles Dubault et de Marie Perron, décédé subitement.

31 Mars.

Morel (Claude, Guillaume), employé à la procure générale de Pondichéry, époux de Rose Jaffré, né à Paris, âgé de 45 ans.

7 Avril

Thibaud (Jean), âgé de 5 jours, fils de Jean Thibaud, soldat de l'armée de Bonenfant.

1773

13 Avril.

Siquere (Catherine), épouse Singre, née à Pondichéry, âgée de 37 ans.

22 Avril.

Boisseau (René), soldat, né à Châteaubriant, évêché de Nantes, âgé de 21 ans, fils de Jean Boisseau et de Charlotte Boigue.

26 Avril.

Elbrel (François d'), âgé de 3 1/2 ans, fils d'Etienne d'Elbrel, né à Sarlat en Périgord, soldat, et de Dominga, née à Mergui.

29 Avril.

Malroy (Joseph, Thomas), soldat d'artillerie de la compagnie de Mr. Barry, né à Malroy, âgé de 28 ans.

2 Mai.

Dutrevoux (Perrine, Henriette), épouse de Lefébure, Procureur du Roy, née à l'Ile de Bourbon, âgée de 28 ans.

5 Mai.

Laroque (Antoine), matelot du vaisseau « Le Castries », commandé par Mr. Venslow, né à Cancale, diocèse de St. Malo, âgé de 27 ans.

11 Mai.

Naymann (Sophie), épouse de François Vautrin, âgée de 30 ans.

22 Mai.

Lecocq (Julien), soldat dans la compagnie de Mr. Savigny, né à Rennes, âgé de 24 ans, fils d'Henry Lecocq et de Guillemette Ledru.

29 Mai.

Tabillon (Jean-Baptiste), soldat dans la compagnie de Mr. de Carrion, né à Tarbes en Bigorre, âgé de 42 ans, fils de Nicolas Tabillon et de Marie Bianne.

2 Juin.

May (Antoine), caporal de royale artillerie, natif du diocèse de Grenoble, âgé de 24 ans.

5 Juin.

Duclos (Lambert), soldat invalide, natif de la province de Luxembourg, âgé de 45 ans.

11 Juin.

Saunier (François), âgé de 2 1/2 ans, fils de Pierre, Nicolas Saunier, né à Paris, paroisse St. Eustache, et d'Anastasie de Cruz, née à Mergui.

23 Juin.

Normand (François), canonnier en second au corps royal d'artillerie, né en Brie, juridiction de Meaux, fils de Michel Normand et de Marie Lacatte.

26 Juin.

Bruillac (Yves, Jean de), écuyer, volontaire au bataillon de l'Inde, né à Tréguier, âgé de 20 ans 2 mois, 20 jours.

8 Juillet.

Collonia (Melchior de), capitaine de troupes, chevalier de St. Louis, né à Aix-en-Provence, âgé de 80 ans.

22 Juillet.

Hervé (Pierre), soldat dans la Compagnie de Mr. Williesme, né à Saint-Malon, juridiction de Montfort, évêché de St. Malo, âgé de 23 ans, fils de feu Jean Hervé et de Françoise Vedy.

22 Juillet.

Beillard (Benoît), appointé daos la Compagnie de Mr. Renault de St. Germain, né à Orléans, âgé de 37 ans fils de Benoît Beillard et de Marthe Samelotte.

25 Juillet.

Blondel (Joseph), ouvrier de l'établissement des îles Seychelles, âgé de 25 ans.

29 Juillet.

Rochard (François), sergent de la Compagnie des invalides, né à Soissons, âgé de 42 ans.

31 Juillet.

Lemulet (Jacquette), épouse de Charles Pray, née à Port-Louis, diocèse de Vannes, âgée de 46 ans.

4 Août.

Beaujet (Pierre), soldat du corps royal, né à Carrière, juridiction de Limoges, âgé de 32 ans, fils de Pierre Beaujet et de Marie Denis.

4 Août.

Bouteservin (Joseph), soldat du corps royal, né en Lorraine, juridiction de Toul, fils de Jean, Charles Bouteservin et de Marie Gourdin.

15 Août.

Giraud (Rose), âgée de six mois, fille de Louis Giraud, soldat.

17 Août.

Doublet (Basile), mousse.

22 Août.

Quijoux (Olivier), resté à l'hôpital du vaisseau "Le duc de Praslin", rembarqué sur " La Seine" né à Lorient.

23 Août.

Beaudoin (Mme Nicolas), épouse du chirurgin, âgée de 25 ans.

27 Août.

Chapelle (Justin), matelot sur la " Seine ".

27 Août.

Le Peltier (Jean), âgé de 6 ans, fils de Guillaume Le Peltier et de Geneviève Guérin.

28 Août.

Delarche (Jeanne), née à Pondichéry, épouse d'Augustin Beylié, Chevalier de St. Louis, Capitaine d'artillerie.

28 Août.

Barrière (Jean), né à Pondichéry, âgé de 13 ans.

28 Août

Thebeau (Joseph), second pilote de la " Seine " né à Brest, âgé de 25 ans.

29 Août.

Bougon (Jean), né à Juilly, diocèse de Caen, âgé de 53 ans.

30 Août.

Meurisse (Elisabeth), âgée de 17 mois, fille de Jérôme Meurisse et d'Eléonore Viera de Carvalho.

30 Août.

Millot (Claude), sergent d'artillerie au corps royal, né en Bourgogne, fils de Roch Millot et de Nicole, Françoise Margot.

31 Août.

LEMAIRE de MORAMPONT (Céleste), épouse de Rivière, négociant, née à Somsois en Champagne, âgée de 17 ans.

31 Août.

DUROCHER (Noël), sergent invalide, né à Lyon, âgé de 50 ans.

11 Septembre.

DUMONT (Eléonore), âgée de 7 ans, fille de François Dumont et de Jeanne du Rosaire.

14 Septembre.

PHILIBERT (Marie), épouse d'Eustache Tamponeau, ancien sergent, née à Lorient, âgée de 19 ans.

15 Septembre.

ANIQUE (Pierre), né à Paris, âgé de 55 ans, fils de Pierre Anique et d'Isabelle Baudot.

19 Septembre.

FONTAINE (Joseph), dit Marquis sergent invalide, né à Barcelone en Catalogne, paroisse St Antoine, âgé de 57 ans, fils de Jean Fontaine.

19 Septembre.

PERCEVAL (Nicolas), soldat au corps royal, né à Montigny en Lorraine, âgé de 26 ans, fils de Michel Perceval et de Louise Mingot.

20 Septembre.

COLLONDONT (Antoinette), fille de François Collondont et de Catherine Rognon. Décédée le jour de sa naissance.

22 Septembre.

Vaubrissey (Jeanne), épouse de Gilles Laborde, soldat au corps royal, née à Besançon, âgée de 29 ans.

26 Septembre.

Tavernier (Pierre, François), soldat, né à Droux, âgé de 42 ans, fils d'Etienne Tavernier et de Renée Aché.

27 Septembre.

Laborde (Pierre), âgé, de 11 mois, fils de Gilles Laborde et de feue Jeanne Vaubrissey.

28 Septembre.

Priou (Guillemette), épouse de Jacques, Augustin Hecquet, née à Châteauneuf, évêché de St. Malo, âgée de 42 ans.

28 Septembre.

Le Camus (Pierre), 1er pilote du vaisseau « Le Gange », né à Lorient, âgé de 37 ans.

29 Septembre.

Bovilleday (Jean), soldat, natif de l'évêché de Nantes, âgé de 26 ans, fils de feu Julien Bovilleday et de Mathurine Ravoin.

30 Septembre.

Dugayos (Louis), calfat sur le vaisseau « Le Gange », né à Lorient.

1er Octobre.

Garnier (François), maître charpentier sur « Le Gange » né à Lorient.

4 Octobre.

Chevrier (Thomas), soldat, né à Rennes.

6 Octobre.

Quelec (Joseph), matelot sur « La Seine ».

6 Octobre.

Panné (Michel et Barbe), enfants de Gilles Panné et de Cécile Marchand, âgé de 5 ans et d'un an respectivement.

7 Octobre.

Wanterpold (André), âgé de 3 jours, fils d'André Wanterpold, né à Dunkerque.

7 Octobre.

Parisel (Françoise), âgée de 5 ans, fille de Thomas Parisel, né à Paris.

7 Octobre.

Sicé (François), âgé de 7 mois, fils de Pierre Sicé et de Marie de Silva.

8 Octobre.

Corbel (Pierre), bosseman du vaisseau « La Seine ».

9 Octobre.

Massoneau (François, Jean), âgé de 7 jours, fils de Jean Massoneau et de Rose Boulard.

16 Octobre.

Dupont (Pierre), sergent du corps royal, né à Champfleury en Champagne, juridiction de Reims, fils de Thomas Dupont et d'Elisabeth Gaudinet.

19 Octobre.

Perceval (Michel), soldat du corps royal, né à Montigny en Lorraine, âgé de 28 ans, fils de Michel Perceval et de Louise Mingot.

19 Octobre.

Delgoris (Martial), dit l'Empereur, caporal des invalides, natif du diocèse de Limoges, âgé de 70 ans, fils de Pierre Delgoris et de Léonarde Rostinet.

21 Octobre.

Grange (Jean), soldat au corps royal, né à Lavialle, juridiction de Dôle en Franche-Comté, fils de Balthazar Grange et d'Anne Mégère.

24 Octobre.

Fayfe, (Catherine), âgée de 3 ans, fille de James Fayfe, né en Irlande, et de Romaine Perreire, née à Karikal.

28 Octobre.

Pennauguair (Jean, Marie), matelot sur «Le Gange», âgé de 21 ans, fils de Maurice Pennauguair, né à Ploemeur.

29 Octobre.

Emery (Françoise), âgée de 2 ans 4 mois, fille de Guillaume Emery et de Quitoria Perreire.

8 Novembre.

Boileux (Marie, Madeleine), âgée de 6 jours, fille de Procope Boileux, musicien major du régiment de Pondichéry, et de Marie, Josèphe, Scholastique Brassaud.

9 Novembre.

Lepage (Gilles), soldat, né à Milio, évêché de Coutances, âgé de 35 ans, fils de Pierre Lepage et de Madeleine Lacontesse.

14 Novembre.

Defresne (Jeanne), fille de Pierre Defresne, sergent, né à Condé-en-Hainaut, et de Marceline de Silva, née à Pondichéry.

18 Novemrre.

Renaux (Marie, Anne), âgée de 2 ans, fille d'Etienne, François Renaux, et de Jéronime Callainne.

21 Novembre.

Barjotte alias Bergiot (Joseph), âgé de 2 ans, fils de François Barjotte, soldat, et de Marie Xavier, née à Pondichéry.

23 Novembre.

Bonnabrys (Claude, François), soldat, natif du Hainaut, âgé de 36 ans, fils de Martin Bonnabrys et de Louis, Marie Bonbrasse.

3 Décembre.

Lefevre (Louis), caporal invalide, né à Paris, paroisse St. Germain l'Auxerrois, âgé de 32 ans, fils de François Lefèvre et d'Anne Chapé.

5 Décembre.

Emery (Laurent, Guillaume), âgé de 7 jours, fils de Guillaume Emery, caporal, et de Guite Perreire.

5 Décembre.

Aubertin, Ier, canonnier au corps royal, né à Mirecourt en Lorraine, fils de Jean, Jacques Aubertin et de Dame Laurent.

7 Décembre.

Houssé (Dominique), ancien sous-marchand du comptoir de Mahé, né à Dax, en Gascogne, âgé de 40 ans.

7 Décembre.

Chevalier (Joseph), grenadier, natif de l'évêché de Rennes, âgé de 20 ans, fils de Jean Chevalier et d'Anne Goudal. Décédé subitement.

24 Décembre.

Pilavoine (Maurice), ancien sous-marchand pour la compagnie, né à Pondichéry, âgé de 32 ans.

29 Décembre.

Picard (Louis, Antoine, Marie), né le 4 Mars 1771, fils de Dominique Picard et de Marie, Josèphe Picard.

ANNÉE 1774.

Naissances.

1ᵉʳ Janvier.

Cames (Jean, Joseph), fils de Simon Cames, né en Suisse.

22 Février.

Pithois (Marie, Adélaïde), fille de Charles Pithois, chirurgien à l'hôpital de la marine du Roy, né à Etampes, et d'Agnès Burot, née à Pondichéry.

11 Mars.

Duhaul (Charles, Etienne), fils d'Etienne Duhaul, né à Vellefaux en Franche-Comté et de Françoise Jéronima Omeric, née à San Thomé.

17 Mars.

Lemelle (Rose, Marie), fille de Jean Lemelle, né à Rennes, et de Quitterie de Silva, née à Goudelour.

23 Mars.

Pain (Sophie), fille de Michel Pain, né à l'Ile de France, et de Sabine Fernandez, née à Goudelour.

23 Mars.

Nerau (Jean, Marie), fils de Sylvain Nérau, né à Châteauroux en Berry, et de Brigitte Mony, née à l'Ile de France.

25 Mars.

Renaud (Charlotte), fille de Jacques Renaud, né à Besançon, et de Rite Courrier, née à San Thomé.

31 Mars.

Guilbar (Laurent, Augustin), fils d'Antoine Guilbar, né à Paris, paroisse St. Germain, et de Françoise Renalde, née à Pondichéry.

2 Avril.

Compoint (Alexis, Nicolas), fils de Jean, Philippe Compoint, né à Paris, paroisse St. André des Arts, et de Marie, Anne Dessa, née à Pondichéry.

6 Avril.

Jodenet (Marie), fille de Pierre Jodenet, dit St. Philibert, sergent, né à Dijon, et de Rose Streinet, née à Bimbilipatam.

11 Avril.

Doit (Louise), fille de Charles Doit, dit Blondin, né à Blois, et de Thomasie Rodriguez, née à Pondichéry.

2 Mai.

Bourely (Marie, Anne, Philippe), fille d'Etienne Bourely, officier, né à Uzès, et de Marie, Elisabeth Burot, née à Pondichéry.

17 Mai.

Camu (Louis, François), fils de Georges, François Camu, né à La Flèche, et de Pascale Wotter, née à Pondichéry.

22 Mai.

Meurisse (Augustin, Laurent), fils de Jérôme Meurisse, né à Laon, paroisse St. Rémi, et de Léonore Viera Carvalho, née à Tranquebar.

23 Mai.

Ratier Duvergé (Anne, Adélaïde), fille de Pierre Ratier Duvergé, sous-commissaire de la marine, faisant fonctions de contrôleur à Pondichéry, né à Bordeaux, et d'Anne Lebrun, née à Jarnac en Saintonge.

19 Juin.

Blin de Grincourt (Marie, Julie, Adélaïde), fille de Venditien, Guillain, Marie Blin de Grincourt, teneur de livres de la liquidation, et garde-magasin général pour le Roy, né à Arras, et de Marie, Adélaïde (Madeleine ?) Cornet, née à Pondichéry.

Parrain : Jean-Baptiste Mangin, trésorier de la marine des Etablissements français dans l'Inde, né à Metz.

Marraine : Marie, Adélaïde Cornet, épouse du sieur Pingault, née à Pondichéry.

20 Juin.

Lettoré (Joseph, Pierre, Louis), fils de Julien Lettoré, ancien officier partisan des troupes de la Compagnie, né au Mans, et de Marie Perreire, née à Pondichéry.

23 Juin.

Pingault (Henriette, Victoire, Messalie), fille de Jean-Baptiste, François Pingault, écuyer, né à Paris, et d'Adélaïde, Marie Cornet, née à Pondichéry.

1er Juillet.

Regnaudet (Vincent, Thomas), fils de Thomas, François Regnaudet, né à Paris, et de Marie, Françoise Manceau, née à Pondichéry.

2 Juillet.

Faure (Pierre, Jean, Marie), fils de Joseph, Alexis Faure, écuyer, lieutenant au régiment de Pondichéry, né à Lorient, et de Marie, Josèphe Demoulins, née à Pondichéry.

10 Juillet.

Bouché (Jeanne, Louise), fille de Jean-Baptiste Bouché, marchand charron, né à Paris, paroisse St. Eustache, et de Marie, Anne Lamouroux, née à Pondichéry.

26 Août.

PONCHELET (Claude, Joseph), fils de Toussaint, Joseph Ponchelet, né à Valenciennes, et de Marie, Jeanne Caillot, née en Flandre.

27 Août

GILLES (Eloi), fils de François Gilles, né à Pondichéry, et de Marie Lilois, née à Karikal.

3 Septembre.

GORDON (Pierre, Thomas), fils de Pierre Thomas Gordon, né à Pondichéry, et de Marie Wilstecke, née à Pondichéry.

7 Septembre.

RUELLE (Isidore, Jérôme), fils d'Antoine Ruelle, commis juré de la grande voirie, né à Braisne en Picardie, et de Marie, Anne Collondont, née à Pondichéry.

8 Septembre.

SICÉ (Charles), fils de Pierre Sicé, Maître cordonnier, né à Parigné-l'Evêque, diocèse du Mans, et de Marie de Silva, née à Madras.

25 Septembre.

GIQUEL (Adélaïde), fille de Bertrand, René Giquel, sous-garde d'artillerie, né à Auray en Bretagne, et de Marie Lequin, née à Pondichéry.

26 Septembre.

BONNEFOY (Marie), fille de Jean Bonnefoy, né à Aix-en-Provence, et de Marie Barbe Gresseux, née à Pondichéry.

2 Octobre

Lentier (Joseph, Armand). fils d'Armand Joseph Lentier, né à Lorient, ancien employé de la Compagnie, et de Marie, Françoise Anchon, née à Pondichéry.

4 Octobre.

Moitié (Françoise), fille de Jacques Moitié, garde de Mr. Law, Gouverneur de Pondichéry, natif du diocèse du Mans.

6 Octobre.

Drague (Marie), fille de Pierre Drague, né à Calais, et de Marie, Françoise Bourbe, née à Trinquebar.

17 Octobre.

Dembrun (Geneviève, Louise), fille de Charles Dembrun, officier de vaisseau, né à Port-Louis, Ile de France, et de Louise Boussier, née à Karikal.

18 Octobre.

Tarabillon (Joseph, Philippe), fils de Joseph, Philippe Tarabillon, né à Pondichéry, et de Dominga Lopez, née à Pondichéry.

22 Octobre.

Jaquet (Catherine, Dominga), fille de François Jaquet, sergent, né à Paris, paroisse Ste Marguerite et de Catherine Oliveira, née au Pégou.

14 Novembre.

Da Costa (Jeanne, Elisabeth), fille de Nicolas Da Costa, né à Chandernagor, commis au bureau du Roy, et de Marie, Rose Larive, née à Pondichéry.

21 Novembre.

Daumain (Marie, François, Joseph), fils de Jean-Baptiste Daumain, né à St. Pourçain en Auvergne, juridiction de Moulins en Bourbonnais, et de Marie, Louise Lahoche, née à Pondichéry.

26 Novembre.

Cames (Jeanne), fille de Simon Cames, né en Suisse.

10 Décembre.

Brunet (Marie), fille d'Alexis Brunet, né à Pondichéry.

Mariages.

17 Janvier.

Prenele L'Epine (Nicolas, François), né à Paris, paroisse St. Nicolas-des-champs, âgé de 45 ans, fils de Nicolas Prenèle l'Epine, et de Marie, Jeanne Rivaux ;

et Marie, Josèphe De Silva, veuve de Janguin, née à Batavia, âgée de 30 ans, fille de Manuel de Silva et de Monique Machado.

17 Janvier.

Du Rhone de Bover (François, Barthélemy), lieutenant aide-major des troupes, né à St. Paul-trois-châteaux en Dauphiné, âgé de 30 ans, fils de feu Jean, Joseph du Rhône, échevin de St. Paul-trois-châteaux, et de Marguerite de St. Vincent ;

et Marie, Rose Dupuy, fille de Jean Dupuy, et de Marie Jaffré, née à Goudelour, âgée de 13 ans.

10 Mai.

Paris (John), officier du nabab, né à Londres, âgé de 25 ans, fils de Jacques Paris ;

et Marie, Elisabeth Bouette, née à Tranquebar, âgée de 13 ans, fille d'Etienne, Henry Bouette, bourgeois de Pondichéry, et de Marie, Françoise Gresseux.

20 Juin.

Larcher de Vermand (Claude, Nicolas), lieutenant au régiment de Pondichéry, natif de la paroisse St. Martin de Branches, diocèse de Noyon, âgé de 26 ans, fils de Claude Larcher, inspecteur des Travaux du Roy, et d'Elisabeth Collet ;

et Marie, Louise, Hyacinthe Haraut de Launay, née à Pondichéry, âgée de 17 ans, fille de feu Hyacinthe, Joseph Haraut de Launay, écuyer, Capitaine de vaisseau, et de Marie, Anne, Jacqueline Lebon.

11 Juillet.

Penmarck de Mainville (Gilles, Philippe de), écuyer, chevalier banneret, Seigneur de Kergoat, capitaine d'infanterie au régiment de Pondichéry, né à Pondichéry, âgé de 27 ans, fils de Louis, Gilles Penmarck de Mainville, écuyer, chevalier banneret, Seigneur de Kergoat, ancien Commandant du bataillon, Chevalier de St. Louis, et de Marie Françoise Cordier.

et Jeanne, Marie, Françoise Verry de St. Romain, née à Pondichéry, âgée de 20 ans, fille de feu Jacques Verry de St. Romain, capitaine d'infanterie, et de Françoise Desjardins, épouse de Joseph Enemont Brenier, écuyer, ancien commandant du bataillon, Chevalier de St. Louis.

15 Août

PADET (Pierre), officier de vaisseau, né à Lorient, âgé de 22 ans, fils de Pierre Padet, écrivain de vaisseau de la Compagnie des Indes, et de Françoise Duplessis ;

et Marie, Anne GALLIC, fille de Michel Gallic, écrivain entretenu par le Roy au Génie, et d'Elisabeth Brunet, née à Pondichéry, âgée de 17 ans.

16 Août

LEPILLEUR (Jean-Baptiste), musicien au régiment de Pondichéry, né à Paris, paroisse St. Sulpice, âgé de 29 ans, fils de Pierre, Lambert Lepilleur et de Madeleine Baudry.

22 Août.

WILSTECKE (Marin, René), né à Pondichéry, âgé de 23 ans, fils de Pierre Wilstecke et de Philippa Toussaint ;

et Anne JANSA, née à Pondichéry, âgée de 18 ans, fille de Gaspard Jansa et de Thomasia Rodriguez.

5 Septembre.

MENESSIER (Jean), lieutenant en second des grenadiers du régiment de Pondichéry, né à Chauny, évêché de Noyon, âgé de 40 ans, fils de Jean François Menessier et de Marguerite Demaray ;

et Brigitte CHARLES, veuve Billière, née à Pondichéry, âgée de 24 ans, fille de Pierre Charles et de Marie Cottin.

16 Octobre.

FROMENT (François, Augustin), fourrier au corps royal, né à Monteux, diocèse de Carpentras, âgé de 34 ans, fils d'Antoine Froment et de Catherine Dijennin ;

et Louise, Anne CHAUFOUR, née à Pondichéry, âgée de 18 ans, fille de Bernard Chaufour et de Marie, Jeanne, Boullair.

Décès.

1ᵉʳ Janvier.

De Souza Quenetin de Caillaris (Agnès), veuve Ellias, née à Tranquebar, âgée de 76 ans.

2 Janvier.

Lemelle (Marie, Louise), âgée de 2 ans, fille de Jean Lemelle et de Quittoria de Silva.

10 Janvier.

Leroy (Pierre), soldat du corps royal, né à Azay en Touraine, âgé de 24 ans, fils d'André Leroy et d'Angélique Moreau.

14 Janvier.

Voisin (Yves), matelot sur le « Pondichéry », né à Lorient, âgé de 36 ans.

31 Janvier.

Lemaitre (François), mousse du vaisseau, le « Pondichéry », commandé par Mr. de Lamette, né à Lorient, âgé de 13 ans.

2 Février.

Leroux (Louis), âgé de 7 mois, 5 jours, fils de François Leroux, dit Clairac, et de Bastienne de Cruz, née à Pondichéry.

2 Février.

Saul ou Sol (François), sergent, né à Betaucourt, évêché de Besançon, âgé de 39 ans.

3 Février.

Irrigoyen (François), né à Pondichéry, âgé de 19 ans, fils de Georges Irrigoyen et de Marie Anne Duquenel.

5 Février.

Camès (Joseph), âgé d'un mois, fils de Simon Camès, né en Suisse.

9 Février.

Castor (Anne, Marie), née à Colombo, âgée de 30 ans, épouse de Ménessier, officier au corps royal d'artillerie.

12 Février.

David (Pierre), dit Amicalement, sergent invalide, né en Normandie, âgé de 55 ans, fils de Pierre David et de Françoise Chartier.

22 Février.

Fernes (Jean), matelot sur le « Carnate », né à Lisbonne.

28 Février.

Mensuis Tailleur, fils de Nicolas Mensuis Tailleur, dit Chevalier, appointé au corps royal, né à Metz et de Marie Stenquenet, née à Quimper. Il est décédé le lendemain de sa naissance.

5 Mars.

De Rosaire (Françoise), veuve d'Antoine Villeneuve, née à Pondichéry, âgée de 25 ans.

27 Mars.

Labatte (Jacques), âgé de 14 mois, fils de Jean Labatte et de Jeanne de Silva.

12 Avril.

Compère (Médard), né le 4 du même mois, fils d'Honoré Compère et d'Anne Brezeque.

1774

15 Avril.

Briteau (René), grenadier, né à Angers, âgé de 24 ans.

18 Avril.

Le Corronc (Julien), ancien capitaine d'armes à Mahé, né à Noyal-Pontivy, âgé de 55 ans.

23 Avril.

Emeric (Françoise, Jénonima), épouse d'Etienne Duhaul, née à San Thomé. âgée de 30 ans.

25 Avril.

Bunot du Beaumont (Laurent), matelot sur le "Pondichéry", né à Lorient, âgé de 15 ans, fils de Julien Bunot.

5 Mai.

De Rosaire (Marie), veuve de Saint-Leu, ancien soldat, âgée de 40 ans.

13 Mai.

Callenne (Jéronime), épouse d'Etienne, François Renault, née à Goudelour.

13 Mai.

Decary (Jacques, Antoine), aumônier du vaisseau. le "Gange", né à Strasbourg, âgé de 44 ans, fils de Jacques Decary, et de Marie, Barbe Maury.

18 Mai.

Daniel (Jean), soldat, natif du diocèse de Tréguier, âgé de 24 ans, fils de Gabriel Daniel et de Françoise Le Guilleux.

18 Mai.

Faujour (Jean), soldat, natif du diocèse de Tréguier, âgé de 24 ans, fils d'Alain Faujour et de Jeanne Jaquet.

18 Mai.

Vasseur (Jean, François), âgé de 3 ans, fils de Pierre Vasseur.

22 Mai.

Camu (Louis, François), âgé de 5 jours, fils de Georges, François Camu et de Pascale Wotter.

25 Mai.

Sçaumont (Pierre), Chirurgien major de l'hôpital royal et militaire de Pondichéry, né à Phalsbourg, âgé de 48 ans.

4 Juin.

Monart (Benoît), caporal, né en Bresse.

8 Juin.

Hervay (Claude), matelot calfat sur le "Gange".

9 Juin.

Dechaux (Félix), dit Vizille, garde de Mr. Law, Gouverneur de cette ville.

20 Juin.

Bouton (François), bourgeois de cette ville, né à l'Ile d'Oléron en Saintonge.

28 Juin.

Des Martel (Marie, Madeleine), épouse de Jean Athon, second ministre à Tranquebar, née à Strasbourg, âgée de 63 ans.

29 Juin.

Germain (Pierre), sergent invalide, né à Montmédy, âgé de 64 ans.

4 Juillet.

Lalouette (Antoine), canonnier de l'artillerie royale, natif du diocèse de Noyon, âgé de 26 ans.

15 Juillet.

Pierron, caporal, âgé de 30 ans.

22 Juillet.

Dubois (Jean), 2ème canonnier, né en Anjou, âgé de 22 ans.

24 Juillet.

Gordon, (Jacques), âgé de 23 ans, fils de feu Thomas Gordon, Ecossais, chirurgien, et de Pascale de Cunha Dessa.

28 Juillet.

Bergy (Marie, Louise), veuve de Lévêque dit Printemps, née à Quimper, âgée de 44 ans.

29 Juillet.

Giraud (Rose), âgée de 14 mois, fille de Louis Giraud et de Marie Loudin.

29 Juillet.

Lenfant (Thomas), soldat, né à Rennes.

5 Août.

Crognon (Manuel), âgé de 2 1/2 ans, fils de Gabriel Crognon, né à Marmande, et de Christine Hurie, née à Pondichéry.

11 Août.

Manceau (Marie, Françoise), épouse de Thomas, François Regnaudet, née à Pondichéry, âgée de 24 ans.

11 Août.

CHEVREAU de MONTELHU (Jean), établi aux îles de France, né à Paris, âgé de 38 ans.

18 Août.

CHRESTIEN (Jean), caporal de la Compagnie de Méder, né à Château-Gontier.

22 Août.

SCHRIVER (Gabriel, Pierre), Hollandais né au Siam, âgé de 77 ans.

25 Août.

GARANDEL (Gervais), officier dans les cipayes, né à Dinan, âgé de 47 ans.

29 Août.

MONGUIE (Pierre), soldat au corps royal, né à Bourg-barré, juridiction de Rennes, âgé de 24 ans, fils de René Monguie et d'Anne Allard.

9 Septembre.

CLISSON (René), âgé de 8 mois, fils de Jacques Clisson et d'Anne Corneille.

11 Septembre.

CAUCHON (Nicolas), dit Cherbourg, capitaine au corps royal d'artillerie, né à Gonneville, juridiction de Valognes en Normandie, fils de Pierre Cauchon et de Suzanne Le Petit.

14 Septembre.

DAX (Nicolas), dit Belle humeur, caporal de la Compagnie de Méder, né en Lorraine, décédé subitement.

26 Septembre.

Larcher (Marie), fille de Claude Larcher, lieutenant et de Marie, Louise Haram de Launay, décédée le jour de sa naissance.

27 Septembre.

Dubar (Pierre), âgé de 20 mois, fils de Pierre, Antoine Dubar et de Marie de Rosaire.

27 Septembre.

De Sault de Fligny (Alexandre), officier de cipayes, né à Fligny, juridiction de Bar-sur-Aube, évêché de Troyes, âgé de 41 ans, fils de Charles Antoine de Sault.

27 Septembre.

Obser (François), dit Joli coeur, soldat au corps royal, né à Tours, âgé de 34 ans, fils de Nicolas Obser.

1re Octobre.

Meheu (Françoise), âgée de 10 ans, fille de Mathurin Meheu, maître serrurier, et de Thérèse Duval, née à Lorient.

6 Octobre.

Nerau (Jean), âgé de 6 mois, fils de Sylvain Nerau, et de Brigitte Mony.

16 Octobre.

Poilvé (Aimé), armurier du vaisseau « L'Union », né à Lamballe, diocèse de St. Brieuc, âgé de 22 ans.

19 Octobre.

Levasseur (François), né à Paris, paroisse Ste Marguerite, caporal dans la Compagnie de Voisines.

20 Octobre.

Winckler (Jean), garde de Mr. Law, né en Moravie, âgé de 54 ans.

22 Octobre.

Bonnefoy (Louis), âgé de 2 ans, fils de Jean Bonnefoy, et de Marie Barbe Gresseux.

3 Novembre.

Andrecy (Claude), chirurgien major du vaisseau « La Brune », né à Brest, âgé de 40 ans.

5 Novembre.

Aubert (Edme), musicien dans la Compagnie de Duperron, né à Troyes en Champagne, fils de Claude Aubert et de Jeanne Bassuelle.

9 Novembre.

Bailliry (Ignace de), officier au parti de Mr. Gardet, né en Lorraine, fils de Nicolas de Bailliry et de Barbe de Hault.

11 Novembre.

Viollette (Jean, Jacques, Emmanuel), âgé de 10 mois, fils de Jacques, François Viollette, capitaine de vaisseau, et de Marie Leborgne.

14 Novembre.

Limouzin (René), né à Poitiers, âgé de 35 ans.

1er Décembre.

Jame (Charles), maître boulanger, né à St. Germain-en-Laye, âgé de 70 ans.

1er Décembre.

Bourboulon (Antoine), invalide, né à Montbrison, âgé de 45 ans.

8 Décembre.

Bourely (Antoinette), âgée de 2 ans, fille d'Etienne Bourely, officier au régiment de Pondichéry, et de Marie Burot.

19 Décembre.

Bretchell (Georges, Philippe), né à Mannheim, dans le Palatinat, âgé de 39 ans.

23 Décembre.

Guilbard (Emmanuel), âgé de 3 ans, fils d'Antoine Guilbard et de Françoise Renard.

24 Décembre.

Lenoir (Anne), veuve Leroux, âgée de 45 ans.

ANNÉE 1775.

Naissances.

8 Janvier.

Le Peltier (Guillaume, Antoine), fils de Guillaume Le Peltier, "poleyeur" au service du Roy, né à St. Malo, et de Geneviève Guérin, née à Pondichéry.

9 Janvier.

Gossin (Jeanne), fille de Jean Gossin, dit La Valeur, ancien invalide, né à Bordeaux et d'Anne Poré, née à San Thomé.

13 Janvier.

Daviot (Marguerite), fille d'Antoine Daviot, canonnier, natif du diocèse de Mâcon, et de Marguerite Goyer, née à Pondichéry.

29 Janvier.

Lamoury (Marie, Louise), fille de Pierre Lamoury, dessinateur, né à Pondichéry, et de Jeanne Brunet, née à Pondichéry.

16 Février.

Sufize de La Croix (Jeanne, Rose), fille de Joachim, François Sufize de la Croix, né à Donzère en Dauphiné, et de Jeanne Durocher, née à Pondichéry.

18 Février.

Vincent (Michel), fils de Michel Vincent, né en Alsace, et de Marie, Anne Montelier, née à Pondichéry.

26 Février.

Simas (Laurencia), fille d'Antoine Simàs, né au Portugal, et d'Antoinette Pereira, née à Madras.

13 Mars.

Labat (Joseph), fils de Joseph Labat, né à Roquefort, diocèse d'Aire, et de Jeanne de Silva, née à Pondichéry.

19 Mars.

Maréchal (Geneviève), fille de Jean, Laurent Maréchal, né à Paris, paroisse St. Laurent, et de Claude de Sollier, née à Lorient.

29 Mars.

Limouzin (Jean, René), fils de feu René Limouzin, né à Poitiers.

30 Mars.

Clérot (Marie, Louise), fille de Jacques Clérot, chirurgien major en chef de l'hôpital de la marine du Roy à Pondichéry, chirurgien juré du Conseil souverain, né à Chenoise en Brie, et de Rose, Marie Artock, née à Pondichéry.

5 Avril.

De Garam (Raphæl, Alexandre), fils d'Edouard, Raphæl de Garam, négociant, né a Perse, et de Marie, Stéphane Chaouk, née à Chandernager.

6 Avril

Labeyrie (Jean,), fils de Jean Labeyrie, ancien lieutenant sur les vaisseaux de la Compagnie, et 1er lieutenant sur les vaisseaux en flûtes du Roy dans l'Inde, né à Bordeaux, et de. . . . Josephe Battings, née à Pondichéry, Baptisé le 9 Juillet 1776.

8 Avril.

Charray (Vital), fils de Jean Pantaléon Charray, soldat, né en Piémont, et de Thomasia Dumont, née à Goudelour.

17 Avril.

Bourlet d'Hervilliers (Anne, Simone), fille de Louis, Nicolas Bourlet d'Hervilliers, Conseiller, pensionnaire du Roy, né à Chandernagor, paroisse St. Louis, et de Renée, Louise Méder, née à Mahé, paroisse Ste Thérèse.

22 Avril.

Hurotté (Eléonore), fille de Charles Hurotté, dit Dupuis, sergent, né à Pondichéry, et de Marie Christine Leblanc, née à Pondichéry.

5 Mai.

Madré (François), fils d'Etienne Madré, sergent, né à Calais, et de Christine de Graof, née à Colombo.

10 Mai.

Pingault (Nicolas), fils de Jean-Baptiste, François Pingault, écuyer, né à Paris, et d'Adélaïde, Marie Cornet.

Parrain : Nicolas Chrestien Desnoyers, négociant, né à Metz.

Marraine : Brigitte, Adélaïde Pingault, née à Pondichéry.

Pingault (Elisabeth, Marie), fille des susdits. Mêmes parrain et marraine.

17 Mai.

Pithois (Agnès, Charlotte), fille de Charles Pithois, chirurgien, né à Etampes, et d'Agnès Burot, née à Pondichéry.

7 Juin.

TARDIVEL (Jean, François), fils de Jean Tardivel, officier au service de Mahmoud Ali, natif de la paroisse de Trébry, diocèse de St. Brieuc, et de Madeleine Burot, née à Pondichéry.

Parrain : Jean, François Collard, négociant, né à L'Ile de France.

Marraine : Christine, Sabine Collard, née à Pondichéry

27 Juin.

DE SILVA (Jeanne, Marie), fille, d'Emmanuel, Jean de Silva, employé au tribunal de la chauderie, né à San Thomé, et de Françoise Nicolas, née à Pondichéry.

21 Juillet.

AMIARD (Marie, Henriette), fille d'Etienne Amiard, maître ferblantier, né à Montargis, et de Marie Bachelier, née à Pondichéry.

21 Juillet.

CAMU (Anne, Henriette), fille de Georges, François Camu, né à La Flèche, et de Pascale Wouter, née à Pondichéry.

24 Juillet.

MONISSE (Anne), fille de Vincent Monisse, né à Pondichéry, et de Marie de Mello, née à Pondichéry.

24 Juillet.

CASARD (Jean-Baptiste), fils de J. B. Casard, né à St. Ouen, et de Rose Comalbert, née à Pondichéry.

1 Août.

MENSUIS (Marie, Madeleine), fille de Nicolas Mensuis, dit Chevalier, né à Pont-à-Mousson, et de Marie Daniel, née à Quimper.

3 Août.

BOURELY (Etienne), fils d'Etienne Bourely, officier, et de Marie Buret. Décédé le jour de sa naissance.

3 Août.

MURIS (Dominique), fils de Jérôme Muris et d'Eléonore Viera Carvalho. Décédé le lendemain de sa naissance.

9 Août.

RATIER DUVERGÉ (Thérèse), fille de Pierre Ratier Duvergé, sous-commissaire de la Marine, né à Bordeaux, et d'Anne Lebrun, née à Jarnace.

10 Août.

LERIDÉ (Marie, Josephe, Théophile, Louise), fille de Joseph Leridé, Capitaine de vaisseau, né à Pondichéry, et de Marie, Anne, Françoise Moreau, née à l'Ile de France.

24 Août.

MIGNOT (Joseph, Pierre), fils de Pierre Mignot, sergent, et de Françoise Bélec, née à Pondichéry.

24 Août,

LEFÉBURE (Victor, François), fils de J. V. Nicolas, Claude Lefébure, procureur général du Roi au Conseil supérieur de Pondichéry, né à Noyon et de Louise Fanthome, née à Mahé. Baptisé le 16 Décembre 1776.

30 Août.

THOMAS (Rose), fille de Joseph Thomas, allemand, et de Marie Fernandez, née à Pondichéry.

7 Septembre.

PONTHAUX (Pierre, François), fils de Pierre Ponthaux, caporal, né à Cogny, juridiction d'Amiens, et de Françoise Fernand, née à Mangalore.

1775

9 Septembre.

Bonnefoy (Jean), fils de Jean Bonnefoy et de Barbe Gresseux. Décédé le lendemain de sa naissance.

10 Septembre.

Justin (Nicolas, Michel), fils de Michel Justin, né à Montreuil, diocèse d'Amiens, et de Claire Petreira, née au Siam.

13 Septembre.

Bourcet (Pierre, Jean), fils de Jean Bourcet, Lieutenant-colonel d'infanterie, Ingénieur en chef à Pondichéry, né à Grenoble, et de Thérèse Deveaux, née à St. Malo.

17 Septembre.

Roux-Clerac (Monique), fille de Frangois Roux-Clérac, né à St. Pierre-de-Clérac, évêché d'Agen, et de Sébastienne de Cruz, née à Pondichéry.

21 Octobre.

Banal (Jean, François, Ursule), fils de Pierre Banal, Conseiller, lieutenant de police de Pondichéry, né à Montpellier, et d'Agnès Galumet.

23 Octobre.

Simonet de Maisonneuve (Louis, Jean), fils de Louis Simonet de Maisonneuve, lieutenant, né à Paris, paroisse St. Loch, et de Jeanne Fijac, veuve de Maurice Pilavoine Baptisé le 22 Juillet 1776.

25 Octobre.

Ruelle (Adélaïde), fille d'Antoine Ruelle et de Marie, Anne Collondont. Elle a été baptisée le 27 Novembre suivant.

8 Novembre.

Quéot (Scholastique), fille de Pierre Quéot, né à Tonnerre, diocèse de Langres, et de Marie, Catherine du Rosaire, née à San Thomé.

12 Novembre.

Renaux (Etienne, Michel), fils d'Etienne, François Renaux, né à Rouen, et de Rite de Rosaire.

14 Novembre.

Filatriau (Marie, Anne, Paule), fille de Jean, François Filatriau, dit l'Espérance, natif du diocèse d'Angers, et de Brigitte Remande, née à Pondichéry.

27 Novembre.

Massoneau de Claunay (Bernard, André), fils de Jean Massoneau de Claunay, né à St. Rémi en Poitou, et de Rose de Bouler, née à Pondichéry.

27 Novembre.

Leveau (Nicolas), fils de Nicolas Leveau, né à Angers.

3 Décembre.

Bayet (François, Michel, Louis), fils de Joseph, Jean Bayet, Capitaine de vaisseau, né à St. Servan, et de Marie, Geneviève Jame, née à Pondichéry.

Parrain : Joseph, François, Nicolas, Olivier Le Faucheur, grand voyer pour le Roy en cette colonie, né à Pondichéry.

Marraine : Thérèse, Michelle Burel, épouse du sieur Le Faucheur, née à Karikal.

3 Décembre

Furneul (François, Gilles), fils de François, Augustin Furneul, fourrier au corps royal d'artillerie, natif du Comtat d'Avignon, et de Louise, Anne Chaufrein, née à Pondichéry.

8 Décembre.

Launay (Dominique, Pierre, Thomas), fils de Pierre, Thomas Launay, né à Angers, et de Françoise Gadère, née à Pondichéry.

21 Décembre.

Germain (Joseph, Jean, Thomas), fils d'Henry, François Germain, ancien sous-marchand de la Compagnie, du diocèse de St. Malo, et de Marie Jamme, née à Pondichéry.

Mariages

9 Janvier.

Russel (Pierre, Bertrand), Conseiller, né à Landrecies, âgé de 38 ans, fils de Pierre Russel et de Catherine Ballard ;

et Marie, Anne, Georgette Abeille, née à Pondichéry, âgée de 17 ans, fille de feu Joseph Abeille, ancien Conseiller, et de Brigitte Leridé.

15 Janvier.

Boileux (Procope), musicien du régiment, né à Arras, âgé de 27 ans, fille d'André Boileux et de Geneviève Robin ;

et Scholastique, Josèphe Brassart, née à Lens, âgée de 27 ans, fille de Joseph Brassart et de Catherine Devin.

30 Janvier.

Renaux (Etienne, François), né à Rouen, âgé de 37 ans, veuf de Germaine Calain, fille d'Etienne, François Renaux et d'Anne Legras ;

et Rite De Monte, née à Pondichéry, âgée de 23 ans, fille de Marie de Monte.

19 Février.

Dellosse (Jean, Louis), employé sur les travaux du Roy, natif du diocèse de Reims, âgé de 55 ans, fils de Pierre Dellosse et de Marie Bourgeois ;

et Sabine De Rosaire, veuve de Basile de Rosaire, née à Pondichéry, âgée de 35 ans.

27 Mars.

Roquefeuil de Labistour (Jean), capitaine de vaisseau, né à Cahuzac en Albigeois, âgé de 30 ans, fils de Joseph, Philippe, Auguste de Roquefeuil, seigneur de Cahuzac, et de Marie du Boisset ;

et Céleste, Barbe Vergoz, née à l'Ile de France, âgée de 17 ans, fille de feu Alexandre Vergoz et de Guillemette, Céleste Priou.

10 Juillet.

Goujon (Jean-Baptiste), né à Paris, paroisse St. Philippe du Roule, âgé de 30 ans, fils de J-B. Goujon et de Marie, Elisabeth Petit.

et Julienne DUROCHER, veuve Pinard, née à Pondichéry, âgée de 36 ans, fille de Jacques Durocher et de Françoise Caldeire.

11 SEPTEMBRE.

GARDÉ (François), ancien Commandant d'un corps de troupes au service du nabab Bassalet Singh, né à Laon, âgé de 45 ans, fils de François Gardé et de Marie, Françoise Crap ;

et Henriette HUBERT, née à Pondichéry, âgée de 16 ans, fille de feu Jean Hubert, capitaine des vaisseaux de la Compagnie, et de Françoise Royer.

20 NOVEMBRE.

THEVENOT (Philippe), bourgeois de cette ville, né à Villiers-Adam, diocèse de Paris, âgé de 41 ans, fils de Laurent Thévenot et de Denise Décot ;

et Laurence HERVÉ, née à Boulogne, âgée de 42 ans, veuve de Joseph Imbert dit La Grenade, fille de Joseph Hervé de Rianôn et de Laurence Cuvilier.

20 NOVEMBRE.

BELLAY (Joseph), ouvrier au corps royal, né à Châteaubriant, âgé de 25 ans, fils de Joseph Bellay et de Marguerite Poulain ;

et Marie, Anne DU ROSAIRE, née à Masulipatam, âgée de 18 ans, fille de Marie du Rosaire.

Décès.

2 Janvier.

Lettoré (Jacques), âgé de 18 ans, fils de Lettoré du Mans.

4 Janvier.

Trebon (Sébastien), soldat, invalide, natif du diocèse de Tarbes, âgé de 50 ans.

5 Janvier.

Labeyrie (Marie, Jeanne), âgée de 2 ans, fille de Guillaume Labeyrie, capitaine de vaisseau.

12 Janvier.

De Silva (Marie Josèphe), épouse de Nicolas, François Prunelle dit Lépine, née à Batavia, âgée de 33 ans.

14 Janvier.

Le Gigan (Geneviève), épouse de Jacques Lidure, ancien employé de la Compagnie, née à Pondichéry, âgée de 27 ans.

14 Janvier.

Ruelle (Antoinette, Marie, Françoise), âgée de 3 ans, fille d'Antoine Ruelle, natif de la Picardie, et de Marie, Anne Collondont, née à Pondichéry.

17 Janvier.

Bartel (Etienne), né à Vacqueville, diocèse de Toul, juridiction de Metz, âgé de 38 ans.

18 Janvier.

Cretelle (Jean-Baptiste), âgé de 15 ans et 6 mois, fils de Barthélemy, Antoine Cretelle, né à Paris, et de Françoise Rapose, née à Pondichéry.

22 Janvier.

Penagé (Julien), 2ᵉ ouvrier dans la compagnie de Barry, au corps royal, natif du diocèse de Rennes, âgé de 25 ans, fils de Julien Penagé et de Julienne Hubert.

3 Février.

Mayet (Jean), matelot sur le "Penthièvre", né paroisse de La Chapelle-basse-mer, diocèse de Nantes, âgé de 18 ans.

5 Février.

Bertignon (Charles, Joseph), sergent dans la compagnie de Méder, né à Nantes, âgé de 40 ans, fils de Charles Bertignon et de Madeleine Leroux.

13 Février.

Boiteux (Procope), musicien du régiment de Pondichéry, né à Arras, âgé de 27 ans, fils d'André Boiteux et de Geneviève Robin.

19 Février.

Karriant (Jean), soldat, né à Morlaix, âgé de 23 ans, fils de François Karriant et de Louise Bardelay.

26 Février.

Laurent (Jean), officier de marine, né à St. Malo, âgé de 35 ans.

27 Février.

Simao (Laurencia), âgée de 3 jours, fille d'Antoine Simao, et d'Antoinette Pereira.

14 Mars.

Ferolies, fusilier de la compagnie des invalides.

14 Mars.

Esquer (Gabriel), fusilier dans la compagnie de Voisines, né à Gex, juridiction de Genève, âgé de 45 ans, fils de Gaspard Esquer et de Cateux.

16 Mars.

Eudel de La Jumelière (Claude), écuyer, Capitaine réformé d'infanterie, né à St. Agnan de Trévières, élection de Bayeux, âgé de 33 ans et 8 mois, fils de Bernardin Eudel, seigneur de la Jumelière, écuyer, et de Marie, Anne le Poissonnier de Vougel.

8 Avril.

Brochard (François), artificier dans la compagnie de Bellier, né à Mélincourt de Franche-Comté, âgé de 40 ans.

19 Avril.

Sicé (Hélène), âgée de 15 ans, fille de Pierre Sicé et de Marie de Silva.

5 Mai.

Grozeille (Guillaume), soldat appointé dans la compagnie de Mr. Méder, né à Hennebont en Bretagne, fils de Marc Grozeille et de Catherine Thibault.

19 Mai.

Courant (Michel), Ier canonnier dans la compagnie de Barry au corps royal, né à St. Pierre, diocèse d'Angers, fils de Mathurin Courant et de Jeanne Aubron.

3 Juin.

Laurot (Germain), matelot du " Penthièvre".

2 Juillet.

Galot (Louis), né à Vannes, mort à bord de la frégate du Roi "La Belle Poule".

4 Juillet.

Ménessier, fils de Mr. Ménessier, officier, et de Brigitte Charlet, décédé le jour de sa naissance.

Charlet (Brigitte), épouse de Jean Ménessier, officier du régiment de Pondichéry, née à Pondichéry, âgée de 25 ans.

17 Juillet.

Rennes (François, Pierre de), né à Versailles le 7 Avril 1753 fils du sieur de Rennes, écuyer, officier du Roi, ancien capitaine de quartier de l'île de France, et de Cécile, Elisabeth, Marie, Charlette Antoine.

20 Juillet.

Morsaline (Louis), maître d'hôtel du vaisseau " Le Printemps".

24 Juillet.

Tarabillon (Louis), fils de Joseph Tarabillon et de Dominique Lopez, né à Pondichéry, âgé de 3 ans et 10 mois.

29 Juillet.

Dejean (Denis), appointé dans la compagnie de Voisines au régiment de Pondichéry, né à Paris, fils de Denis Dejean et de Marie Duthe.

4 Août.

Tavette (Julien), né à St. Barnabé en Bretagne, fils de Pierre Tavette et de Michelle Bourgon.

7 Août.

HAYGEL (Henry), ancien officier du régiment de Ficher, né à Oppenheim, âgé de 46 ans.

11 Août.

BOUCHER (Jean-Baptiste), maître charron aux travaux du Roy, né à Paris, âgé de 45 ans.

13 Août.

IMBERT (Joseph), dit La Grenade, né à Aix-en-Provence, âgé de 50 ans.

27 Août.

MIGNOT (Joseph), âgé de 3 jours, fils de Pierre Mignot, sergent, et de Françoise Bélec.

13 Septembre.

MASSONEAU (Jean), âgé de 7 ans, fils de Jean Massoneau et de Rose Bouler.

18 Septembre.

COLINOS (Charles), fils de Nicolas Colinos et d'Anne Bocquet, né à Rosières-sur-Mouzon, juridiction de Chateauneuf, province de Lorraine, appointé dans la Compagnie de Voisines, âgé de 40 ans.

20 Septembre.

LERIDÉ (Brigitte), veuve Abeille, née à Pondichéry, âgée de 42 ans.

5 Octobre.

LA TRUITE (Joseph), matelot débarqué du vaisseau « La Seine » natif du diocèse de St. Malo, âgé 25 ans, fils de Joseph La Truite et de Françoise Morin.

11 Octobre.

Patris (Gabriel), appointé dans la Compagnie de Voisines, né en Normandie, fils de Pierre Patris et de Marie Roullet.

12 Octobre.

Abeille (Marie, Anne, Georgette), épouse de Pierre, Bertrand Russel, Conseiller, née à Pondichéry, âgée de 18 ans.

17 Octobre.

Le Boul (Jacques), matelot sur le « Succès », né à Hennebont, âgé de 18 ans.

21 Octobre.

Hecquet (Jacques, Augustin), ancien employé de la Compagnie, né à Amiens, âgé de 47 ans.

27 Octobre.

Bourgine (Victor), fils d'Hilaire, Polycarpe Bourgine, négociant, né à La Rochelle, et de Marie, Anne Méder, née à Mahé.

1er Novembre.

Poitiers (Pierre, Philippe), second canonnier dans la Compagnie de Barry au corps royal d'artillerie, né à Senlis, âgé de 35 ans, fils de Pierre Poitiers et de Marie Laporte.

3 Novembre.

Ramondine (Jean), maître d'équipage du « Mascarin », domicilié de Port-Louis en Bretagne, âgé de 54 ans.

13 Novembre.

Godefroy (Jacques), natif de la paroisse de St. Pierre en Normandie, âgé de 40 ans, fils de Pierre Godefroy, et de Marie Outrequin.

5 Décembre.

AMIARD (Edme), âgé de 2 1/2 ans, fils d'Etienne Amiard, maître ferblantier, et de Marie Bachelier.

8 Décembre.

SCHNEIDER (Nicolas), fusilier dans la Compagnie de Wulliesme, né au Luxembourg, âgé de 50 ans, fils de Nicolas Schneider.

10 Décembre.

POURCELLE (Antoine), fusilier dans la Compagnie de Voisines, né à Villefranche, province de Rouergue, âgé de 40 ans, fils de Jean Pourcelle et d'Anne Penelle.

21 Décembre.

RUELLE (Jeanne, Madeleine), âgée de 2 1/2 ans, fille du sieur Ruelle, lieutenant de la grande voirie de Pondichéry, et de dame Collondont.

21 Décembre.

QUENTIN TREMISOT (Jean Joseph, Antoine), ancien Conseiller, né à Mahé, âgé de 45 ans.

23 Décembre.

GAUTIER (Constant), dit Pellerin, second canonnier dans la Compagnie de Barry, natif de l'évêché de Nantes, âgé de 23 ans, fils de Nicolas Gautier et de Jeanne Monfort.

24 Décembre.

GILLESON (Claude, Etienne), né à Paris, paroisse St. Paul, tambour dans la Compagnie de Williesme, âgé de 30 ans, fils de Claude Gilleson et de Louise, Catherine Billière.

24 Décembre.

Durocher (Julienne), épouse de J-B, Goujon, née à Pondichéry, âgée de 36 ans.

31 Décembre.

Hue (Louis), dit Dubourg, canonnier de la place de cette ville, né à St. Sauveur-Lendelin en Normandie, juridiction de Coutances, âgé de 57 ans.

ANNÉE 1776.

Naissances.

7 Janvier.

Compère (Pierre), fils d'Honoré Compère, né à Origny, diocèse de Noyon, et de Marie, Anne, Josephe Balègue, née à Ath en Flandre.

10 Janvier.

Dembrun (Charles, Julien), fils de Charles Dembrun, officier de vaisseau, né à l'Ile de France, et de Louise Boussier, née à Karikal.

13 Janvier.

Viollette (Jacques, Joseph), fils de Jean Ronçais Viollette, né à St. Malo, capitaine de vaisseau de la Côte, et de Victoire Serquer, née à Mergui.

3 Février.

Le Pilleur (Jean-Baptiste), fils de J-B. Le Pilleur, né à Paris, et de Louise Dias, née à Pondichéry.

5 Février.

Poumoyrol (Philippe), fils de Jean Poumoyrol, du diocèse de Sarlat, et de Jeanne, Catherine Pignion, du diocèse de Boulogne.

14 Février.

Valento (Jean, Etienne), fils d'Antoine Valento, né au Portugal, et de Marie, Anne Soudeau, née à Pondichéry.

23 Février.

Boucher (Dorothée), fille de Jean Boucher, maître charron, né à Paris, et de Marie Lamoreau dite Lafontaine, née à Pondichéry.

26 Février.

Renaud (Jacques, Joseph), fils de Jacques Renaud, horloger, né à Besançon, et de Rite Courier, née à San Thomé.

10 Mars.

Bourgine (Pierre Joseph), fils d'Hilaire, Polycarpe Bourgine, négociant, né à La Rochelle, et de Marie, Anne Méder, née à Mahé.

16 Mars.

Tournay (Nicolas, Joseph), fils de J-B. Tournay, né à Paris, paroisse St. Sulpice, et de Rose de Lima, née à Pondichéry.

19 Mars.

Duru (Jean, François), fils de Jean, François Duru, employé à la douane, né à Paris, et de Marie, Catherine Joulet, née à Pondichéry.

24 Mars.

Le Peltier, (Jean), fils de Guillaume Le Peltier, né à St. Malo, et de Geneviève Guérin, née à Pondichéry.

6 Avril.

Larcher de Vermand (Louis, Nicolas, Pascal), fils de Claude, Nicolas Larcher de Vermand, lieutenant du diocèse de Noyon, et de Marie, Louise, Hyacinthe Harant de Launay, née à Pondichéry.

20 Avril.

Maréchal (Marie), fille de George Maréchal, né à Strasbourg, et de Catherine de Silva, née à Pondichéry.

25 Mai.

Loyd (Charles, François), fils de Charles, François Loyd, écuyer, né au Hanovre, et d'Anne Wilson, née à Londres.

31 Mai.

Faure (Marie, Thérèse), fille de Joseph, Alexis Faure, écuyer, lieutenant en premier, né à Lorient, et de Marie, Josephe Desmoulins, née à Pondichéry.

13 Juin.

Corréa (Elisabeth), fille de Jean-Baptiste Corréa, né à Pondichéry, employé au magasin du Roy, et d'Elisabeth Passagne, née Pondichéry.

21 Juin.

Labeyrie (Adrien), fils de Guillaume Labeyrie, ancien lieutenant sur les vaisseaux de la Compagnie et 1er lieutenant sur les vaisseaux ou flûtes du Roy dans l'Inde, né à Bordeaux, et de Nathalie, Josephe Battengs, née à Pondichéry.

21 Juin.

Tardivel (Joseph, René), fils de Jean-Baptiste Tardivel, officier partisan au service du nabab, natif de l'évêché de St. Brieuc, et de Marie, Madeleine Burot, née à Pondichéry.

24 Juin.

Pingault (Rosalie, Joséphine, Charlotte), fille de Jean, François Pingault, écuyer, né à Paris, et de Marie, Adélaïde Cornet, née à Pondichéry

13 Juillet.

Potier de Courcy (Brigitte, Alexandrine, Jeanne, Françoise), fille de Jean, Charles Potier, chevalier, seigneur Marquis de Courcy, Conseiller du Roy en ses Conseils, Commissaire général ordonnateur de justice, police et finances de la guerre et marine de tous les Etablissements français dans l'Inde, président du Conseil Supérieur de Pondichéry et des Conseils provinciaux qui en dépendent, né à Coutances, et de Françoise Artur Lejuge, née à l'Ile de France.

22 Juillet.

Paris (Quitaire, Thérèse, Elisabeth), fille de Jean Paris, officier des troupes du Nabab, né à Londres, et de Marie, Louise, Elisabeth Bouette, née à Tranquebar.

23 Juillet.

Pithois (Jacques, Charles), fils de Charles Pithois, chirurgien, né à Etampes, et d'Agnès Burot, née à Pondichéry.

3 Août.

Fanthome (Jacques, Bernard, Augustin), fils de Bernard, Madeleine Fanthome, ancien officier au bataillon de l'Inde, né à Mahé, et de Catherine Artock Joachim, née à Pondichéry.

5 Septembre.

Sufize de la Croix (Ursule), fille de Joachim, François Sufize de la Croix, sergent au corps royal de l'artillerie, natif du Dauphiné, et de Jeanne Dirocher, née à Pondichéry.

13 Septembre.

Albert (François), fils de J. B. Albert, lieutenant au service du Nabab, né à Storm, et de Françoise née à Pondichéry. L'enfant est né à Tripattur et a été baptisé le 20 Octobre 1777

16 Septembre.

Gardé (Marie, Françoise, Nicolas), fille de François Gardé, ancien Commandant au service de Bassalet Singh, né à Laon, et d'Henriette Hubert, née à Pondichéry.

2 Octobre.

Manvis (Sylvain), fils de feu Nicolas Manvis dit Chevalier, né à Pont-à-Mousson, et de Marie Stranec, du diocèse de Quimper.

12 Octobre.

Dilbrel (Jacques, Maximilien), fils d'Etienne Dilbrel, tambour-major, et de Dominique Mondès.

12 Octobre.

Dechamp (Nicolas, François), fils de Pierre Dechamp et d'Anne Corneille, nés tous deux à Pondichéry.

15 Octobre.

Nereau ou Nerou (Sylvain, Honoré), fils de Sylvain Nereau, né à Châteauroux en Berry, et de Brigitte Munis.

20 Octobre.

Vassou (Laurent, Claude), fils de Jean, François Vassou, né à Villememble, juridiction de Paris, et de Thomas Perreire, née à Tranquebar.

26 Octobre.

Schweinhoubre (Marie, Louise de), fille d'Ignace, Léopold, Pierre, Henry de Schweinhoubre dit Limbourg, ancien capitaine de cavalerie. né à Rastadt et de Marie, Louise Lottoré, née à Pondichéry, Baptisée le 13 Janvier 1777.

11 Novembre.

Daviot (Marie), fille de Philippe Daviot, garde à l'arsenal, natif du Mâconnais, et de Marie, Anne Hue, née à Pondichéry.

12 Novembre.

Froment (Marie, Catherine), fille de François, Augustin Froment, fourrier-major au corps royal, et de Louise, Anne Chafour.

29 Novembre.

Madré (Nicolas, François), fils d'André Madré, né à Arras, et de Françoise Manuel, née à Pondichéry.

4 Décembre.

Cammiade (Pierre, Joseph, Marie), fils de Joseph Cammiade, 1er canonnier, natif de l'évêché de Nantes.

12 Décembre.

Durup de Dombal (Jean, Marie), fils de Louis, Michel Durup de Dombal, lieutenant, né à Bois-le-Comte en Champagne, et de Dominique Perreire de Gambo, née à Ceylan.

26 Décembre.

Germain (Pierre, Jean-Baptiste), fils de Pierre Germain et de Geneviève St. Jacques, tous deux nés à Pondichéry.

Mariages.

9 Janvier.

Roussaux (Laurent), ouvrier dans le corps royal d'artillerie, né à Morsain, diocèse de Soissons, âgé de 30 ans, fils d'Antoine Roussaux et de Marie, Françoise Harlay.

et Louise Argaud, née à Pondichéry, âgée de 16 ans, fille de Jean Argaud, bourgeois de cette ville, et de Perrine Kerdreho.

19 Février.

Ponchelet (Toussaint, Joseph), né à Valenciennes, âgé de 26 ans, fils de Théophile, Joseph Ponchelet, musicien, et de Catherine Loudo.

et Jeanne Caillotte, née à Bruxelles, âgée de 21 ans, fille de Louis Caillotte et d'Elisabeth de Valque.

11 Mars.

Fanthome (Bernard, Madeleine), ancien officier au bataillon de l'Inde, né à Mahé, âgé de 28 ans, fils de feu Pierre Fanthome, officier d'artillerie, et d'Augustine Gérard.

et Catherine Artock, née à Pondichéry, âgée de 21 ans, fille de feu Joachim, Emmanuel Artock et de Marie Deshayes.

15 Avril.

Aubert (Pierre, Jean), employé du Roy, né à Pondichéry, âgé de 25 ans, fils de feu Julien Aubert, ancien chirurgien-major de cette ville, et de Marie, Anne Galumet.

et Banal (Catherine, Anne, Julie), née à Pondichéry, âgée de 18 ans, fille de Pierre Banal, Conseiller assesseur au Conseil supérieur de Pondichéry, et Lieutenant de police de la dite ville, d'Agnès Galumet.

29 Avril.

Beguinot (Jean, François), dit La Chasse, ouvrier au corps royal d'artillerie Compagnie de Barry, né en Lorraine, diocèse de Toul, âgé de 28 ans, fils de feu J-B. Beguinot et d'Anne Guillaume ;

et Marie, Jeanne Mahue, née à Lorient, âgée de 16 ans, fille de Mathurin Mahue et de feue Thérèse Rivoille.

13 Mai.

Jaclin (Laurent), archer de marine en cette ville, né à Lunéville, âgé de 26 ans, fils de Joseph, François Jaclin et de Madeleine Colnet ;

et Vitré (Louise), née à Pondichéry, âgée de 17 ans, fille de Pierre Vitré et de Catherine de Cruz.

15 Mai.

Lenormand du Goullanou (Jean, Hyacinthe, Jacques), chirurgien major de la marine du Roy et du régiment de Pondichéry, né à Quimper, âgé de 31 ans, fils de feu Jean, Gabriel Lenormand du Goullanou, notaire royal et procureur au présidial de Quimper, et de Marie, Jeanne Brunot ;

et Marie, Ursule, Pauline Humbert, née à l'Ile de France, âgée de 21 ans, fille de feu J-B. Humbert et de Marie, Renée Leborgne épouse en secondes noces de Jacques, François Viollette, capitaine de vaisseaux marchands.

22 Juillet.

Jame (Jean-Baptiste), né à Pondichéry, âgé de 38 ans, fils de Charles Jame et Marie Lélan ;

et Isabelle Clegg, née à Pondichéry, âgée de 16 ans, fille de Guillaume Clegg et de Brigitte Lebreton.

22 Juillet.

Simonet de Maisonneuve (Louis), lieutenant, né à Paris, paroisse St. Roch, âgé de 32 ans, fils de Pierre, Paul Simonet de Maisonneuve, ancien officier de dragons, et de Claude, Angélique de Courcelles ;

et Jeanne Fijac, veuve Pilavoine, née à Pondichéry, âgée de 22 ans, fille de Jean, Pierre Fijac et de Geneviève Desplats.

12 Août.

Cammiade (Joseph), canonnier en premier au corps royal d'artillerie, né à St. Jean-de-Boiseau, diocèse de Nantes, âgé de 30 ans, fils de Jean Cammiade et de Marguerite, Françoise Guinerel ;

et Marie-Francoise, fille ...... de Magdelaine, née à Pondichéry, âgée de 18 ans.

9 Septembre.

Lehir la Fontaine (Christophe, Alexis), né à St. Malo, âgé de 32 ans, fils de Christophe Lehir la Fontaine et de Marie, Claire Tafé ;

et Marie Sanson, veuve Bouton, née à Pondichéry, âgée de 16 ans, fille de Paul Sanson, ancien officier d'artillerie, et de feue Marie. Mathurine Aria.

7 Octobre.

Labarre (Jacques), brigadier des gardes de Mr. Law, né à Rennes, âgé de 35 ans, fils de Gilles Labarre et de Perrine Le Mal ;

et Jeanne Gervais, née à Pondichéry, âgée de 17 ans, fille de Gervais, ancien soldat, et de Victoire de Rosaire.

21 Octobre.

Maréchal (Georges), né à Strasbourg, âgé de 45 ans ;

et Catherine De Silva, âgée de 24 ans.

29 Octobre.

Charton (Nicolas), fourrier, né à Bierges, juridiction de Vertus, évêché de Châlons, âgé de 27 ans, fils de Jean Charton et de Marie, Jeanne Meriot ;

et Scholastique, Josèphe Brassart, veuve de Procope Boyleux, dit Chavalier, née à Lens, diocèse d'Arras, âgée de 28 ans, fille de Charles Brassart et de Catherine Devin.

16 Décembre.

Bausset (Pierre de), chevalier, né à Pondichéry, âgé de 30 ans, fils de Pierre, Comte de Bausset et de Marie Leridé ;

et Marie Sinan, fille de feu Joannis Sinan et de Catherine Elias, née à Pondichéry, âgée de 17 ans.

16 Décembre.

Lefebure (J-B, Nicolas, Claude), Procureur général du Roy au Conseil supérieur de Pondichéry, né à Noyon, âgé de 42 ans, fils de Denis, François, Jean Lefébure, ancien directeur des fermes, et de Jeanne Nicole Beaulan ;

et Louise Fanthome, veuve Sçaumont, née à Mahé, âgée de 28 ans, fille de feu Pierre Fanthome, ancien officier d'artillerie, et d'Augustine Golard.

Décès

13 Janvier.

Lafond (Antoine), né à Clermont en Auvergne, habitant de cette ville, âgé de 53 ans.

16 Janvier.

Duplant de Laval (Pierre), ancien Conseiller, né à Versailles, âgé de 64 ans.

17 Janvier.

Daviot (Marguerite), âgée d'un an, fille de Philippe Daviot et de Marie, Anne Hue.

18 Janvier.

Cressy (Charles, Frédéric de), âgé de 7 ans, fils d'Auguste, Ferdinand de Cressy et d'Elisabeth Fôrtunant. Il était né à l'Ile de France.

21 Janvier.

Cheron (Laurent), soldat dans la compagnie de Voisines, né à Lyon, âgé de 25 ans, fils d'Henry Chéron et de Marie Lemoine.

27 Janvier.

Willame (Charles), dit St. Charles, soldat dans la compagnie Dufaure, né à Longwy, âgé de 40 ans, fils de Jean Willame et de Jeanne Baudrin.

2 Février.

De Soza (Flore), veuve de Louis Hue, canonnier de la place, née à Porto-Novo, âgée de 70 ans.

8 Février.

Jourdain (François), matelot sur " l'Anonyme ", né à Lorient, âgé de 20 ans, fils de Guy Jourdain et de Marie Marcheland.

15 Février.

Ledot (Yves), soldat de la compagnie des invalides, né à Pommerit en Bretagne, fils de Guillaume Ledot.

17 Février.

Colin (Nicolas), caporal de la compagnie de Willesme, né à Aillant, juridiction de Joigny, fils de Nicolas Colin et de Marie Viel.

18 Février.

Mensuis (Nicolas), dit Chevalier, appointé dans la compagnie de Barry, né à Pont-à-Mousson, fils de Nicolas Mensuis et de Marguerite Marie.

29 Février.

Pingault (Françoise), âgée de 3 ans, née à Pondichéry.

8 Mars.

Schweinhoubre (Charles, Auguste, Nicolas de), âgé de 3 ans, fils d'Ignace, Léopold, Pierre, Henry de Schweinhoubre, Capitaine de cavalerie, et de Marie, Louise Lettoré.

12 Mars.

Coquet (Sébastien), matelot du " Beaumont ", âgé de 24 ans.

14 Mars.

Bellard (Jean-Baptiste), soldat, né à Louvres, juridiction de Paris, âgé de 25 ans.

16 Mars.

Launet (Louis), Caporal dans la compagnie de Méder, né à Champsecret, juridiction du Mans, fils de Martin Launet et de Marie Chauchon.

26 Mars.

Emmede (Anne), veuve de Louis Barthélemy, née au Fort St. David, âgée de 70 ans.

27 Mars.

De Lima (Rose), épouse de J. B. Tournay, née à Pondichéry, âgée de 28 ans.

15 Avril.

Valento (Jean), âgé de deux mois, fils d'Antoine Valento, portugais, et de Marie Soudeau.

23 Avril.

Gueveneux (Jean, Pierre), matelot du "Beaumont".

4 Mai.

Sobé (Nicolas), né à Karikal, âgé de 32 ans, fils d'Henry, Guillaume Lobé.

9 Mai.

Le Hire (François) matelot calfat du vaisseau naufragé "L'Indienne".

19 Mai.

Havis (Daniel), matelot de la frégate du Roy "L'Etoile".

20 Mai.

Coutier (Etienne), soldat de la marine, du détachement de la frégate du Roy.

21 Mai.

Hennessy (Michel), prêtre séculier, aumônier du vaisseau « Le Sévère », né en Irlande, âgé de 47 ans.

24 Mai.

Viard (Pierre, Charles), né à Paris, paroisse St. Eustache, âgé de 47 ans et 2 mois, fils de Pierre, Martin Viard, Conseiller du Roy, et d'Anne, Almée Pinchon.

26 Mai.

Le Gardeur de Repentigny (Pierre), Colonel d'infanterie, chevalier de St Louis, cy-devant Major général des troupes de l'Inde, ancien Commandant pour le Roy à Mahé, né au Canada, âgé de 55 ans.

30 Mai.

Lenard (Pierre), matelot du « Beaumont ».

31 Mai.

Garel (Jean), matelot du « Jeune Alexandre ».

31 Mai.

Lettoré (Joseph), âgé de 2 ans, fils de Julien Lettoré et de Marie Perreire, né à Pondichéry.

3 Juin.

Rodriguez (Thérèse), veuve Cabot, née à Pondichéry, âgée de 65 ans.

13 Juin.

Aubry (Jean), soldat dans la Compagnie du Mirouet, né à St. Malo.

16 Juin.

Augis (Jean), fusilier dans la Compagnie de Voisines, né à Calais, fils de Jean Augis et d'Adrienne Geros.

19 Juin.

Peresse (Jean), matelot du « Turgot ».

23 Juin.

Dudard (Jean), matelot du « Beaumont ».

29 Juin.

Lebreton, matelot du vaisseau « Ste Anne ».

30 Juin.

Servot (Jean), né à Coutances.

1er Juillet.

Rodriguez (Joachim, Joseph), soldat à bord du vaisseau portugais « Ste Rite », âgé de 21 ans, fils de Joseph Rodriguez et de Catherine Lopés.

13 Juillet.

Perrot (Mathias), commis du vaisseau, le « Sévère ».

14 Juillet.

Bertheville (Julien), matelot du vaisseau, le « Sévère ».

15 Juillet.

Morillon (Jean), boulanger du vaisseau naufragé, l'« Indienne ».

17 Juillet.

Clerot (François, Jacques), fils de Jacques Clérot, chirurgien major de l'hôpital et des troupes de Pondichéry, chirurgien juré du Conseil souverain de la dite ville, né à Cheney, diocèse de Sens, et de Rose, Marie Artock, née à Pondichéry. Il est décédé le jour de sa naissance.

22 Juillet.

Baudry (Jean-Baptiste), né à Paris, paroisse St. Benoît, âgé de 45 ans.

23 Juillet.

Talmont (Jean, Louis), matelot du « Beaumont ».

30 Juillet.

Robin (Pierre), dit Jolibois, grenadier, né à Issoudun, fils de Sylvain Robin et de Jeanne Lucrot.

1er Août.

Roullet (Etienne), fusilier dans la Compagnie de Voisines, né à Rendes, fils de Laurent Rollet et de Julienne Benoit.

13 Août,

Lecadré (René, Jean), pilotin.

25 Août.

Lettoré (Adélaïde), âgée de 4 ans, fille de Julien Lettoré, né au Mans, et de Marie Pereira, née à Pondichéry.

4 Septembre.

Piper (Catherine), veuve Richardin, née à Pondichéry, âgée de 35 ans.

11 Septembre.

Bruno (Brigitte), veuve Febvrier, âgée de 74 ans.

12 Septembre.

Madré (François), âgé de 16 mois, fils d'Etienne Madré et d'Anne, Christine de Graaf.

12 Septembre.

Geoffroy (Mathurin), matelot de « L'Espérance ».

13 Septembre.

Raitrif (Pierre, Jean), matelot de « La Providence ».

15 Septembre.

Rioux, matelot du vaisseau « Le Normand».

18 Septembre.

Coulon (Pierre), soldat d'artillerie, premier canonnier de la Compagnie de Beylié, né à Angers.

19 Septembre.

Gegot (Pierre , 1er contremaître sur le « Fitz-James », décédé à bord.

24 Septembre.

Ruelle (Louis), fils d'Antoine Ruelle et de Marie, Anne Collondont, décédé le jour de sa naissance.

26 Septembre.

Cartel (Jacques)), caporal, né à la Ferté-Bernard, diocèse du Mans, àgé de 40 ans.

2 Octobre.

Gabory (François), fusilier dans la Compagnie d'Hicky, né à Montégut, juridiction de Luçon, fils d'Elie Gabory et de Marie Billard.

8 Octobre.

Maréchal (Geneviève), âgée de 18 mois, fille de Jean, Laurent Maréchal, employé au service du Roy, né à Paris, paroisse St. Laurent, et de Claude Sollier, née à Lorient.

8 Octobre.

De Silva (Manuel), né à Odivelas, territoire de Lisbonne, fils de Thomas, Jean de Silva et de Dominique Rose.

10 Octobre.

Dembrun (Charles, Julien), âgé de 10 mois, fils de Charles Dembrun, né à l'Ile de France, et de Louise Boussier, née à Karikal,

12 Octobre.

Le Coom (Julien), matelot du « Triton ».

14 Octobre.

Magor (Jean), matelot sur le « Bordelais », âgé de 21 ans, fils de Christophe Magor et de Françoise Girard.

15 Octobre.

Lelièvre, officier sur le vaisseau « La Flore ».

16 Octobre.

Gordon (Pierre, Thomas), âgé de 2 ans, 1 mois, 12 jours, fils de Thomas Gordon, né à Pondichéry, et de Marie Wilstecke, née à Pondichéry.

17 Octobre.

Jaffré (François), né à Quimper-Corentin, âgé de 73 ans.

18 Octobre.

Paillardot (Henry), fusilier dans la compagnie de Méder, natif de la juridiction de Pontivy, fils de Mathurin Paillardot et de Suzanne Guildive,

19 Octobre.

Faure (Marie, Thérèse), née le 31 Mai 1776, fille de Joseph, Alexis Faure, écuyer, lieutenant en 1er au régiment de Pondichéry, né à Lorient, et de Marie, Josephe Desmoulins, née à Pondichéry.

18 Novembre.

Ruelle (Isidore, Jérôme), âgé de 2 ans, fils d'Antoine Ruelle et de Marie, Anne Collondont.

27 Novembre.

Dupuy (Jean), natif de l'évêché de Lyon, âgé de 60 ans et 9 mois, fils de Claude Dupuy et de Gasperde Ballon.

30 Novembre.

Audrain (Bertrand), né à la Ville-d'Anet en Bretagne, fils de Pierre Audrain et de Laurence Patros.

9 Décembre.

Pielant (Jeanne), née à Mahé le 17 Avril 1776, fille de Jean, Thomas Pielant, sergent du corps royal d'artillerie dans l'Inde, et de Marianne Vaillant.

14 Décembre.

Lachaise (Guy), appointé dans la compagnie de Willesme, né à Nevers, fils de Claude Lachaise et de Marie Papin.

21 Décembre.

Beaudolec (Jean, Louis), fusilier dans la compagnie d'Hicky, né à Quimper-Corentin, fils de Nicolas Beaudolec et de Marguerite Leblon.

28 Décembre.

Bourcet (Jean), lieutenant-colonel d'infanterie, ingenieur en chef de Pondichéry, né à Grenoble, âgé de 44 ans.

30 Décembre.

Gordon (Marie, Agnès), âgée de 5 ans 1 mois, née à Pondichéry.

ANNEE 1777.

Naissances.

10 Janvier.

Roussaux (Etienne, Jacques, Simon), fils de Laurent Roussaux, né à Morsain, diocèse de Soissons, et de Marie Argaud, née à Pondichéry.

22 Janvier.

Blin de Grincourt (Marc, Roch, Luc, Venditien), fils de Guillaine, Marie Blin, écuyer, sieur de Grincourt, né à Arras, et de Marie, Madeleine Cornet, née à Pondichéry.

26 Janvier.

Charray (Jean, Pierre), fils de Jean, Pantaléon Charray, sergent, né à. . .

30 Janvier.

Steller (Catherine), fille de Michel Steller, né en Lorraine, et de Christine de St. Sylvain, née à Colombo.

24 Février.

Pallu (Louise), fille de Nicolas Pallu, né à Nogent au Perche évêché de Chartres, et de Rose Lequin, née à Pondichéry.

1 Mars.

Meurisse (Jean, Marie, Honoré), fils de Jérôme Meurisse, né à Laon, et d'Eléonore Carvalho, née à Tranquebar.

6 Mars.

Jacquetin (Pierre), fils de Laurent Jacquetin, né à Buc-ville, évêché de Toul, et de Marie, Louise Vitré, née à Pondichéry.

10 Avril.

Bourely (Marie, Louise), fille d'Etienne Bourely, lieutenant, né à Uzès, et de Marie Burot, née à Pondichéry.

11 Avril.

Ponchelet (Dominique, Laurent), fils de Toussaint Ponchelet, né à Valenciennes, et de Jeanne Cajotet, native du Brabant.

27 Mai.

Aubert (Emilie, Jeanne, Anne, Madeleine), fille de Jean Aubert, employé du Roy, et de Catherine, Anne, Julie Banal.

1 Juin.

Giquel (Isabelle), fille de Bertrand, René Giquel, sous-garde d'artillerie, né à Auray en Bretagne, et de Marie Lequin, née à Pondichéry.

2 Juin.

Caser (Vincent), fils de Jean-Baptiste Caser, dit Baron, soldat, né à Lisieux, et de Rose Combalbert, née à Pondichéry.

13 Juin.

Hurté dit Dupuy (Apollin), fille de Charles Hurté, dit Dupuy, sergent, et de Catherine Dupuy.

29 Juin.

Jamens (Pierre), de nation et religion juive, matelot du vaisseau naufragé, le « Duc de Duras ».

17 Juillet.

Labatte (Anne), fille de Jean Labatte, né en Gascogne, évêché d'Aire, et de Jeanne de Silva, née à Pondichéry.

20 Juillet.

Archu (Geneviève), fille de François Archu, natif du diocèse de Langres.

25 Juillet.

Pithois (Jean-Baptiste, Constantin), fils de Charles Pithois, chirurgien-major au service de Mahmoud Ali, et d'Agnès Burot, née à Pondichéry.

7 Août.

Blondel (Marie), fille de Charles Blondel, né à Paris, et de Josephe Suarez, née à Madras.

10 Août.

Passanha (Gabriel), fils de Manoel Passanha, né à Pondichéry, et d'Anne de Cruz, née à Yanaon.

11 Août.

Maréchal (Louise, Claudine), fille de Jean, Laurent Maréchal, employé du Roy, né à Paris, et de Claudine Dussolier, née à Lorient.

11 Août.

Bausset (Alexandre de), fils de Pierre, Chevalier de Bausset, et de Marie Joannis Sinan.

25 Août.

Templier (Louise, Françoise, Josephe), fille de Philippe Templier, né à Paris, paroisse St. Laurent, et de Geneviève Gresseux, née à Karikal.

4 Septembre.

Daumain (Anne, Marie), fille de J. B. Daumain, né à St. Pourçain, juridiction de Moulins, et de Marie, Louise La Hoche, née à Pondichéry.

8 Septembre.

Bonnefoy (Jean, Louis), fils de Jean, François Bonnefoy, maître perruquier, né à Aix-en-Provence, et de Marie, Barbe Gresseux, née à Karikal.

12 Septembre.

Coote (Pierre), fils de Thomas Coote, né en Angleterre.

23 Septembre.

Bouchez (Anne, Céleste), fille de Julien Bouchez, Capitaine de vaisseau, né à St. Malo, et de Monique Fermet, née à Mahé.

3 Octobre.

Hertzog (Marie), fille de Jean Hertzog, sergent, né à Elsenheim en Alsace, et d'Anne Rodriguez, née à Pondichéry.

6 Octobre.

Roux (Marie, Anne), fille de François Roux, né à St. Pierre-de-Clairac, et de Sébastienne de Cruz, née à Pondichéry.

6 Octobre.

Mallet (Anne, Brigitte), fille de Jacques, Louis Mallet, lieutenant d'infanterie, né à l'île de France, et de Marie, Brigitte de Lassalle Mariehaure, née à Pondichéry.

1777

18 Octobre.

Coffin (Rose), fille de Jean Coffin, né à Senon-les-Bordeaux, et de Brigitte de Rosaire, née à San Thomé.

27 Octobre.

Madré (Vital), fils d'Etienne Madré, né à Calais, et d'Anne, Christine de Graaf, née à Colombo.

27 Octobre.

Renaux (Jacques, François), fils de Michel, François Renaux, habitant de cette ville.

6 Novembre.

Cuau (Jeanne, Louise), fille de Pierre Cuau, de l'évêché de Langres, Maréchal des logis au camp de Lally.

9 Novembre.

Dumont (Philippe, François), fils de François Dumont, né à Louvre en Parisis, et de Jeanne Marck, née à Ceylan.

9 Novembre.

Collondont (Marie, Catherine), fille de François Collondont et de Catherine Regnon, tous deux nés à Pondichéry.

23 Novembre.

Lenormand du Goullannou (Marie, Jacques, Félicité), fille de Jean, Hyacinthe, Jacques Lenormand du Goullannou, chirurgien major de l'hôpital royal de Pondichéry, du régiment de Pondichéry et aussi Chirurgien juré du Conseil Supérieur de cette ville, né à Quimper-Corentin, et de Marie, Ursule, Pauline Humbert, née à l'île de France, archevêché de Paris.

30 Novembre.

James (Charles, André), fils de Jean-Baptiste James, maitre boulanger, d'Elisabeth Clegg.

Mariages

3 Février.

Tournay (Jean-Baptiste), né à Paris, paroisse St. Sulpice, âgé de 30 ans, fils de Pierre Tournay et de Marie, Anne Ardel;

et Rose, née à Chandernagor, âgée de 18 ans.

10 Février.

Pineux (François), dit La Gavotte, fils de Vincent Pineux et de Julienne Joseph, né à Rennes, âgé de 35 ans;

et Françoise Lefebre, veuve d'Antoine Guilbart, née à Pondichéry, âgée de 25 ans, fille de Laurent Lefebre et de Jeanne Colard.

19 Mars.

Abraham (Pascal), ancien chirurgien major au bataillon de l'Inde, né à St. Malo, âgé de 40 ans, fils de Louis, Pelage Abraham et de Marie, Françoise Basivé;

et Agnès, Victoire Violette, née à Pondichéry, âgée de 16 ans, fille de Jean, Joseph Viollette, Capitaine des vaisseaux de la Côte, et de Victoire Serivet.

7 Avril.

Lamare (Louis de), sergent au bataillon de cipayes, né à St. Julien-au-bois, diocèse d'Amiens, âgé de 32 ans, fils de Louis de Lamare et de Marie Milepoupel;

et Rose Camille, née à Pondichéry, âgée de 19 ans, fille de Louis Camille, garde de police, et d'Antoinette de Rapoze.

7 Avril.

Andersen (Laurent), né en Suède, âgé de 35 ans, fils d'André, Jean Andersen et de Christine Mortensen;

et Lucile Leroux, née à Pondichéry, âgée de 23 ans, fille de feu François Leroux et d'Anne Lenoir.

4 Mai.

Hertzog (Jean), caporal de la Compagnie des grenadiers, né à Oppenheim, diocèse de Strasbourg, âgé de 36 ans ;

et Anne Rodriguez, née à Pondichéry, âgée de 17 ans, fille de Manuel Rodriguez.

12 Mai.

Laforgue (Jean, Simon), perruquier, natif de la paroisse de St. Gaudin, diocèse de Comminges, âgé de 27 ans, fils de Pierre Laforgue, aubergiste, et de Marie, Anne Navarre ;

et Rosalie Gresseux, née à Tranquebar, âgée de 17 ans, fille de Jean-Baptiste Gresseux, dit La Verdure, et de Barbe Perreire.

12 Mai.

Puget (François), pilote du Gange au service du Roy, né à Lorient, âgé de 33 ans, fils de Jean Puget et de Marie, Anne Drugon ;

et Marie, Anne Le Peltier, née à San Thomé, âgée de 16 ans, fille de Le Peltier, maître charpentier du Roy, et de Geneviève Guérin.

15 Juillet.

Aubaud du Perron (Georges, François), Chevalier Aubaud, écuyer, sieur du Perron, Capitaine d'infanterie, né à Mahé, âgé de 35 ans, fils d'Anne, Jules, François Aubaud du Perron, Capitaine de carabiniers, et de Françoise Le Marié de Vaucourt et Marie, Louise Armande de la Salle Mariehaure, fille de J. B. de la Salle Mariehaure, écuyer, capitaine d'infanterie, et de Marie, Jacques Fébvrier, née à Pondichéry, âgée de 17 ans.

21 Juillet.

Mansuy (Jean), ancien caporal d'artillerie, né à Jussécourt, province de Champagne, fils de Nicolas Mansuy et de Marie, Nicole Modane ;

et Ursule Marchand, veuve de Gilles Panné, née à Karikal, fille de feu Jean Marchand et de Jeanne Ferreire.

16 Août.

Hivart (Claude, Lambert), natif de la paroisse St. Sauveur de Coucy-le-Château, diocèse de Laon, âgé de 34 ans. ;

et Renée, Jeanne Fanthome, née à Mahé, âgée de 24 ans, fille de Pierre Fanthome officier d'artillerie, et d'Augustine Geglard.

24 Novembre.

Martin (Pierre. Paul), ancien Conseiller, Commissaire du Roy pour la liquidation de la Compagnie des Indes à Pondichéry, né à Surate, âgé de 41 ans, fils de feu J. B. Martin, Conseiller, et Chef pour la nation française à Surate, et de Jeanne de Navennes ;

et Thérèse, Ursule, Andrée du Lehec, veuve Trémisot, née à Quimper-Corentin, âgée de 30 ans fille de Louis, Etienne, André, écuyer, seigneur du Léhec, Kermorial et autres lieux, et d'Elisabeth, Michelle Le Digue.

Décès.

5 Janvier.

Leroy (Hippolyte), âgé de 14 mois, fils de Pierre Leroy.

7 Janvier.

Gordon (Jean, Alexis), âgé de 4 ans, fils de Thomas Gordon et de Marie Wilstocke.

7 Janvier.

Maison (Charles), charpentier sur le navire « La Providence », péri aux Maldives, né à Lille, âgé de 33 ans.

14 Janvier.

Combe (Jean-Baptiste), sergent dans la compagnie de Mainville, né à Chaponost en Lyonnais, âgé de 46 ans, fils de Jacques Combe et de Marguerite Larivière.

17 Janvier.

Jego (Jacques), matelot sur le « Turgot ».

18 Janvier.

Le Guillard (Louis), dit La Réjouissance, fusilier de la compagnie de Willesme, né à Nantes, fils de Jean Le Guillard et de Thérèse Gayot.

27 Janvier.

Remande (Georges), dit La Madeleine, invalide, né à Piré, diocèse de Rennes, âgé de 50 ans, fils de Jean Remande et de Marguerite Frelut.

29 Janvier.

Prejean (Jean), fusilier de la compagnie d'Hicky, né à Dinan, fils de Jean Préjean et de Jeanne Ledoux.

31 Janvier.

Bellay (Joseph), soldat d'artillerie, né à Châteaubriant, fils de Joseph Bellay et de Marguerite Poullain.

17 Février.

Mehué (Mathurin), maître forgeron du Roy, né à Lorient, âgé de 54 ans, mort noyé.

22 Février.

Hibert (Pierre), matelot sur « La Brune ».

5 Mars.

Camesse (Simon), dit Milanais, né à Bellinzona, en Suisse, âgé de 45 ans.

7 Mars.

Collard (Gilles), caporal dans la compagnie de Willesme, né à Dinan, fils de Jacques Collard et de Jeanne Merlenne.

14 Mars.

Maillet (Pierre), fusilier dans la compagnie de Willesme, né en Touraine, fils de Pierre Maillet et de Françoise Le Nok.

17 Mars.

Artock (Anne, Madeleine), âgée de 23 ans, fille de Joachim Artock.

18 Mars.

Vitré (Marie, Louise), née à Pondichéry, âgée de 21 ans.

18 Mars.

Grand (David, Marie), né à Lyon, âgé de 40 ans .

18 Mars.

Gillet (Guy), caporal dans la compagnie de Beylié, artillerie de l'Inde, né en Franche-Comté, fils de Pierre Gillet et de Françoise Ester.

28 Mars.

Scaffunée (Jean, Marie), fusilier dans la compagnie de Carrion, né à Plouguenast en Bretagne, fils de Jean, Marie Scaffunée et de Marie, Josephe Chauran.

29 Mars.

Gordon (Thomas), né à Vellore, âgé de 39 ans.

31 Mars.

Pierron (Toussaint), fusilier dans la compagnie de Voisines, né à Nancy en Lorraine, fils de Pierre Pierron.

31 Mars.

Bertrand (Louis), fusilier dans la compagnie des grenadiers, né à Lyon, fils de Louis Bertrand et de Charlotte Toisset.

3 Avril.

Jacquet (Marie, Madeleine), épouse de Louis, François Gigan, sergent au corps royal, née à Grenoble, âgée de 60 ans.

12 Avril.

Tournay (Nicolas), âgé d'un mois, fils de J. B. Tournay et de Suzanne de Lima.

29 Avril.

Rivette (Pierre), matelot canonnier sur la frégate « La Consolante », né à Brest.

29 Avril.

Quenet (Jean), domestique du Mr. de Salvert, né à Plourin, juridiction de Morlaix.

5 Mai.

Le Faucheur (Marie), née à Pondichéry, fille de Joseph Le Faucheur, voyer, et de Thérèse Burel.

18 Mai.

Leflot (Mathurin), dit La Jeunesse, caporal dans la compagnie de Dufaure, né à Josselin, juridiction de Rennes, fils de Vincent Leflot et d'Anne Feillard.

1er Juin.

Brabant (Pierre), matelot sur « Le Brillant », né au Croisic.

4 Juin.

Barré (Henry, Charles, François Pluton du), Commandant de l'Ile des Seychelles, né en Picardie, âgé de 46 ans.

5 Juin.

Julien (Pascal), matelot du vaisseau naufragé « Duc de Duras », né à La Ciotat,

Rohan (Gabriel), matelot de « La Consolante », né à Port-Louis en Bretagne.

5 Juin.

Rémond (Madeleine), veuve Lafond, née à Pondichéry, âgée de 45 ans.

13 Juin.

Laval (Marie, Antoinette de), âgée de 32 ans, épouse de Jean, Pierre de Losme, Chevalier, seigneur des Dodines, Conseiller.

15 Juin.

Thualle (Guillaume), matelot sur « Le Brillant » né Quimper.

19 Juin.

Legalle (René) matelot sur «Le Brillant», né à Brest,

20 Juin.

Besart (Gilles), matelot le «Fitz James».

21 Juin.

Quirion (Julien), matelot sur «Le Brillant», né à Nantes.

25 Juin.

Hall (Christine, Charlotte), épouse de Jean, Claude Jobard, Chevalier de St. Louis, Capitaine au régiment de l'Ile de France, née à Erbach, près Francfort, âgée de 36 ans.

25 Juin.

Javary (François), fusilier de la compagnie de Duperron, né à Carelles, juridiction du Mans, fils de Guillaume Javary et d'Anne Rolier.

26 Juin.

Pichon (Nicolas), soldat de la marine du Roy, du détachement du vaisseau «Le Brillant».

28 Juin.

Guillot (Joseph), fusilier de la Compagnie de Dumirouet, né à Fribourg en Suisse, fils de François Guillot et de Françoise Bourard.

30 Juin.

James (Pierre), matelot du vaisseau naufragé, le «Duc de Duras», de nation juive.

1er Juillet.

Baumann (Michel), fusilier dans la compagnie de Duperron, né en Allemagne, fils de Michel Baumann et de Marie Henzerme.

2 Juillet.

Gardon (Pierre), matelot du vaisseau naufragé, le « Duc de Duras ».

4 Juillet.

Leroy (François), tambour-major de la compagnie de Carrion, natif de la juridiction de Foufères, fils de Guillaume Leroy et de Marie Trodet.

4 Juillet.

Ruel (Jacques), ancien tonnelier de la Compagnie, né à St. Malo, âgé de 80 ans.

5 Juillet.

Boissier (Louis), matelot du vaisseau, le « Terray ».

8 Juillet.

Mazea (André), matelot du vaisseau naufragé, le « Duc de Duras ».

8 Juillet.

Gaillard (Nicolas, Louis, Pierre), fusilier dans la Compagnie de Voisines, né à Paris.

16 Juillet.

Jourdan (Jean), matelot débarqué de la frégate du Roy, « La Consolante », né à Lorient.

21 Juillet.

Goelleau (Alain), matelot du vaisseau. le « Terray ».

22 Juillet.

Jacquard (Nicolas), fusilier de la Compagnie de Duperron, natif de la juridiction de Verdun, fils de François Jacquard et de Julienne Michand.

25 Juillet.

Quentin de la Mettrie (Vincent), ancien Conseiller, né à St. Malo, âgé de 75 ans.

27 Juillet.

Davice (Louis), matelot du vaisseau naufragé le « Duc de Duras ».

30 Juillet.

Stetter (Théodore), fusilier de la Compagnie de Carrion, natif de la juridiction de Thionville, fils de Jean Stetter et de Marie Bardèche.

1er Août

Carbonié (Claude), fusilier de la Compagnie de Carrion, né à Thierry, juridiction de Paris, province de Brie, fils de Michel Carbonié et de Jeanne Brûlé.

5 Août.

Darvieux (Louis, Jean-Baptiste), né à Orange.

6 Août.

Laffitte (Thomas), âgé de 18 mois, fils de Grégoire Laflitte, né à Villefranche, et de Marie, Catherine Beneparais.

11 Août.

Costiaux (Nicolas, Marie), fusilier de la Compagnie de Dufort, né à Quimperlé, fils de . . . . . . Costiaux et de Marie, Louise Fournier.

12 Août.

LEMARCHAND de l'EPINAY (Christophe, Alexis). né à Rennes, âgé de 28 ans 9 mois, fils d'Etienne, Christophe, Alexis Lemarchand de l'Epinay, Conseiller du Roy, Doyen de M.M. les juges magistrats de la sénechaussée et siège présidial de Rennes, et ancien Commissaire des Etats de Bretagne, et d'Anne, Reine Charpentier.

14 Août.

AMIARD (Marie, Henriette), âgée de 4 ans, fille d'Etienne Amiard, né à Montargis et de Marie Bachelier, née à Pondichéry.

15 Août.

BONNEFOY (Jean, Etienne), âgé de 8 ans, fils de Jean, François Bonnefoy, né à Aix-en-Provence, et de Marie, Barbe Gresseux, née à Karikal.

22 Août.

GONZEBAT (Jacques, Christophe), négociant à Pondichéry, né à Lyon, âgé de 43 ans.

25 Août

LE MARZAN (Mathurin), fusilier de la Compagnie de Dufour, né à Rennes, fils d'Olivier le Marzan et de Mathurine Bouvet.

26 Août

CRUDY (Jacques, Marie), matelot du vaisseau naufragé, le « Duras ».

2 Septembre.

LAMORY (Louise, Marie), âgée de 2 ans et 8 mois, fille de Pierre Lamory et de Jeanne Brunet, tous deux née à Pondichéry.

4 Septembre.

Marzin (Etienne), bombardier sur le vaisseau du Roy « Le Brillant » né à Brest.

7 Septembre.

Hénin (Charles), fusilier de la Compagnie de Savigny, né en Flandre, fils de Louis Hénin et de Louise Godefroy.

8 Septembre.

Gaudron (Jérôme), soldat de la marine du Roy.

9 Septembre.

Lebon (Louis, Joseph), né à Pondichéry, âgé de 38 ans.

9 Septembre.

Clerot (Jacques), Chirurgien major de l'hôpital du Roy de Pondichéry, né à Chenoise en Brie, âgé de 48 ans

10 Septembre.

Jacob (Pierre), matelot du vaisseau du Roy ; « Le Brillant », né à Lorient.

11 Septembre.

Cormier (Joseph), fusilier de la Compagnie de Willesme, né à Queny, juridiction de St. Malo, fils de Jean Cormier et de Georgine Bouglard.

13 Septembre.

Stephan (André), matelot du vaisseau du Roy, « Le Brillant », né à Quimper.

16 Septembre.

Loth (François), fusilier de la compagnie de Méder, natif de la province de Salm.

17 Septembre.

Carrion (Louis), fils de Charles, Joseph, Comte de Carrion, né à Paris, et de Catherine Laroche. Décédé le jour de sa naissance.

17 Septembre.

Leblanc (Jean), fusilier de la compagnie de Méder, né à Alençon, fils de René Leblanc et de Marie Savot.

18 Septembre.

Michin (Michel, Amand), fusilier de la compagnie de Méder, né à Thomery, juridiction de Melun, fils de Michel Michin et de Marianne Bozire.

19 Septembre.

Linoré (Yves), fusilier de la compagnie de Savigny, né à Lannion, fils de Marie, Yves Linoré et de Marie Lebras.

19 Septembre.

Blin de Grincourt (Marie, Julie, Adélaïde), âgée de 3 ans et 2 mois, fille de Venditien Guillain, Marie Blin de Grincourt, garde-magasin général pour le Roy, né à Arras, et de Marie, Adélaïde Cornet, née à Pondichéry.

20 Septembre.

Mansuet de Poitiers (Rev., Père), capucin, missionnaire apostolique, âgé de 54 ans.

24 Septembre.

Levesque (Mathurin), matelot du vaisseau particulier «Le Bordelais».

24 Septembre.

Rivals (Raymond), noble homme, né à Carcassonne, décédé à Virampatnam, âgé de 48 ans.

25 Septembre.

AUTY (Louis, Antoine), fusilier dans la compagnie de du Mirouet, né à Versailles, fils de Pierre Auty et de Marianne Valet.

3 Octobre.

JOUNO du COUDRAY, ci-devant avocat au parlement de Rennes.

5 Octobre.

JUILLARD (Jean), fusilier de la compagnie de Voisines, natif de la juridiction de Laon.

10 Octobre.

LONCLE (René), fusilier de la compagnie de Duperron, né à Rennes, fils de François Loncle et de Marie Boulanger.

12 Octobre.

PORIÉ (Marie, Madeleine), épouse de Dominique Corréa, née à Karikal, âgée de 25 ans.

14 Octobre.

DELBRET (Etienne), dit Nicolas, tambour major de cette colonie, natif du Périgord, âgé de 52 ans.

15 Octobre.

DUMONT (Marie, Anne), âgée de 2 ans, fille de François Dumont et de Jeanne Marque.

18 Octobre

PEREIRA (Catherine), veuve d'Yves Henry dit Rencontre, caporal, née à Pondichéry, âgée de 54 ans.

22 Octobre.

MANOEL (Yves), matelot naufragé, né à Lisbonne, âgé de 25 ans

24 Octobre.

Jolque (François), artificier dans la Compagnie de Barry, artillerie de l'Inde, né à Courcelles, province de Lorraine, fils de François Jolque et de Marie Michaux.

24 Octobre.

Miot (François), fusilier dans la Compagnie de Duperron, né à Langres, fils de Nicolas Miot et de Claudette Leconte.

31 Octobre.

Le Mauf (Jean), fusilier de la Compagnie de Carrion, né à Carentoir, juridiction de Vannes, fils de Pierre Le Mauf et de Louise Savigné.

1er Novembre.

Grosting (Joseph), canonnier dans la Compagnie de Beylié, né en Alsace, fils de Thomas Grosting et de Catherine Castinguet.

1er Novembre.

Guerbé (Marc, Antoine), fusilier de la Compagnie de Duperron, né à St. Germain, juridiction de Reims, fils de Charles Guerbé et de Jeanne, Françoise Poncelet.

1er Novembre.

Despeaute de Savigny Desessins (Charles, Antoine), capitaine au régiment de Pondichéry, né à Nesles en Brie, âgé de 41 ans.

3 Novembre.

Bertrand (Claude), fusilier de la Compagnie de Savigny, né à Péronne, fils de Nicolas Bertrand et de Madeleine Mazux.

3 Novembre.

Siqueira (Joseph), né à Pondichéry, âgé de 70 ans.

10 Novembre.

Cavillier (Louis), sergent de la Compagnie des grenadiers, né à Orléans, fils de Louis Cavillier et de Marianne Paris.

12 Novembre.

Vaudière (Jean), fusilier de la Compagnie de Savigny, né à Forges, juridiction de Rennes, fils de Pierre Vaudière et de Marie Poulain.

14 Novembre.

Tarlay (Noël), fusilier dans la Compagnie de Duperron, né à Pontoise, fils d'Antoine Tarlay et de Catherine Cornu.

18 Novembre.

Saint-Lette (Joseph, Charles), Conseiller, lieutenant de police, né à Nancy, âgé de 60 ans.

19 Novembre.

Rouzic (Pierre), matelot du vaisseau du Roy « Le Brillant », né à Nantes.

21 Novembre.

Noiseux (Pierre), canonnier dans la Compagnie de Beylié, né à Paris, fils de Denis Moiseux et de Marie, Marguerite Lepreux.

22 Novembre.

Driège (Pierre), fusilier dans la Compagnie de Voisines, né à Crennes-les-trois églises, juridiction de Langres, fils de J-B. Driège et d'Anne Vriotte.

24 Novembre.

Hubert (François), fusilier de la Compagnie de Carrion, né à Fougères, juridiction de Rennes, fils de François Hubert et d'Anne Lefèvre.

24 Novembre.

Berault (Pierre), fusilier de la Compagnie de Voisines, né au Mans, fils de Pierre Berault et de Marie Mohin.

26 Novembre.

Compoint (Nicolas, Alexis), âgé de 4 ans, fils de Jean, Philippe Compoint, né à Paris, et de Louise, Dessa, née à Pondichéry.

3 Décembre.

Lefèvre (Mathurin), fusilier de la Compagnie de Carrion, né à la Mézière, juridiction de Rennes, fils de Michel Lefèvre et d'Anne Biotte.

7 Décembre.

Launais (Jean), artificier dans la Compagnie de Barry, né à Villars en Alsace, fils de François Launay et d'Anne Bourguigne.

13 Décembre.

Leclair (Julien), fusilier de la Compagnie de Méder, natif de la juridiction de Fougères, province de Bretagne, fils de Jean Leclair et de Marie Bourget.

17 Décembre.

Arehu (Geneviève d'), âgée de 5 mois, fille de François d'Arehu, né à Fulvy, diocèse de Langres.

28 Décembre.

Lecot (Marie, Jeanne, Josèphe), veuve d'Etienne Barthel, garde de Mr. de Courcy, Commissaire Ordonnateur de cette colonie, né au Cateau-Cambrésis, âgée de 38 ans et 9 mois.

ANNEE 1778

Naissances.

21 Janvier.

Roussaux (Joseph), fils de Laurent Roussaux, artificier au corps d'artillerie de Pondichéry, né à Soissons, et de Marie, Julienne Argaud, née à Pondichéry.

30 Janvier.

Brunet (Wenceslas, Hippolyte, Dominique), fils d'Alexis Brunet, né à Pondichéry, et de Rite Broom, née à San Thomé.

13 Mars.

Tardivel (Alexis, François, Antoine), fils de J. B. Tardivel né à Langourla, diocèse de St. Brieuc, et de Madeleine Burotte, née à Pondichéry.

15 Mars.

Le Peltier (François, Marie), fils de Guillaume Le Leltier, né à St. Malo, et de Geneviève Guérin, née à Pondichéry.

25 Mars.

Da Costa (Thomas, Nicolas), fils du sieur da Costa commis au bureau des écritures, né à Chandernagor, et de Rose Larive, née à Pondichéry.

27 Mars.

Amiard (François), fils d'Etienne Amiard, natif de de l'évêché de Sens, et de Marie Bachelier, née à Pondichéry.

28 Mars.

Ratier Duvergé (Auguste), fils de Pierre Ratier Duvergé, né à Bordeaux, sous-Commissaire de la Marine, et d'Anne Lebrun, née à Jarnac en Saintonge.

6 Avril

Laforgué (Jeanne, Marie), fille de Jean Simon Laforgue, perruquier, né à St. Gaudens, et de Rosalie Gresseux, née à Tranquebar.

10 Avril.

Launay (Jeanne), fille de Thomas Launay, né à Angers, et de Françoise Gardère, née à Pondichéry.

14 Avril.

Filatriau (Adélaïde), fille de Jean, François Filatriau, natif de l'évêché d'Orléans, et de Remande, née à Pondichéry.

15 Avril.

Bayet (Marie), fille de Joseph, Jean Bayet, Capitaine de vaisseau, né à St. Malo, et de Marie, Geneviève Jame, née à Pondichéry.

du Rhône Beauver (François, Barthélemy, Christophe), fils de François, Barthélemy du Rhône de Beauver, Capitaine aide-major au régiment de l'Ile de France, né à St. Paul-trois-châteaux, et de Marie, Rose Dupuis, née à Pondichéry.

21 Avril.

Warren (Julie), fille de Georges Warren de Vernay, écuyer, cy-devant Officier d'infanterie, né à Marseille, et de Brigitte Sinan, née à Pondichéry.

22 Avril.

Schist (Jeanne, Françoise), fille de Claude Schist, né à Strasbourg.

13 Mai.

Ruelle (Jacques, Théophile), fils d'Antoine Ruelle, né à Braisne en Picardie, et de Marianne Collondont.

19 Mai.

Bourely (Etienne, Nicolas), fils d'Etienne Bourely, lieutenant, né à Uzès en Languedoc, et de Marie Burot, née à Pondichéry.

4 Juin.

Paris (Joseph, Jean, Henry), fils de J. B. Paris, né à Londres, Officier dans les troupes du Nabab, et de Marie. Louise Elisabeth Bouette, née à Tranquebar.

6 Juin.

Folliot (Marie, Rose, Catherine), fille de Jean Folliot, né à Dieppe, et d'Anne Alfonço, née à Pondichéry.

20 Juin.

Faure (Emmanuel, Pierre, François), fils de Joseph, Alexis Faure, Lieutenant, né à Metz, et de Marie, Josephe Desmoulins, née à Pondichéry.

24 Juin.

Comper (Marie, Anne, Geneviève), fille d'Honoré Comper, natif de l'évêché de Noyon, et de Marie, Anne Berzec, née à Ath en Flandre.

1778

30 Juin.

Roquefeuil de Labistou (Jean, Auguste), fils de Jean Roquefuil de Labistou, Capitaine de vaisseau, né à Cahuzac en Albigeois, et de Barbe, Céleste Vergoz, née à l'Ile de France.

10 Juillet.

Lebrun (Thomas), fils de Michel Lebrun, né à Liège, et de Jeanne Filibert, née à Lorient.

14 Juillet.

Lefébure (Marie, Louise, Bonaventure), fille de J. B. Claude Lefébure, ancien procureur général du Roy au Conseil souverain de Pondichéry, né à Noyon, et de Louise Fanthome, née à Mahé.

2 Août.

Allix (Anne), fille de François Allix, né à St. Pierre-Lavis, diocèse de Bayeux, et de Marie, Madeleine Leportier, née à Paris, paroisse Ste. Marguerite.

11 Août.

Larcher de Vermand (Jeanne, Elisabeth), fille de Claude, Nicolas Larcher de Vermand, lieutenant des grenadiers, natif du diocèse de Noyon, et de Marie, Louise, Hyacinthe de Launay, née à Pondichéry.

13 Août.

Daviot (Antoine), fils de Philippe Daviot, né à La Clayette.

13 Septembre.

Sicé (Pierre), fils de Pierre Sicé et de Marie de Silva. Baptisé le 22 Février 1780.

14 Septembre.

Meurisse (Jean-Baptiste), fils de Jérôme Meurisse, né à Laon, et d'Elisabeth Carvalho, née à Karikal. Décédé le jour de sa naissance.

19 Septembre.

Carrion (Angélique, Marie, Catherine de), fille de Charles, Joseph, Comte de Carrion, capitaine, né à Paris, et de Catherine Laroche, née à Chandernagor.

30 Septembre.

Bausset (Marie, Jacqueline, Emilie de), fille de Pierre, Chevalier de Bausset, né à Pondichéry, et de Marie, Joannis Sinan, née à Pondichéry.

1 Octobre.

Tournay (Françoise), fille de Jean Tournay, né à Paris.

4 Octobre.

La Fontaine (Christophe, Alexis, Julien), fils de Christophe, Alexis La Fontaine, né à St. Malo, et de Marie Samson, née à Pondichéry.

6 Octobre.

Bonnefoy (Françoise), fille de Jean, François Bonnefoy, né à Aix-en-Provence, et de Marie Massier, née à Karikal.

17 Octobre.

Aubaud du Perron (Marie, Françoise, Georgette), fille du Chevalier Georges, François Aubaud du Perron, capitaine d'infanterie, né à Mahé, et de Marie, Louise de Lassalle Mariehaure, née à Pondichéry.

1778 — 276 —

20 Octobre.

Viollette (Hyacinthe), fils de Jean, Joseph Viollette, né à St. Malo, et de Victoire Schriever, née à Mergui.

2 Novembre.

Lanoy (Jeanne), fille d'Antoine, Noël Lanoy, natif de la Guyenne, et d'Antoinette Lafond, née à Pondichéry.

21 Novembre.

Pithois (Agathe, Angélique), fille de Charles Pithois, chirurgien, né à Etampes, et d'Agnès Burot, née à Pondichéry.

29 Novembre.

Oye (Jean d'), fils de Charles d'Oye, soldat au service de Salabet Singh, né à Paris, paroisse St. Denis, et de Thomase Rodriguez, née à Pondichéry.

Mariages.

26 Janvier.

Nouret (Charles, Thomas), ancien caporal au régiment de Pondichéry, né à Chalons en Champagne, âgé de 34 ans, fils de Charles Nouret et de Jeanne Leblond ;

et Catherine, fille de Marie Catherine, née à Pondichéry, âgée de 19 ans.

16 Février.

Tarade (Jacques, Pierre), né à Paris, paroisse St. Etienne-du-Mont, âgé de 28 ans, fils de Pierre, André Tarade et de Marguerite Henry ;

et Thérèse Latinier, née à Tranquebar, âgée de 14 ans, fille de François Latinier et de Dorothée de Rosaire.

23 Février.

Cayoche (Louis), ancien capitaine de cavalerie au parti suisse, né à Riantec, diocèse de Vannes ;

et Jeanne Bruère, née à Karikal, fils de feu Jacques Bruère, sergent d'artillerie, et de Noëlle Heredia.

23 Février.

Barloux (Georges), né au Fort St. David, âgé de 30 ans, fils de feu Jean Barloux ;

et Anne, fille de Marie, Anne, née à San Thomé, âgée de 15 ans.

24 Février.

Latouche Besnier (Charles), Chirurgien, né à St. Julien, diocèse de Nantes, fils de Sulpice, René Latouche Besnier et de Charlotte Guibone ;

et Jeanne Lafond, née à Pondichéry, fille mineure de feu Antoine Lafond et de Marie, Madeleine Raymond.

2 Mars.

Jacquelin (Laurent), archer de marine, natif du diocèse de Toul, âgé de 29 ans, fils de Joseph, François Jacquelin et de Madeleine Colnet ;

et Marie, Anne De Rosaire, veuve de Joseph Bellay, née à Masulipatam, âgée de 20 ans.

2 Mars.

Prunelle dit Lepine (Nicolas, François), né à Paris, paroisse St Nicolas-des-Champs, âgé de 48 ans, fils de Nicolas Prunelle dit Lépine et de Marie Jeanne Rivaux ;

et Marie, Brigitte Hubert, née à Pondichéry, fille de feu Toussaint Hubert et de Louise Fernandez.

4 Mai.

Tauzin (Jean-Baptiste), sergent vétérinaire du régiment de Pondichéry, né à Bordeaux, âgé de 44 ans, fils d'Etienne Tauzin et de Marie Loby ;

et Agnès Charles, née à Mergui, âgée de 33 ans, fille de Louis Charles et de Catone.

18 Mai.

Lanoy (Antoine, Noël), négociant, né en Guyenne, diocèse de Condom, âgé de 30 ans, fils de feu Raymond, Noël Lanoy et d'Anne du Bouilh ;

et Antoinette Lafond, née à Pondichéry, âgée de 18 ans, fille de feu Antoine Lafond et de feue Marie, Madeleine Raymond.

1er Juin.

Lamoury (Thomas), né à Pondichéry, âgé de 30 ans, fils de feu Pierre, Benoît Lamoury et de Louise Carré ;

et Marie Jansa, née à Pondichéry, âgée de 21 ans, fille de Gaspard Jansa et de Thomasie Rodriguez.

15 Juin.

Milois (Jean), né à Cossé, juridiction de Laval, âgé de 28 ans, fils de Jean Milois et de Jeanne Pinchenot ;

et Marie, fille d'Anne, née à Aurangabad, âgée de 15 ans ;

15 Juin.

Lepreux (Gabriel), ancien fourrier au régiment de Pondichéry, et vétéran, né à Paris, paroisse St. Nicolas-des-Champs, âgé de 42 ans, fils de Pierre, Nicolas Lepreux et de Marie, Michelle de Lerques ;

et Marie Martin, née à Pondichéry, âgée de 38 ans, fille de Pierre Martin et d'Ignacie Pereira.

20 Juillet.

Bouette (Jean, Etienne, Joseph), officier de vaisseau marchand, né à Karikal, âgé de 21 ans, fils d'Etienne, Henry Bouette et de Marie, Françoise Gresseux ;

et Françoise Lefébure, née à Tranquebar, agée de 16 ans, fille d'Antoine Lefébure, et de Monique Aiglard.

Décès.

14 Janvier.

Guillemaud (Jean, François), maître d'hôtel du vaisseau, « La Marguerite ».

17 Janvier.

Boutroye (François), fusilier dans la compagnie de Duperron, né à Bosse, juridiction de Rouen, fils de François Boutroye et de Françoise. Marie Lebrun.

18 Janvier.

Raphaël (Louis), matelot du vaisseau naufragé, le « Duras ».

19 Janvier.

Ruelle (Sébastien), fusilier dans la compagnie de Méder, né à Lain, juridiction d'Alençon, fils de Julien Ruelle et de Marie Prihaut.

23 Janvier.

Lhomme (Antoine, Joseph), fusilier de la compagnie d'Aubert, né à Lille, fils d'Antoine Lhomme.

25 Janvier.

Marzin (René), gabier sur le vaisseau du Roy, « Le Brillant », né à Brest.

28 Janvier.

Guerre (Jacques), Capitaine des vaisseaux de l'Inde, né à Pondichéry, âgé de 54 ans.

30 Janvier.

Bourceville (Charles), matelot du vaisseau, « Le Brillant », né à St. Brieuc.

31 Janvier.

Leny (Yves), matelot du vaisseau du Roy, « Le Brillant » né à Morlaix.

31 Janvier.

Carcadet (Mathurin), matelot du vaisseau particulier, « Le Terme ».

2 Février.

Pottin (Jean), matelot du vaisseau du Roy, « Le Brillant », né à St. Brieuc.

12 Février.

Roquet (Pierre), timonier du vaisseau du Roy, « Le Brillant », né à Nantes.

25 Février.

Mansuis (Joseph et Marie), enfants jumeaux de Jean Mansuis et d'Ursule Marchand, décédés le jour de leur naissance.

2 Mars.

Barthe (Pierre), fusilier dans la compagnie de Voisines, né en Lorraine, fils de Barthélemy Barthe.

15 Mars.

Labalette (Pierre), fusilier au régiment de l'Ile de France, du détachement du vaisseau du Roy « Le Brillant ».

17 Mars.

Sabattier (André), matelot du vaisseau particulier, « Les Philippines ».

20 Mars.

Cosquer (Hervé), matelot du vaisseau, du Roy, « Le Brillant », né à Quimper.

21 Mars.

Renard (César, Auguste), fusilier de la Compagnie de Duperron, né à Beauvais, fils de Louis Renard et d'Angélique Bezin.

28 Mars.

Philly (Marc), fusilier de la Compagnie de Minville, né à Cléguer, juridiction de Vannes.

8 Avril.

Fortuno (Jeanne), née à Pondichéry, âgée de 58 ans.

14 Avril.

Fonfrede (Pierre), caporal vétéran du régiment de Pondichéry, né à Castillenés en Agenois, âgé de 42 ans, fils de François Fonfrede.

15 Avril.

Bachelier (Marie), née à Pondichéry, âgée de 25 ans, épouse d'Etienne Amiard, né à Montargis.

16 Avril.

Daniel (Sébastien), matelot du vaisseau du Roy, « Le Brillant », né à Lorient.

28 Avril.

Rimbault (Nicolas), matelot du vaisseau du Roy, « Le Brillant ».

6 Mai.

Madré (Vital), âgé de 6 mois.

13 Mai.

Greffon (Simon), soldat du régiment de l'Ile de France, du détachement du vaisseau du Roy, « Le Brillant ».

16 Mai.

Germain (Henri), ancien sous-marchand de la Compagnie, né à Suin, âgé de 50 ans.

16 Mai.

Noël (Pierre), matelot du vaisseau particulier, « Le Carnate ».

18 Mai.

Brenier (Joseph, Enemont), ancien Commandant du bataillon de l'Inde, Chevalier de St. Louis, âgé de 58 ans.

20 Mai.

Audry (Charles), soldat du régiment de l'Ile de France, du détachement du vaisseau du Roy, « Le Brillant ».

3 Juin.

Beguinot (Celette), née à Mahé, âgée d'un an, deux mois, fille de François Beguinot, soldat d'artillerie, né à Isches en Lorraine, et de Marie, Jeanne Méhu, née à Lorient.

5 Juin.

Vincennes (Pierre, Denis), vétéran du régiment de Pondichéry.

6 Juin.

Paris (Thérèse, Elisabeth), âgée de 2 ans, fille de J-B. Paris, né à Londres, officier dans les troupes de l'Inde, et de Marie, Louise, Elisabeth Bouette, née à Tranquebar.

7 Juin.

Amiard (Pierre, Etienne), âgé de 8 ans, fils d'Etienne Amiard, né à Montargis, et de feu Marie Bachelier, née à Pondichéry.

13 Juin.

Baudry (Jacques), fusilier de la Compagnie de Willesme, né à Villaines, juridiction du Mans, fils d'André Baudry et de Nicole Féchard.

15 Juin.

Quintin (Nicolas), maître d'équipage, né à Saint-Servan.

22 Juin.

Stehan (Goulven), matelot du vaisseau du Roy, « Le Brillant », né à Brest.

22 Juin.

Madré (Nicolas, François), âgé de 20 mois, fils d'André Madré, sergent, né à Arras, et de Françoise Manuel, née au Fort St. David.

23 Juin.

Tournay (Jean-Baptiste), habitant de Pondichéry.

29 Juin.

Lafargue (Jean), matelot du vaisseau particulier, le « Sartine ».

3 Juillet.

Aubry (Jean-Baptiste), soldat du régiment de l'Ile de France, détaché sur le vaisseau du Roy, « Le Brillant ».

4 Juillet.

Tétart (Sébastien), fusilier de la Compagnie de Duperron, né à Silly-la-Poterie, juridiction de la Ferté-Milon, fils de François, Gabriel Tétart.

8 Juillet.

Ponchelet (Dominique), âgé d'un an, fils de Toussaint Joseph Ponchelet et de Jeanne Cajotet.

12 Juillet.

Ruelle (Jacques, Théophile), âgé de 2 mois, fils d'Antoine Ruelle, né à Braisne en Picardie, et de Marie, Anne Collondont, née à Pondichéry

15 Juillet.

Pijeard (Mathurin), fusilier de la Compagnie de Voisines, né à Rennes, fils de Jean Pijeard et de Marie Huet.

16 Juillet.

Soulivan (Alexis), canonnier en premier dans la Compagnie de Barry, né à Nantes, fils d'Alexis Soulivan et d'Hélène Méard.

17 Juillet.

Mouguet (Jean), alias Muguet, matelot du vaisseau particulier, le « Sartine », né à Blaye.

24 Juillet.

Prunelle dit Lepine (Nicolas, Fronçois), ancien sergent au régiment de l'Inde, né à Paris, paroisse St. Nicolas des Champs, âgé de 48 ans.

29 Juillet.

Cosse (Jean) matelot de la frégate du Roy, « La Pourvoyeuse », né à Montauban.

3 Août.

Dauvert (Jacques), fusilier dans la compagnie des grenadiers, né à Les Commeries, juridiction du Mans, fils de Jacques Dauvert et de Renée Gournay.

4 Août.

Manvis (Sylvain), âgé de 2 ans, fils de Nicolas Manvis, dit Chevalier, et de Marie Strance.

5 Août.

Faure (Emmanuel, Pierre, François), âgé de 6 semaines, fils de Joseph, Alexis Faure, Lieutenant, et de Marie, Josephe Desmoulins.

1778

6 Août.

Morlat (François), soldat d' artillerie, natif de l'évêché d'Orléans.

7 Août.

Pouillot (François), caporal du régiment de l'Ile de France, détaché sur le vaisseau du Roy, « Le Brillant »,

11 Août.

Noël (Jean), matelot du vaisseau du Roy, « Le Brillant », né à St. Malo.

11 Août.

Chautard (Joseph), Capitaine des vaisseaux particuliers de l'Inde, né à Lorient, âgé de 37 ans.

12 Août,

Kerjean, charpentier du vaisseau, le « Sartine », né à Brest.

15 Août.

Codavelle (Pierre), matelot du vaisseau, « Le Brillant », né à Lannion.

23 Août.

Masse (Joseph), matelot de la frégate du Roy, le « Sartine », né à Marseille.

24 Août.

Boivin (Luc), ancien soldat au régiment de Pondichéry, né à Bossigny en Champagne, âgé de 54 ans.

24 Août.

Thomas (Sébastien), soldat de la marine, du détachement de la frégate du Roy. « La Pourvoyeuse »,

25 Août.

Néreau (Honoré), âgé de 2 ans, fils de Sylvain Néreau Durandal et de Brigitte Munis.

27 Août.

Jouette (Guillaume), Officier des vaisseaux particuliers, natif du pays de Caux en Normandie.

28 Août.

Labbé (Guillaume), Capitaine de brûlots, né à St. Malo, âgé de 51 ans.

3 Septembre.

Lanroëlle (Augustin), maître voilier du Roy.

4 Septembre.

Menissier (François), soldat de l'Ile de France, du détachement du vaisseau du Roy, « Le Brillant ».

5 Septembre.

Dauphin (Mathurin), fusilier de la compagnie des invalides.

6 Septembre.

La Cabanne (Pierre), cuisinier du vaisseau, le « Sartine ».

8 Septembre.

St. Pourpois, sergent de la Compagnie des invalides.

9 Septembre.

Marot (Philibert), soldat d'artillerie, compagnie de Desvaux, né à Autun.

11 Septembre.

Boussic (Nicolas), àgé de 13 ans, fils de Claude Boussic, de Montargis, et de Marguerite Alvice.

11 Septembre.

Lemartin (Pierre), dit Bourguignon, né à Paris, âgé de 50 ans.

12 Septembre.

Buis (Charles), charpentier du vaisseau, le « Brisson ».

13 Septembre.

Hetot (Jean, Joseph), fusilier de la compagnie des invalides.

14 Septembre.

De Silva (Marie), épouse de Pierre Sicé, né à Périgny dans le Maine, âgée de 40 ans.

14 Septembre.

Lefebure (Bastien), ancien maréchal de cavalerie.

18 Septembre.

Fougerat (Jean, Claude), caporal dans la compagnie de Barry, artillerie de l'Inde, né en Franche-Comté.

18 Septembre.

Tourné (Emilien), appointé dans la compagnie de Desvaux né à Poligny en Franche-Comté.

18 Septembre.

Danger (Baptiste, Ambroise), appointé au régiment de Pondichéry, compagnie de Mainville, né à Paris, paroisse St. Sulpice, fils de J. B. Danger.

18 Septembre.

Durieux (Jean), soldat de la compagnie de Mainville, né à Lusignan, fils de Guillaume Durieux et de Marie Morenne.

18 Septembre.

Launet (François), fusilier dans la compagnie de Barry, né en Bretagne, tué sur les remparts de Pondichéry.

19 Septembre.

Barry de Richeville (Louis, Firmin, Hippolyte), Chevalier de St. Louis, lieutenant colonel d'infanterie, commandant l'artillerie des troupes françaises dans l'Inde, né à Draveil, près Paris, âgé de 41 ans, tué d'un boulet de canon au siège de Pondichéry.

20 Septembre.

Maginelle (Henry, Vincent), sergent dans la compagnie de Mainville, né à Louvain dans le Brabant, fils de Claude Maginelle et de Martine Noé.

20 Septembre.

Lefevre (Bastien), appointé au régiment de Pondichéry, compagnie de Mainville, né à Metz, fils de François Lefèvre.

20 Septembre.

Querel (François), fusilier dans la compagnie de Willesme, natif du Bourg de Kerdon en Bretagne.

20 Septembre.

Galais (Louis), né à Lyons-la-Forêt en Normandie, diocèse de Rouen, âgé de 55 ans.

1778

21 Septembre.

Jobard (Mathurin), sergent dans la compagnie de Duperron, né en Bretagne (Channay).

22 Septembre.

Tessier, fusilier de la compagnie de Desvaux, né en Bretagne.

23 Septembre.

Beduet (Yves), fusilier dans la compagnie de Mainville, fils de Pierre Béduet et d'Antoinette Gerboin, natif de la province du Maine.

23 Septembre.

Filatriau (Adélaïde), âgée de 5 mois, fille de Jean, François, Filatriau et de Brigitte Remande.

24 Septembre.

Ternec (Pierre), cuisinier de l'Etat-major du vaisseau, le « Brisson », né à Languidie en Basse-Bretagne.

24 Septembre.

Janson (Daniel), âgé de 25 ans.

25 Septembre.

Darcio, fusilier dans la compagnie de Duperron.

25 Septembre.

Lafeuille (Louis, François), fusilier dans la compagine de Desvaux, né à Coulommiers en Brie, fils de Louis, Bruno Lafeuille et de Julie Marboulet.

26 Septembre.

Guesdon (Jacques), fusilier dans la compagnie de Willesme, né en Normandie, fils de Nicolas Guesdon et de Jacqueline Avice, tué dans le combat sur le rempart de Pondichéry.

26 Septembre.

Guiguet (Vincent), né à Karikal, tué sur le rempart de Pondichéry dans le combat.

27 Septembre.

Pezeras (Pierre), fusilier dans la compagnie de Barry, né en Bourgogne, fils d'André Pézeras et de Marie Troquet.

28 Septembre.

Willesme (Nicolas), capitaine au régiment de Pondichéry, né à Sedan, âgé de 56 ans, Chevalier de St. Louis.

28 Septembre.

Blondel (Denis), fusilier dans la compagnie de Willesme, né à St. Martin, évêché d'Evreux, fils de feu Denis Blondel et de Marie Palliard, tué sur les bastions au combat.

28 Septembre.

Darboussier (Vital), fusilier dans la compagnie de Barry, né à Livron, juridiction de Valence, fils de Claude Darboussier et de Suzanne Bonneton.

28 Septembre.

Pasquier (Jacques), fusilier dans la compagnie de Voisines, né à Karikal, fils de Pascal Pasquier.

28 Septembre.

Guillon (Joseph), invalide habitant de Pondichéry, né à Ormenans en Franche-Comté, fils de Claude, Ignace Guillon et d'Anne Villemenoute, tué sur le rempart au combat.

29 Septembre.

AVARRE (Nicolas), fusilier dans la compagnie de Duperren né à Acigué en Bretagne, fils de Julien Avarre et de Jeanne Beaugendre.

29 Septembre.

DUPUY (Pierre), fusilier de la compagnie de Mainville, né à Sens, fils de Pierre Dupuy et de Marguerite Raya.

29 Septembre.

CHASTRIAUX (Joseph), dit Montaigu, soldat d'artillerie, compagnie de Desvaux, né en Bretagne, fils de François Chastriaux et de Perrine Hubert, tué d'un boulet.

30 Septembre.

MONTAGNIES de LAROQUE (Jean, Baptiste, Nicolas), lieutenant, né à Paris, paroisse St. Etienne du Mont, âgé de 27 ans.

30 Septembre.

CHAUVELIN (Eutrope), canonnier de la compagnie de Desvaux, né à Mignères, en Gâtinais, fils d'Eutrope Chauvelin et de Marguerite Perron.

1er Octobre.

CORRONC (Julien, Louis), né à Romatali, près de Mahé, âgé de 20 ans, fils de Julien Corronc et de Louise Rodriguez,

1er Octobre.

MEURISSE (Joseph, Marie), âgé d'un an et demi, fils de Jérôme Meurisse, né à Laon, et d'Eléonore Viera de Carvalho, née à Tranquebar.

2 Octobre.

METTEZ, soldat du vaisseau, « La Pourvoyeuse ».

2 Octobre.

Legendre (Paul), vétéran, né à Chartres en Beauce, fils de Pierre Legendre et de Christine Blanchette.

2 Octobre.

Tenin (Aimé), caporal dans la compagnie de Méder, né à Vermenten, généralité de Dijon, fils de Pierre Tenin et de Marie Buzèce.

2 Octobre.

Briou (Antoine), fusilier dans la compagnie de Voisines, natif du Gâtinais, fils de Simon Briou.

2 Octobre.

Navier (Jean-Baptiste), ancien vétéran, né à Pondichéry, fils de Jean, Martin Navier et d'Elisabeth Pereire.

2 Octobre.

Lejeune (Robert), fusilier dans la compagnie de Carrion, né à Vire en Normandie, fils de feu Etienne Lejeune et de feue Françoise Portier.

4 Octobre.

Couvreur Latour, fifre du régiment, né à Longwy, fils d'Arnaud Couvreur Latour et de Marie Galon.

5 Octobre.

Bayon (Julien), caporal de la compagnie de Desvaux, artillerie de l'Inde, né à Ruffiac en Bretagne, fils de Jean Bayon et de Marie Berjet.

5 Octobre.

Larzure (Claude), fusilier dans la compagnie de Desvaux, né à Landerneau en Bretagne, fils de François Larzure.

5 Octobre.

Pluvigner (Joachim), canonnier dans la compagnie de Barry, né à Pluvigner en Bratagne, fils Julien Pluvigner et de Jeanne Fromat.

5 Octobre.

Girodeau (Jacques), fusilier de la compagnie du fort, né à Chalons, évêché de Luçon fils de Jacques Giredeau et de Marie Giotte.

5 Octobre.

Cardinal (Jean), grenadier de la compagnie de Saint-Paul, né à Moncontour en Bretagne, fils de Pierre Cardinal.

6 Octobre.

Deloriaque (Louis, Alexandre), sergent de la compagnie de Mainville. né à Lembez en Languedoc, fils d'Alexandre Deloriaque et de Domoiselle Fenellon.

Fromont (J , François), grenadier de la compagnie de Saint-Paul, né à Genosse, paroisse de Clichy.

6 Octobre.

Beauchamp (Nicolas de), secrétaire de Mr. Bellecombe, Gouverneur.

6 Octobre.

Rennes (Jean-Baptiste), ancien écrivain de la Compagnie.

7 Octobre.

Duru (Jean, François), âgé de 2 1/2 ans, fils de Jean, François Duru, né à Paris, et de Catherine Joulet, née à Pondichéry.

8 Octobre.

Champagne, officier des topas.

8 Octobre.

Guitelle (Claude), fusilier de la compagnie de Méder, né à Paris, paroisse St Eustache, fils d'André, Simon Guitelle et de Marie Lebon.

8 Octobre.

Owest (Charles), anglais, fait prisonnier.

8 Octobre.

Sandeau (Pierre), matelot du vaisseau du Roy, « La Pourvoyeuse », né à Talmont en Saintonge.

9 Octobre.

Anique (Philippe), canonnier de la compagnie Desvaux, né à Béthune.

9 Octobre

Bocqueau (François), fusilier de la compagnie de Méder, né à Ploermel en Bretagne, fils d'Armel Bocqueau et de Marie Joubeau.

9 Octobre.

Bergerac (Pinaut), fils de Jean Bergerac et de Marie Boudelet, natif du Périgord, fusilier de la compagnie du fort.

9 Octobre.

De Costa (Bernard), fusilier de la compagnie de Mainville, né à Oulgaret, fils de Q. de Costa et de Suzanne Baratiu.

10 Octobre.

Morelle (Pierre, Mathurin), sergent des chasseurs, compagnie de du Mirouet, né à Quintin en Bretagne, fils de Jean Morelle et de Mathurine Toquet.

10 Octobre.

Beraud de Sanoir (Pierre, Michel), 1er Lieutenant de la compagnie de Carrion.

10 Octobre.

Singer (Joseph), ancien canonnier, né en Allemagne, âgé de 47 ans.

11 Octobre.

Cayoche (Louis), ancien capitaine de cavalerie au parti Suisse, né à Riantec, diocèse de Vannes, âgé de 50 ans.

13 Octobre.

Louis (René), sergent de la compagnie de Willesme, né aux Trois-Maries, fils de Joseph Louis et de Julienne Guilopée.

13 Octobre.

Logenay (Robert), chirurgieu du « Brisson », né à Quimper-Corentin.

13 Octobre.

Pichelin (Nicolas), canonnier de la compagnie de Desvaux, né à Naives, évêché de Toul.

13 Octobre.

Marquis dit Roche (Jean-Baptiste), sergent de la compagnie de Desvaux, artillerie de l'Inde, né en Franche-Comté, fils de Charles Marquis et de Sébastienne Gillet.

13 Octobre.

Préjean (Yves), canonnier de la compagnie de Desvaux, natif de l'évêché de Tréguier, fils de Jean Préjean et de Marguerite Goze.

14 Octobre.

Fortin (François), canonnier à la compagnie de Desvaux, né en Anjou, fils de Pierre Fortin et Françoise Bourcy.

15 Octobre.

Berget (Charles), soldat de la compagnie de Mainville, né à Charleville, fils de Jacques Berget et de Marie Moret.

15 Octobre.

Lassalle Mariehaure fils, de, lieutenant, né à Pondichery.

15 Octobre.

Bouillé (Jean), soldat de la compagnie de Mainville, né en Bretagne, fils de Michel Bouillé et d'Hélène Jacquet,

16 Octobre.

Barras (François), soldat de la compagnie de Carrion, né au Buet, évêché d'Avranches, fils de feu François Barras et de Jeanne Didier.

16 Octobre.

Bonneau (François), caporal d'artillerie, compagnie de Barry, né en Bourgogne, fils de feu Louis Bonneau et d'Anne Pilliard.

16 Octobre.

Schweinhoubre (Marie, Louise), âgée de 22 mois, fille d'Ignace, Pierre Schweinhoubre et de Marie, Lettoré.

17 Octobre.

Louis (J.), canonnier dans la compagnie de Barry, né à Séran, généralité de Rennes, fils de Jean Louis et de feue Julienne Garet.

19 Octobre.

Boisclair (Louis), vétéran dans l'artillerie, né à Paris.

19 Octobre.

Janin dit Bellegarde (Jean), ancien vétéran, né à Mayenne, diocèse du Mans, âgé de 50 ans.

20 Octobre.

Guidon (Jacques), canonnier dans la compagnie de Barry, né en Lorraine.

20 Octobre.

Desplanche, soldat du régiment de l'Ile de France.

20 Octobre.

Blanchard (François), soldat de la compagnie de Mainville, né à Chalonnes en Anjou, fils de François Blanchard et de Marie Bigaud.

20 Octobre.

Crépin (Louis, Elie), soldat de la compagnie de Voisines, né à Lassigny en Soisson, fils de François Crépin et de Marie Allard.

22 Octobre.

Thibault (Charles), canonnier de la compagnie de Desvaux, né en Bretagne.

22 Octobre.

Templier (Louise, Françoise, Josephe), âgée de 15 mois, fille de Philippe Templier, né à Paris Paroisse St. Laurent, et de Geneviève Gresseux, née à Karikal

27 Octobre.

Bernard (Louis), fusilier dans la compagnie des chasseurs, compagnie du Mirouet, natif de l'évêché de Tours, fils de Thomas Bernard.

27 Octobre.

Lecoeur (François), soldat de la compagnie de Méder, né à Alençon, fils de François Lecoeur et d'Anne Duflos.

29 Octobre.

Pellegrin (Alexandre, Christophe), Officier d'atillerie, né en Lorraine allemande.

30 Octobre.

Burlaut, matelot voilier à bord du « Brillant », né à Vannes.

31 Octobre.

Bonnefoy (Jean, Louis), fils de Jean, François Bonnefoy, né à Aix-en-Provence, et de Marie, Barbe Gresseux, née à Karikal.

1er Novembre.

Menescouane (Laurent), Maître voilier du vaisseau, « Le Brillant ».

3 Novembre.

Viollette (Hyacinthe), âgé de 8 jours, fils de Jean, Ronçain Viollette né à St. Malo, et de Victoire Schriever, née à Mergui.

3 Novembre.

Viollette (Jean, Jacques), fils des mêmes, âgé de 2 ans, 10 mois.

3 Novembre.

Dechesnay (François), ancien vétéran, natif du diocèse de Dijon.

4 Novembre.

Flechier (Pierre), soldat de la compagnie de Willesme, né à Paris, paroisse Ste Marguerite, fils de feu Pierre Fléchier et d'Anne Cossard.

4 Novembre.

Gentilhomme (Claude, Antoine), fourrier dans la compagnie de Voisines, né à St. Nicolas en Lorraine.

4 Novembre.

Mirouet (Jean, François du), capitaine des chasseurs, bataillon de l'Inde, né à Courville en Normandie, âgé de 45 ans.

5 Novembre.

Quesnel (Pierre, Nicolas), soldat de la compagnie d'Aubert, né à Paris, paroisse St. Germain l'Auxerrois.

7 Novembre.

Ruyter (Jean), soldat de la compagnie de Carrion, natif des Deux-Ponts.

7 Novembre.

Le Pileur (Jean-Baptiste), âgé de 2 ans, fils de J-B. Le Pileur, né à Paris.

8 Novembre.

Nicolas (Claude), officier du bataillon de l'Inde.

12 Novembre.

Dominique (Rev. Père), missionnaire apostolique, né à Valence, âgé de 82 ans, qui en a passé 47 dans la Mission.

12 Novembre.

Girault (Catherine), née à Pondichéry, âgée de 16 ans, fille de Louis Girault et de Catherine Dalbert.

16 Novembre.

Plé (François), canonnier dans la compagnie de Barry, né à Fougères, juridiction de Rennes.

18 Novemrre.

Chibezy, soldat d'artillerie de la compagnie de Barry, né à Quimper-Corentin, âgé de 24 ans.

22 Novembre.

Moreau, soldat de la compagnie de Méder, né à Reims, âgé de 25 ans.

25 Novemrre.

Moitié (Louis), âgé de 13 ans, fils de Jacques Moitié et de Rite Ticher.

28 Novembre.

Gilson (André), fusilier au régiment de Pondichéry, né à Liège, âgé de 35 ans.

2 Décembre.

Mansuis (Jean), né en Champagne, âgé de 48 ans.

2 Décembre.

Renault (Antoine), perruquier, né à Dijon, âgé de 45 ans.

12 Décembre.

Collin (Laurent), artilleur, né à Pempoul, évêché de St. Brieuc.

13 Décembre.

Kervadec (Jean), matelot de la frégate, le « Sartine », né à Lorient.

14 Décembre.

Amiard (François), âgé de 9 mois.

14 Décembre.

Pingault (Elisabeth, Marie), âgée de 3 ans, fille de J-B. Pingault, né à Paris, et de Marie, Adélaïde Cornet, née à Pondichéry.

18 Décembre.

Joulet (Marie, Catherine), épouse du sieur Duru, née à Pondichéry, âgée de 40 ans.

20 Décembre.

Bourjac (Jean), cadet, né à La Magistère juridiction de Clermont, évêché d'Agen, âgé de 35 ans.

22 Décembre.

Morel (Marie, Anne), veuve de Louis, Maurice Pilavoine, née à Lorient, âgée de 64 ans.

29 Décembre.

Mangin Neuilly de Neuville (Louis), sergent invalide au bataillon de l'Inde, âgé de 45 ans.

ANNÉE 1779.

Naissances.

Néant.

Mariages.

4 Janvier.

Fromont (Michel). né à Bayeux, fils d'Anatole Fromont et d'Agathe Le François ;

et Eléonore Pinard, née Goudelour, fille de François Pinard et de Julienne Durocher.

11 Janvier.

Bellevue (Pierre, Joseph), né à Lile, âgé de 35 ans, fils de Louis Bellevue et de Charlotte Adeline ;

et Dominique Mendes, née à Mergui, âgée de 30 ans, veuve Delbret, fille d'Ignace Mendès et de Louise Georges.

11 Janvier.

Haudin (J. B., Louis), employé du Roy, né à Drucourt, évêché de Lisieux, âgé de 32 ans, fils de Louis, Nicolas Haudin et de Marie, Anne Lebois ;

et Marie, Jacquette Richardin, née à Pondichéry, âgée de 18 ans, fille de feu Jean Richardin et de Catherine Piper.

15 Février.

Favry de Saligny (Joseph, Hugues, Jean), né à Paris, paroisse Notre-Dame, fils de Luc, Jean Favry de Saligny, gentilhomme servant ordinaire du Roy, et de Marguerite Le Coigne ;

et Nicole, Thérèse MOREL, née à Négépatam, fille mineure de feu Claude, Guillaume Morel, ancien employé de la Compagnie des Indes, et de Rose Jaffré.

15 FÉVRIER.

BOSSMAN (Gaspard), sergent fourrier de la compagnie des cipayes anglais, né en Allemagne, âgé de 32 ans, fils de Frederick Bossman et d'Elisabeth Tirekboff.

et Christine DU ROSAIRE, née à Pondichéry, âgée de 22 ans, fille de Manuel du Rosaire et de Marie Da Costa.

27 AVRIL.

TERRAMONT (Joseph), Capitaine de vaisseau, né à Londres, âgé de 26 ans, fils de James Terramont et d'Elisabeth Jonkins ;

et Catherine GOUZERON de KERENGUEN, née à Porto-Novo, âgée de 17 ans, fils d'Alexis Julien Gouzeron de Kerenguen, ancien employé de la Compagnie, et de Marie Willsler.

3 MAI.

GREYGOOSE (Thomas), canonnier anglais, né en Angleterre, âgé de 32 ans, fils de Thomas Greygoose et d'Esther Thompson ;

et Geneviève DES CANTONS, née à l'île Bourbon, âgée de 17 ans.

17 MAI.

WEILER (Jean), soldat au service des Anglais, né à Berlin, âgé de 32 ans, fils de Frederik Weiler et d'Anne, Christine Hendrich ;

et Anne MARGOUMAND, née à Porto-Novo, âgée de 18 ans, fille de feu Peter Margoumand et d'Antoinette de Souza.

31 Mai.

Giros (Jacques), né à Pondichéry, âgé de 28 ans, fils de Louis Giros et de Marie Houdin ;

et Françoise Savielle, née à Pondichéry, âgée de 27 ans, veuve de Jean Jeannin, fille de feu François Savielle et d'Ursule Rodriguez.

15 Juin.

Amiard (Etienne), maître ferblantier, né à Montargis en Gâtinais, âgé de 43 ans, fils de Pierre Amiard et de Marie, Madeleine Noiry ;

et Marie Dutertre, née à Pondichéry, âgée de 20 ans, fille de François Dutertre et de Marie Dias.

4 Août.

Bury (Jean-Baptiste, Fulgence de) écuyer, ancien lieutenant au régiment de Rouergue infanterie, né à Versailles, paroisse Notre-Dame, âgé de 30 ans, fils de Bernard de Bury, surintendant de la musique du Roy, et de Françoise, Marguerite Mouchot ;

et Marie, Françoise Balene Dulaurens, née à Tranquebar, paroisse Ste. Anne, âgée de 14 ans, fille de feu Antoine, François Dulaurens, ancien Conseiller, et de feue Marie, Jeanne Desjardins.

9 Août.

Beaumont (Thomas), fusilier de la compagnie anglaise de Campbelle, né à Londres, âgé de 25 ans, fils de William Beaumont et d'Anne Yates ;

et Anne Chavery, née à Pondichéry, âgée de 20 ans, fille de Sylvestre Chavery.

23 Août.

Shouls (Friderick), sergent anglais, natif de l'électorat de Hanovre, âgé de 27 ans, fils de Godefroy Shouls et de Marie Meyers ;

et Isabelle MAGRAMAM, née à Pondichéry, âgée de 20 ans fille de feu Pierre Magraman et d'Antoinette de Rosaire.

6 Septembre.

UNDERWOOD (Samuel), sergent anglais, né en Angleterre, âgé de 26 ans, fils de Louis Underwood ;

et Anne DE COSTA, née à Girgaon de père et mère gentils, âgée de 20 ans.

6 Septembre.

DENEUX (Antoine), né à Abbeville, âgé de 34 ans, fils de Jean Deneux et de Marie Blot ;

et Françoise DE ROSAIRE, veuve de Georges Le Vacher, née à Pondichéry, âgée de 28 ans, fille de Louis de Rosaire et de Marie Liver.

4 Octobre.

DAVEY (William), né à Cornouailles en Angleterre, fils de John Davey ;

et Brigitte DE MATTO, née à Pondichéry, âgée de 20 ans, fille de Jean de Matto et de Jeanne de Rosaire.

18 Octobre.

CHAUCHARD (Jean-Baptiste), négociant en cette ville, né à Brainville, diocèse de Toul, âgé 35 ans 6 mois, fils de feu Nicolas Chauchard et de feue Charlotte Jacquet ;

et Marie JAME, veuve d'Henry, François Germain, née à Pondichéry, âgée de 29 ans, fille de feu Charles Jame et de Marie Lélan.

18 Octobre.

LEE (William), sergent des cipayes au service des Anglais, né à Exham en Angleterre, âgé de 28 ans, fils de John Lee et de Mary Bell ;

et de Rose CEZAIRE, née à San Thomé, âgée de 16 ans, fille de feu Louis Cézaire, sergent-major, et de Marie de Rosaire

25 Octobre.

BRET MARGUEIN (François), ancien canonnier, né à Bonne, province de Dauphiné, âgé de 21 ans (?), fils de Jean Bret Marguein ;

et de Rose SIQUEIRA, née à Mergui, âgée de 41 ans, fille de Louis Siqueira et de Barbe de Silva.

3 Novembre.

THEROND (Jean), négociant à Pondichéry, né à Anduze en Languedoc, âgé de 40 ans, fils de Jacques Thérond et de Claire Bonfile ;

et Jeanne MANCEAU, née à Pondichéry, âgée de 20 ans, fille de Louis Manceau, lieutenant d'infanterie, et de Jeanne du Rosaire.

Décès.

11 Janvier.

NAVIER (Thérèse), épouse de Jean, François Noël, dit Chevry, canonnier, née à Karikal, âgée de 29 ans.

12 Janvier.

ALLEMAND (Antoine), dit Bellair, fourrier de la compagnie de Desvaux, natif du Dauphiné, âgé de 41 ans, fils d'Antoine Allemand.

14 Janvier.

Huron (Louis), matelot du vaisseau, le « Sartine », né à Quimper.

18 Janvier.

Drouet (Pierre, Claude), ancien Trésorier de la compagnie des Indes, né à Paris, paroisse St. Eustache, âgé de 45 ans.

21 Janvier.

Bernard (Anne, Flore), épouse du sieur Fonseca, Chirurgien au service du nabab, née à Paris, paroisse Bonne Nouvelle, âgée de 60 ans.

24 Janvier.

Dulaurens (Jacques), ancien Conseiller au Conseil Supérieur de cette ville, né à Pondichéry, âgé de 53 ans.

24 Janvier.

Bouché (Françoise Dorothée), née à Pondichéry, âgée de 3 ans, fille de J-B. Bouché, maître charron, né à Paris, et de Marie Lamour, dite Lafontaine, née à Pondichéry.

30 Janvier.

Bouché (Marie, Adélaïde), fille des mêmes.

30 Janvier.

Barreaux (Simon), matelot du vaisseau du Roy, « La Pintade », né à Bordeaux, âgé de 25 ans.

7 Février.

Comper (Marie, Anne, Geneviève), âgée de 7 mois, 12 jours, fille d'Honoré Comper et de Marie Anne Barzec.

9 Février.

Legou (François-Xavier), ancien Conseiller au Conseil Supérieur de Pondichéry, né à Pondichéry, âgé de 60 ans.

9 Février.

Pams, vétéran, né à Coutances, âgé de 50 ans.

14 Février.

Ludrin (Mathurin), né en Bretagne, juridiction de Vannes, âgé de 35 ans.

14 Février.

Bureau, Commis aux écritures et contrôle du Roy à Pondichéry, âgé de 30 ans.

20 Février.

Rivière (Louise), âgée de 4 ans, 3 mois, fille de Jean Rivière, né à Marigny, diocèse d'Angers, et de Jeanne . . . . . née à Golconde.

22 Février.

Jaquet (Dominique), âgée de 4 ans, 4 mois, fille de François Jaquet, né à Paris, et de Catherine d'Olivera.

30 Mars.

Brillant (Michel), dit La Fortune, vétéran du régiment de la compagnie des Indes, ancien employé sur les travaux de Pondichéry, né à Paris, âgé de 60 ans.

7 Avril

Berbot (Vincent), matelot sur «Le Père de famille», âgé de 20 ans.

1779

24 Mai.

Bausset (Alexandre de), âgé d'un an, 8 mois, fils de Pierre, Chevalier de Bausset et de Marie Joannis Sinan.

30 Mai.

Garel (Joseph), dit La Force ancien caporal dans la compagnie de Méder, né à Rennes, âgé de 50 ans.

1er Juin.

Dadré (Etienne), sergent dans la compagnie de Méder, né à Arras, âgé de 35 ans.

14 Juin.

Renaudin (Claude), employé de la Marine à Pondichéry né à Vatan en Berry, âgé de 52 ans, 6 mois.

15 Juin.

Noel (François), appointé dans la compagnie de Barry, artillerie de Pondichéry, né à Chevry, province de Brie, juridiction de Meaux, âgé de 50 ans.

1er Juillet.

Vitray (Pierre), ancien vétéran, né à Moulins, âgé de 60 ans.

2 Août.

Milois (Jean), âgé de 7 jours, fils de Jean Milois.

17 Août.

Larcher (Jeanne, Elisabeth), âgée d'un an, fille de Claude, Nicolas Larcher, Lieutenant des grenadiers, et de Marie, Louise, Hyacinthe Launay.

25 Août.

Tardivel (Jean, François), âgé de 4 ans, 2 mois, fils de J-B. Tardivel et de Madeleine Burot.

30 Septembre.

Letronc (Pierre), dit La Vallée, né à Pleuven en Bretagne, âgé de 50 ans.

12 Octobre.

Pithois (Agathe, Angélique), âgée d'un an, fille du sieur Pithois, Chirurgien, et d'Agnès Burot.

16 Octobre.

Thomas (Guillemette, Olive), née à St. Malo, âgée de 54 ans, épouse de Félix Desmaux, né à Contescourt, diocèse de Noyon.

16 Octobre.

Bellée (Françoise), épouse de Pierre Mignot, dit La Cuisine, ancien sergent au bataillon de Pondichéry, âgée de 40 ans.

20 Octobre.

Cornet (Adélaïde, Marie), née à Pondichéry, âgée de 30 ans, épouse de J-B. Pingault, écuyer, né à Paris.

30 Octobre.

Didier (Marie, Madeleine), veuve Dupré, née à Paris, paroisse St. Sulpice, âgée de 36 ans.

22 Décembre.

Houdin (Jean), âgé d'un jour, fils de J-B. Louis Houdin, né à Drucourt, évêché de Lisieux, et de Marie, Jacquette Richardin, née à Pondichéry.

ANNEE 1780.

Naissances.

8 Janvier.

Le Faucheur (Nicolas, Etienne), fils de Joseph, François, Nicolas Le Faucheur, grand voyer, et de Thérèse Burel, nés tous deux à Pondichéry.

9 Janvier.

Gilles (Agnés, Adorate), fille de Martin, François Gilles, né à Pondichéry, et de Marie Lilloye, née à Karikal.

18 Janvier.

Filatriau (Agnès), fille de Jean, François Filatriau, né à Jainville-St. Hilaire, évêché d'Orléans, et de Brigitte Remande, née à Pondichéry.

20 Janvier.

Justin (Pierre, Alexis), fils de Michel Justin, né à Montreuil en Picardie, et de Claire Pereire, née au Siam.

22 Janvier.

Lerridé (Marie, Henriette, Euphémie), fille de Joseph Lerridé, capitaine de vaisseau, né à Pondichéry, et de Marie, Anne, Françoise Moreau, née à Bourbon.

7 Février.

Hertzog (Barbe), fille de Jean Hertzog, né en Alsace, tambour-major au régiment de Pondichéry, et d'Anne Rodriguez, née à Pondichéry.

30 Mars.

Jacquelin (Vincent), né à Goudelour, fils de Laurent Jacquelin, né en Lorraine, diocèse de Toul, et de Marie . . . . . née à Masulipatam.

6 Avril.

Amiard (Etienne), fils d'Etienne Amiard, né à Montargis, diocèse de Sens, et de Marie Dutertre.

17 Avril.

Bourely (Julie, Adélaïde), fille d'Etienne Bourely, lieutenant, né à Uzès en Languedoc, et de Marie Burot, née à Pondichéry.

19 Avril.

Ruelle (Marie, Julie), fille d'Antoine Ruelle, né à Brain en Picardie, et de Marie, Anne Collondont, née à Pondichéry.

22 Avril.

Laforgue (Jean, Louis), fils de Jean Simon Laforgue, perruquier, né à St. Gaudens, diocèse de Comminges, et de Rosalie Gresseux, née à Tranquebar.

29 Avril.

Daviot (Claude), fils de Philippe Daviot, né à La Clayette, diocèse de Mâcon, et de Marie, Anne Hue, né Pondichéry.

2 Juin.

Renaux (François), fils d'Etienne, François Renaux, né à Rouen, et de Rite . . . . . ., née à Pondichéry.

6 Juillet.

Milois (Jean, François), fils de Jean Milois, né à Cossé, juridiction du Maine, et de Marie . . . ., né à Haïderabad.

17 Juillet.

Labatte (Marthe), fille de Jean Labatte, né à Roquefort en Gascogne, et de Jeanne de Silva, née à Pondichéry.

17 Juillet.

Chauchard (Anne, Marie, Charlotte), fille de J-B. Chauchard, négociant, né à Brainville, diocèse de Toul, et de Marie Jame, née à Pondichéry.

24 Juillet.

Launay (Anne, Thomase), fille de Pierre, Thomas Launay, né à Trélazé, diocèse d'Angers, et de Françoise Thomas, née à Pondichéry.

3 Septembre.

Loyseau (Rose), fille de Louis Loyseau, né à Nogent-le-Rotrou dans le Perche, diocèse de Chartres et de Jeanne Mendès, née à Karikal.

20 Septembre.

Albert (François). né à Seringapatam, fils de J-B. Albert, né à Versailles et Françoise Storm, née à Pondichéry, Baptisé le 8 Décembre 1781.

29 Septembre.

Viollette (Joseph, Henry), fils de Jean Joseph Viollette, capitaine de vaisseau, né à St. Malo, et de Victoire Scriever, née à Mergui.

30 Septembre.

Duperron (Eugénie, Brigitte, Louise), fille de Georges, François Duperron, capitaine, né à Mahé et Marie, Louise de Lassalle Mariehaure, née à Pondichéry.

2 Octobre.

Lamoury (Thomas, Joseph), fils de Thomas Lamoury, née à Pondichéry, et de Théodose Quindel.

6 Octobre.

Gresseux (Louise, Antoinette, Françoise), fille de feu Simon Gresseux dit La Verdure, ancien sergent, né à Karikal, et de Barbe Van Der Hoven, née à Goudelour.

9 Octobre.

Scheinhoubre (Marie, Louise), fille de d'Ignace, Leopold Pierre, Henry Scheinhoubre ancien capitaine de cavalerie, né à Rastadt, dans le marquisat de Bade et de Marie Louise Lettoré, née à Pondichéry, Baptisée le 25 Janvier 1781.

28 Octobre.

Jame (Anne), fille de J-B. Jame, né à Pondichéry, et d'Elisabeth Clegg, née à Pondichéry.

2 Novembre.

Le Gallot (Alexis), fils de Pierre Le Gallot, né à Auray en Bretagne, et d'Elisabeth Rodriguez, née à Pondichéry.

4 Novembre.

Bontemps (Marcelle, Antoinette, Bénédicte), fille de Pierre Bontemps et de Marie de Silva.

9 Novembre.

Giquel (Marie, Françoise), fille de René Giquel, né à Auray, diocèse de Vannes, et de Marie Lequin dit Sursonne.

2 Décembre.

Bonnefoy (Jean, Dominique), fils de Jean, François Bonnefoy, né à Aix-en-Provence, et de Marie, Barbe Gresseux, née à Karikal.

3 Décembre.

Gordon (Brigitte, Marie, Anne), fille de William Gordon, né en Ecosse, chirurgien anglais, et d'Anne Abeille, née à Pondichéry, Baptisée le 2 Janvier 1781.

20 Décembre.

Lanoy (Pierre, Raymond), fils d'Antoine, Noël Lanoy, négociant, né au Mas d'Agenais, province de Guyenne, et d'Antoinette Lafond, née à Pondichéry.

29 Décembre.

Reynaud (Pierre, ... André), fils d'André Reynaud, ancien employé de la Compagnie, né à Bordeaux et d'Anne ...... Gonzeron de Keranguen, née à Tranquebar, Baptisée le 13 Janvier 1781.

Mariages.

18 Janvier.

Lamoury (Thomas), né à Pondichéry, fils de Pierre, Benoît Lamoury et de Louise Carié ;

et de Théodora Kendel, née à Pondichéry, fille de Joseph Kendel et de Louise Ferreire.

31 Janvier.

Ragon (Pierre), sergent vétéran, né à Ste. Foy, évêché d'Agen, âgé de 48 ans, fils de Pierre Ragon et de Judith Chevalier ;

et Marie Emery, née à Tranquebar, âgée de 13 ans, fille de Guillaume Emery, ancien Caporal et de Victoire Pereire.

7 Février.

Reynaud (André), ancien employé de la Compagnie, né à Bordeaux, âgé de 34 ans, fils de Pierre Reynaud et de Marie Héricé ;

et Anne, Apolline Gouzeron de Kerenguen, née à Tranquebar, âgée de 14 ans, fille d'Alexis, Julien Gouzeron de Kerenguen et d'Anne, Marie Wilsten.

17 Avril.

Edmonds (William), sergent au service des Anglais, né à Wight en Angleterre, âgé de 35 ans, fils de William Edmonds et d'Elisabeth Bright ;

et Catherine Des Orins, née à Tranquebar, âgée de 17 ans, fille de feu Jean, Michel des Orins, dit Lescaut, sergent des invalides, né à Valenciennes, et de feue Gracia Fernandez, née à Négapatam.

24 Avril.

Danzar (Pierre, Augustin), né à Bordeaux, paroisse St. Michel, âgé de 35 ans, fils de Daniel Danzar et de Marguerite Lartigaud ;

et Marie, Rite Courrier, veuve Renaud, née à San Thomé, âgée de 28 ans, fille de feu Antoine Courrier et d'Isabelle Fixer.

2 Mai.

Durocher (Noël), né à Pondichéry, âgé de 20 ans, fils de feu Noël Durocher et de Rose Lenoir ;

et Eléonore Corréa, fille de Pierre Corréa et d'Hilaire Hugo, née à Goudelour, âgée de 17 ans.

16 Mai.

Mignot (Pierre, Denis), sergent vétéran, né à Paris. paroisse St. Sulpice, âgé de 46 ans, fils de Pierre Mignot et de Marie, Jeanne Turc ;

et Vve Tournay (Rose), née à Chandernagor, âgée de 19 ans.

5 Juin.

Corréa (Dominique), né à Goudelour, âgé de 32 ans, fils de Pierre Corréa et d'Hilaire Hugo ;

et Marie, Anne La Roche Pailler, née à San Thomé, âgée de 16 ans.

26 Juin.

Frémont (Jean-Baptiste), ancien brigadier des gardes, né à Taverny, diocèse de Paris, âgé de 48 ans, fils de J. B. Frémont et de Marie, Madeleine Dubois ;

et Marie, Madeleine Sonac, veuve de Pierre Roche, née à Ath, paroisse St. Julien, âgée de 50 ans, fille de François Sonac et d'Antoinette Bernière.

3 Juillet.

Flory (Thomas), né à Pondichéry, âgé de 20 ans, fils de Miguel Flory et de Françoise de Monte ;

et Madeleine Vassou, née à Trichinopoly, âgée de 18 ans, fille de Jean, François Vassou, ancien sergent, et de Thomasie Pereire.

24 Juillet.

De Penning (Pierre), sergent d'artillerie au service des Anglais, né à Berg-op-Zoom, fils de Léonard de Penning et de Marie Dufresne ;

et Marie, Sicé, née à Tranquebar, fille de Pierre Sicé et de Marie Garie.

14 Août.

Darfeuil d'Erff (Marc, Victor), né à Paris, paroisse St. Gervais, fils de Louis, Henry Darfeuil, Baron d'Erff, et de Jeanne Mireau, âgé de 29 ans ;

et Brigitte Lebon, née à Pégou, âgée de 19 ans, fille de Louis Lebon et de Marie Orio.

12 Septembre.

Richardin (Jean, Bernard), employé de la liquidation, né à Pondichéry, âgé de 24 ans, fils de Jean Richardin et de Catherine Piper ;

et Marie Noël, née à Pondichéry, âgée de 14 ans, fille de François Noël et de Thérèse Ravier.

2 Octobre.

Boutet (François), né à Pondichéry, âgé de 26 ans, fils de feu David Boutet, Capitaine de vaisseau, et de feu Marguerite Elias ;

et Brigitte, Céleste Abeille, née à Pondichéry, âgée de 20 ans, fille de feu Jean, Joseph Abeille, écuyer, ancien Conseiller, et de feu Brigitte Lerridé.

23 Octobre.

Pingault (Jean, François), né à Paris, fils de François Pingault, écuyer, Conseiller secrétaire du Roy, maison et couronne de France, et de Jeanne, Charlotte, Rose Loyseau ;

et Rosalie, Brigitte, Anne, Catherine, Marie DEHITA Y SALAZAR, née à Pondichéry, âgée de 22 ans, fille de Pierre Dehita Y Salazar, écuyer et ancien sub-délégué du Commissaire ordonnateur de Pondichéry à Karikal, et de Madeleine, Agnés Guerre.

20 Novembre.

GRAVIER (François), né à Pondichéry, âgé de 52 ans, fils de Gilles Gravier et de Rose de Monte ;

et Françoise CORRÉA, veuve Dallu, née à Pondichéry, âgée de 27 ans, fille de Pierre Corréa et d'Hilaire Hugo.

20 Novembre.

FAVRE (Joseph), né à Longué, diocèse d'Angers, âgé de 37 ans, fils de René Favre et de Marie Siroteau ;

et Adélaïde GOUZERON de KERENGUEN, née à Pondichéry, âgée de 14 ans, fille d'Alexis, Julien Gouzeron de Kerenguen et de Marie Wilesten.

Décès.

9 Janvier.

ROCHE (Pierre), dit La Violette, né à Nîmes, âgé de 60 ans.

18 Janvier.

TARDIVEL (Jean-Baptiste), né à St. Brieuc, âgé de 50 ans.

23 Janvier.

Filatriau (Agnès) âgée de 6 jours.

14 Février.

Donnot (Philippe), sergent vétéran, né en Normandie, âgé de 77 ans.

29 Février.

Hertzog (Barbe), âgée d'un mois, fille de Jean Hertzog, tambour-major, né en Alsace et d'Anne Rodriguez, née à Pondichéry.

4 Mars.

Jaffre (Marie, Françoise), épouse de Gallyot de la Villette, née à Pondichéry, âgée de 39 ans.

8 Juillet.

Legay (Louis, François), né à Port-Louis, âgé de 33 ans.

20 Juillet.

Bulot (Nicolas), sergent vétéran, né à Cauville, diocèse d'Amiens, âgé de 70 ans.

9 Septembre.

Gaussin (Rose), âgée de 3 ans, fille de Jean Gaussin, né à Bordeaux, et de Rite du Rosaire, née à San Thomé.

18 Septembre.

Vassou (Jean, François), ancien sergent, né à Villemomble, diocèse de Paris, âgé de 50 ans.

27 Septembre.

Adam (Vincent), maître tonnelier, né à Hennebont en Bretagne, âgé de 57 ans.

7 Octobre.

Bonnefoy (Françoise), âgée de 2 ans, fille de J-B. Bonnefoy, né à Aix-en-Provence, et de Barbe Gresseux, née à Tranquebar.

2 Novembre.

Fanthome (Jeanne, Renée), épouse de Claude, Lambert Hivart, ancien assesseur au Tribunal de la Chauderie de cette ville, née à Mahé, âgée de 27 ans.

5 Novembre.

Cachart (Marie, Anne), âgée de 2 ans, fille de Barthélemy Cachart et d'Anne Clegg, tous deux nés à Pondichéry.

14 Novembre.

Joulet (Marie, Léonore), née à Pondichéry, âgée de 61 ans.

20 Novembre.

Morel (Marie, François, Laurent), né à Pondichéry, âgé de 21 ans, fils de feu Claude, Guillaume Morel, employé de la compagnie et capitaine d'armes.

27 Novembre.

De Rosaire (Paule), veuve de Georges Remande, née à Madras, âgée de 56 ans.

8 Décembre.

Gallo (Alexis), fils de Pierre Gallo et d'Elisabeth Rodriguez.

ANNÉE 1781.

Naissances.

3 Janvier.

Deroche (Sophie Emilie), fille de Gabriel, Pierre Deroche, Capitaine d'infanterie, né à Montagrier, paroisse Ste Madeleine, et de Marie. Jeanne Gérard, née à l'Ile de France.

7 Janvier.

Lepilleur (Claude), fils de Pierre, Jean-Baptiste Lepilleur, né à Paris, et de Louise Diez, née à Pondichéry.

10 Janvier.

Houdin (Anne, Catherine), fille de J. B., Louis Houdin, né à Drucourt, diocèse de Lisieux, et de Marie, Jacquette Richardin, née à Pondichéry.

2 Février.

Filatriau (François), fils de Jean, François Filatriau, né à Guigneville, diocèse d'Orléans, et de Brigitte Remande, née à Pondichéry.

18 Février.

La Fontaine (Pierre, Paul, Louis), fils de Christophe, Alexis La Fontaine, né à St. Malo, et de Marie Samson, née à Pondichéry.

16 Mars.

Le Faucheur (Marie, Julie, Adélaïde), fille de Joseph, François, Nicolas Le Faucheur, né à Pondichéry, grand voyer pour le Roy à Pondichéry, et de Thérèse Burel, née à Karikal.

24 Mars.

Durocher (Venceslas), fils de Noël Durocher, né à Pondichéry, et de Léonore Corréa, née à Goudelour.

10 Avril.

Flory (Michel), fils de Thomas Flory, né à Pondichéry, et de Madeleine Vassou, née à Pondichéry.

9 Mai.

Darfeuil d'Erff (Louis, Henry), fils de Marc, Victor, Chevalier Darfueil d'Erff, né à Paris, et de Brigitte Lebon, née à Pégou.

25 Mai.

Andrès (Marie, Suzanne d'), fille de Claude d'Andrés, ancien lieutenant d'infanterie, né à St Mihiel, diocèse de Verdun, et de Michelle de Concessaon, née à Ponchéry.

27 Mai.

Therond (Jean, Louis), fils de Jean Théron, né à Anduze, diocèse d'Alais en Languedoc, et de Jeanne Manceau, née à Pondichéry.

28 Mai.

Laforgue (Louise), fille de Jean, Simon Laforgue, né à St. Gaudens, diocèse de Comminges, et de Rosalie Gresseux, née à Tranquebar.

28 Mai.

Favry de Saligny (Charlotte, Rose, Antoinette), fille de Joseph, Hugues, Jean Favry de Saligny et de Nicole, Thérèse Morel, née à Négapatam.

18 Juin.

Ruelle (Jean-Baptiste), fils d'Antoine Ruelle, né à Braisne, diocèse de Soissons, et de Marie, Anne Collondont, née à Pondichéry.

17 Juillet.

Tatelow (Anne), fille de John Tatelow, né en Irlande, sergent anglais, et de Catherine Charray, née à Mysore.

30 Juillet.

Boutet (Marie, Brigitte, Eugénie), fille de Joseph, Narcisse, David Boutet et de Brigitte, Céleste Abeille, tous deux nés à Pondichéry.

30 Juillet.

Gardè (François, Nicolas), fils de François Gardé, ancien Commandant des troupes françaises au service de Salabet Singh, né à Laon, paroisse St. Julien, et de Marie, Anne Hubert, née à Pondichéry.

9 Août.

Richardin (Louis, Julien), fils de Jean, Bernard Richardin et de Marie Noël, tous deux nés à Pondichéry.

17 Septembre.

Fanthome (Anne, Euphrasie), fille de Bernard, Madeleine Fanthome, né à Mahé, et de Catherine Artock, née à Pondichéry.

18 Septembre.

Daumain (Jean, Antoine, Marie), fils de J. B. Daumain, commis aux écritures dans les bureaux du Roy, né à St. Pourçain, diocèse de Clermont en Bourbonnais, et de Marie, Louise Lahache, née à Pondichéry.

24 Septembre.

Bellevue (Marie, Agnès), fille de Pierre Bellevue, né à Lille, et de Dominique Mondès, née à Mergui.

5 Octobre.

Meurisse (Pierre, Laurent), fils de Jérôme Meurisse, né à Laon, et de Léonore Viera-Carvalho.

13 Octobre.

Mignot (Marie, Elisabeth), fille de Pierre, Denis Mignot, né à Paris, paroisse St. Sulpice, et de Rose Lemonnier, née à Chandernagor.

2 Novembre.

Bory (Louis), fils de Jacques, Guillaume Bory, Lieutenant au service du Roy, né à Versailles, et de Marie Lestrude, née à Rajahmandry.

8 Novembre.

Villard (Louise), fille de Louis Villard, né à Paris, paroisse St. Eustache, et d'Ignace de Rosaire, née à Pondichéry.

1er Décembre.

Poulo de la Sauvagere (Marie, Madeleine, Rose, Etiennette), fille de Jean, Louis Poulo de la Sauvagère, Officier d'infanterie, né à Mahé, et de Josephe, Rose, Marie, Pétronille Berthelin, née à Mandjécoupam.

22 Décembre.

Collin (Jean, Pierre), fils de Jean Collin, né au Cap de Bonne Espérance, et de Marie Alvès, née à Mandjécoupam.

23 Décembre.

Joguin (Marguerite, Dominique), fille de Louis Joguin, né à Paris, et de Marie Ignace, née à Pondichéry.

24 Décembre.

Roux, fils de François Roux, dit Clérac, né au Cap de Bonne Espérance, et de Sébastienne de Cruz, née à Pondichéry.

Mariages.

8 Janvier.

Poulo de la Sauvagere (Louis, Jean), Officier d'infanterie, né à Mahé, paroisse Ste. Thérèse, âgé de 32 ans, fils de J. B. Poulo de la Sauvagère et de Madeleine, Rose Pathelin :

et Marie, Pétronille Berthelin, née à Mandjécoupam, paroisse Notre-Dame, âgée de 19 ans, fille de J. B. Berthelin et de Marie, Françoise Balene Dulaurens.

19 Février.

Andrès (Claude d'), ancien Lieutenant d'infanterie, né à Mihiel, diocèse de Verdun, âgé de 46 ans, fils de Thomas d'Andrès, avocat au Parlement, et de Marie Lattache.

et Michelle de Concessaon, née à Pondichéry, âgée de 27 ans, fille de feu Manuel de Concessaon de feue Suzanne Pereire.

7 Mai.

CRETELLE (Jacques), né à San Thomé, âgé de 18 ans, fils d'Antoine Cretelle et de Françoise Rapoze ;

et Louise, Marie, Georgette BRION, née à Pondichéry, âgée de 21, fille de Jean, Nicolas Brion et de Marie Roussel.

13 Août.

BERCHON de FONTAINE (Jean-Baptiste), Chirurgien-major du parti français au service du Nabab Babadur, né à Issoudun en Berry, âgé de 30 ans, fils de J. B. Berchon de Fontaine et de Françoise du Vernay ;

et Jeanne, Marie, Françoise MANNEUVRE, née à Chandernagor, âgée de 15 ans, fille de Dominique Manneuvre, négociant, et de Claude, Catherine Seigneuret-Lacroix.

27 Août.

ESCAPAT de St. MARTIN (Raymond), Capitaine d'artillerie dans les troupes des colonies, né à Carcassonne, paroisse St. Vincent, fils du sieur Escapat de St. Martin et d'Anne, Marie Rivals ;

et Victoire, Enemont de FECAMP, née à Pondichéry, âgée de 21 ans, fille de Louis, Victoire de Fécamp, ancien Capitaine au bataillon de l'Inde, et de Catherine de Solminihac.

5 Septembre.

LAIGRAND (Jean-Baptiste), ancien caporal d'artillerie, natif du diocèse de Noyon fils de Jean Laigrand et de Catherine Hénoc ;

et Françoise DU ROSAIRE, née à San Thomé, fille de Rite du Rosaire.

10 Septembre.

Demax (Félix), né à Contescourt, évêché de Noyon, âgé de 48 ans, fils de Michel Demax et de Catherine Roguet ;

et Marie Stanguinette, veuve Mansuis dit Chevalier, née à Quimperlè, âgée de 32 ans, fille de Louis Yvon Stanguinette et d'Anne Daniel.

26 Novembre.

Lebon (Pierre), appointé au régiment de Pondichéry, né à Châteaubriant, âgé de 33 ans, fils de Jacques Lebon et de Jeanne Aubert ;

et Françoise De Silva, née à Pondichéry, âgée de 28 ans, fille d'Antoine de Silva et d'Ignace de Rosaire.

1er Décembre.

Joly (François), né à Prémery, diocèse de Nevers, âgé de 34 ans, fils de Jean, Achille Joly, marchand tanneur, et de Marie Léveillé ;

et Marie Lamoureux, veuve de J. B. Bouché, née à Pondichéry, âgée de 38 ans, fille de J. B. Lamoureux et de Laurence Ascenco.

Décès.

3 Janvier.

Folleville (Louis), natif du diocèse de St. Brieuc, âgé de 45 ans.

5 Janvier.

Malancourt (Ignace, François, Eloi de), ancien employé de la compagnie à Pondichéry, né à Paris, âgé de 35 ans.

13 Janvier.

Gordon (Brigitte, Marie, Anne), âgée de 2 mois, fille de William, Gordon, Chirurgien anglais, et d'Anne Abeille.

11 Février.

Monis (Louise), épouse de Jean, Robert Le Febvre, ancien huissier au Couseil Supérieur de Pondichéry, née à Pondichéry, âgée de 30 ans.

15 Février.

Legros (Gilles, Joseph, Louis), âgé de 18 mois, fils de Joseph Legros et de Suzanne Dumesnil.

15 Février.

Vassiliet (Elisabeth), épouse d'Etienne des Aulnois, sergent d'artillerie, née à Pondichéry, âgée de 28 ans.

16 Février.

Bourgine (Hilaire, Polycarpe), négociant de cette ville, né à la Rochelle, âgé de 58 ans.

23 Février.

Jame (Geneviève), âgée de 18 mois, fille de J-B. Jame et d'Elisabeth Clegg.

13 Mars.

Lamarre (Louis), sergent vétéran, né à St. Fuscien, diocèse d'Amiens, âgé de 45 ans.

10 Avril.

La Noë (Pierre, Valentin de), né à Rennes, âgé de 32 ans, fils de Jean de la Noë, maître chirurgien.

12 Avril.

Lepage (Julien), né à Jugon, diocèse de Vannes, âgé de 24 ans, fils de François Lepage.

19 Avril.

Lerridé (Marie, Henriette, Euphémie), âgée de 15 mois, fille de Joseph Lerridé, capitaine de vaisseau, né à Pondichéry, et de Marie, Anne. Françoise Moreau, née à Bourbon.

20 Avril.

Rivière (Louis, François), officier de marine, né à Ploeuc, diocèse de St. Brieuc, âgé de 60 ans.

21 Avril.

Le Faucheur (Jeanne), âgée de 15 ans, fille de Joseph, François Le Faucheur et de Thérèse Burel.

28 Avril

Delos (Jean, Louis), natif du diocèse de Reims, âgé de 59 ans, fils de Pierre Delos et de Marie Bourgeois.

1er Mai.

Pescatori (Antoine, Pierre), lieutenant ingénieur dans l'Inde, né à Paris, âgé de 50 ans.

5 Mai.

Artur (Jeanne, Julienne, Michelle), épouse d'André Boyelleau, ancien Conseiller, née à Brest, âgée de 72 ans.

25 Mai.

Povert (Jeanne), née à Pondichéry, fille de René Povert et de Christine Labrèche.

27 Mai.

Tercin (Philippa), épouse de Joseph Magny, née à Tranquebar, âgée de 52 ans.

30 Mai.

Gordon (Pascale), âgée de 15 ans, née à Pondichéry.

12 Juin.

Barbier (Joseph), Chirurgien major au parti suisse, né à Reims, âgé de 32 ans.

19 Juin.

Justin (Pierre, Alexis), âgé d'un an, fils d'Alexis Justin dit Montreuil.

20 Juin.

Ruelle (Jean-Baptiste), âgé de 3 jours, fils d'Antoine Ruelle et de Marie, Anne Collondont.

2 Juillet.

Pingault (Marie), âgée d'un jour, fille de Jean, François Pingault, né à Paris, et de Rosalie, Brigitte Dehita Y Salazar, née à Pondichéry.

6 Juillet.

Ferraux (Joseph), né à Brignoles, diocèse d'Aix, âgé de 45 ans.

22 Juillet.

Cretelle (Eléonore), née à Pondichéry, âgée de 25 ans, fille de Barthélemy, Antoine Cretelle et de Françoise Rapose.

8 Août.

CLOUT (Marie, Anne), veuve Lebon, née à Pondichéry, âgée de 64 ans.

18 Août.

VOSSO (Louis,), âgé d'un an, 7 mois, fils de Claude Vosso.

21 Août.

RENAUX (Louis, François), âgé de 14 mois, fils d'Etienne, François Renaud et de Rite Moutet.

29 Septembre.

BELLEVUE (Marie, Agnès), âgée de 4 jours, fille de Pierre Bellevue, né à Lille, et de Dominique Mendès, née à Mergui.

30 Septembre.

MEURISSE (Joseph, François), né à Pondichéry, âgé de 2 ans, fils de Jérôme Meurisse et d'Eléonore Vuera-Carvalho.

6 Octobre.

MENESSIER (Vincent), ancien caporal, né à Laon, âgé de 55 ans.

7 Octobre.

MEURISSE (Pierre, Laurent), âgé de 4 jours, fils des mêmes.

15 Octobre.

SCHWEINHOUBRE (Ignace, Léopold, Pierre, Henry), ancien Capitaine de cavalerie, né à Rastadt, dans le marquisat de Bade, âgé de 55 ans.

15 Octobre.

VAULBER (Joseph), Officier, né à Maurice, âgé de 22 ans.

16 Octobre.

Maguelias (Louise), veuve Méder, née à Goa, âgée de 58 ans.

4 Novembre.

Schweinhoubre (Marie, Louise), âgée de 13 mois, fille de feu Ignace, Léopold, Pierre, Henry Schweinhoubre, ancien Capitaine de cavalerie, et de Marie, Louise Lettoré.

23 Novembre.

Moreaux (Marie, Anne, Françoise), épouse de Joseph Lerridé, Capitaine de vaisseau, née à Bourbon, âgée de 35 ans

28 Novembre.

La Fontaine (Pierre, Paul), âgé de 9 mois, fils de Christophe, Alexis La Fontaine et de Marie Samson.

27 Décembre.

Poulo de La Sauvagere (Marie, Madeleine, Rose, Etiennette), âgée de 27 jours, fille de Jean, Louis Poulo de la Sauvagère, Officier d'infanterie, né à Mahé, et de Josephe, Rose, Marie, Pétronille Berthelin, née à Mandjécoupam.

ANNÉE 1782.

Naissances.

30 Janvier.

Compère (Charles, Honoré), fils d'Honoré Compère, né à Origny, diocèse de Noyon, et de Marie, Anne Berzoque, née à Ath en Flandre, diocèse de Cambrai

24 Février.

Maréchal (Philippe), fils de Jean, Laurent Maréchal, né à Paris, paroisse St. Nicolas des Champs, et de Claudine Dussolier, née à Lorient.

20 Mars.

Du Parques (Nicolas, Marie), fils de Pierre, François du Parques, Officier de marine, né à St. Malo, et d'Anne Dumoulin, née à Pondichéry.

1er Mai.

Darfeiul d'Erff (Rose, Colette), fille de Marie, Victor, Chevalier, Darfeiul d'Erff, né à Paris, et de Brigitte Lebon, née à Pégou.

10 Août.

Pingault (Thérèse, Laurence), fille de Jean, François Pingault, né à Paris, et de Rosalie, Brigitte, Catherine, Marie Dehita Y Salazar, née à Pondichéry.

31 Août.

Jacquelin (Dominique), fils de Jacquelin, né à Lunéville, et de Marie, Anne de Rosaire, née à Masulipatam.

10 Septembre.

Lebon (Pierre, François), fils de Pierre, François Lebon, né à Châteaubriant. et de Françoise de Silva, née à Pondichéry.

19 Septembre.

Milois (Claude), fils de Jean Milois, né à Cossé, province du Mans, et de Marie, née à Haïderabad.

8 Octobre.

Chauchard (Jean-Baptiste), fils de J. B. Chauchard, né à Brainville, diocèse de Toul, et de Marie Jame, née à Pondichéry.

11 Octobre.

Lanoy (Marie, Antoinette), fille d'Antoine, Noël Lanoy, né au Mas-d'Agenais, province de Guyenne, et d'Antoinette Lafond, née à Pondichéry.

25 Octobre.

Houdin (Joseph, J. B., Marie, Julien), fils d'Houdin, employé, né à Drucourt, diocèse de Lisieux, et de Marie, Jacques Richardin, née à Pondiéhéry.

22 Novembre.

Launay (Louise, Léonore, Thomase), fille de Thomas Launay, né à Angers et de Françoise Gader.

28 Novembre.

Cartarede (Apolline, Charlotte), fille de Jean Castarede.

9 Décembre.

Du Rhone de Beauver (Joseph, Marie, Charles), fils de François, Barthélemy du Rhône de Beauver, écuyer, Capitaine au régiment de l'Ile de France, né à St Paul-trois-Châteaux en Dauphiné, et de Marie, Rose Dupuy, née à Goudelour.

26 Décembre.

Thérond (Manuel), fils de Jean Therond, natif du Languedoc, et de Jeanne Manceau, née à Pondichéry.

Mariages

14 Janvier.

Chofailles (Pierre), né à St. Sauveur, évêchè de Clermont, âgé de 47 ans, fils de Jean Chofailles et d'Anne Henry ;

et Jeannette, fille de Louise, née à Pondichéry, âgée de 21 ans.

22 Janvier.

Amiard (Etienne), né à Montargis en Gâtinais, âgé de 43 ans, fils de Pierre Amiard et de Madeleine du Poirier ;

et Céleste Du Rosaire, née à Tranquebar, âgée de 17 ans, fille de Rosalie du Rosaire.

21 Mai.

Vincent (Louis), né à Bezange-la-Grande, diocèse de Metz, âgé de 52 ans, fils de François Vincent et de Françoise Magine ;

et Agathe D'ALMEÏDA, veuve Lafolie, née à Masulipatam, âgée de 38 ans, fille de Pierre d'Almeïda et de Marie de Souza.

21 Mai.

LEROY (Thomas, Marie), né à St. Malo, âgé de 30 ans, fils de François, Guillaume Leroy et de Françoise Botrel ;

et MARIE-ANNE, née à San Thomé, âgée de 18 ans.

18 Juin.

PHILIPE (Jean), né à Dijon, fils d'Antoine Philipe et de Gabrielle Bertel ;

et MONIQUE, née à Chandernagor, fille de père et mère gentils.

23 Septembre.

BERNARD (Pierre, Marie), aide-chirurgien de l'armée française, né à Lorient, âgé de 32 ans, fils de feu Louis Bernard et de Jeanne Le Bigotte ;

et Anne, Marie LICET, née à Pondichéry, âgée de 21 ans, fille d'Yves Licet et de Philippa d'Andrade.

20 Novembre.

PLAINVILLE (Jacques, Louis, Alexandre Gonsault de), officier d'infanterie, aide-major de Goudelour, né à Choisy-le-Roi, âgé de 27 ans, fils de Claude Gonsault de Boudille, capitaine de cavalerie, et de Marie, Jeanne de Ponton ;

et Anne, Charlotte DEHITA Y SALAZAR, née à Karikal, paroisse St. Louis, âgée de 14 ans, fille de feu Pierre Dehita Y Salazar, écuyer, et de Josèphe, Thérèse Herelin.

Décès.

14 Janvier.

LAGAND (Antoine), soldat vétéran, né à Compiègne, âgé de 51 ans.

21 Janvier.

COLLIN (Jean, Pierre), âgé d'un mois, fils de Jean Collin et de Marie Alvès.

23 Février.

LE FAUCHEUR (Joseph, François, Nicolas), ancien grand voyer pour le Roy à Pondichéry, né à Pondichéry, âgé de 48 ans.

2 Mars.

COLLART (François), né à l'Ile de France, âgé de 38 ans.

21 Mars.

LE FAUCHEUR (Nicolas, Etienne), âgé de 2 ans, 3 mois, fils de Joseph Le Faucheur et de Thérése Burel.

11 Avril.

CLERGIS (Jean), ancien caporal, né à Plougasnou, juridiction de Morlaix, âgé de 45 ans.

5 Mai.

MUSSY (Charles), né à Sercy, diocèse d'Autun, âgé de 60 ans.

10 Mai.

GERARD (Marie, Jeanne), épouse du sieur Deroche, née à l'Ile de France, âgée de 28 ans.

11 Mai.

Boussement (Jean-Baptiste), fusilier au régiment d'Austrasie, compagnie de Leboeuf, né à St. Germain.

11 Mai

Laforgue (Jeanne, Marie), âgée de 4 ans, fille de Simon Laforgue et de Rosalie Gresseux.

15 Mai.

Gaillard (Jules, Alexandre), Chevalier de Boincourt, capitaine commandant au régiment d'Austrasie, né à Abbeville.

15 Mai.

Licet (Joseph), âgé de 19 ans, né à San Thomé.

16 Mai.

Laforgue (Louise), âgée de 11 mois, fille de Simon Laforgue et de Rosalie Gresseux.

17 Mai.

Leroy (Mathurin), fusilier au régiment des Iles de France, né à Miromesnil en Normandie.

19 Mai.

Laforgue (Jean, Marie), âgé de 2 ans, fils de Simon Laforgue et de Rosalie Gresseux.

19 Mai.

Guerin (Pierre), fusilier de la compagnie de Chassagne, régiment d'Austrasie, né à Beauvais.

20 Mai.

Muller (Mathias), volontaire étranger, né en Lorraine.

20 Mai.

Dalleau (Henry), volontaire de Bourbon, compagnie de Descoux, ne à l'Ile de Bourbon.

27 Mai.

Denelle (Charles), fusilier au régiment d'Austrasie, né à Parey-St. Ouen.

27 Mai.

Armand (Jean-Baptiste), né à Sérifontaine en Normandie, âgé de 35 ans.

28 Mai.

Durandal (Charles), fusilier de la compagnie Lagrancourt, régiment de l'Ile de France, né à Villiers en Champagne.

29 Mai.

Chambon (Jacques), fusilier de la compagnie Leboeuf régiment d'Austrasie, né à Laveissière.

30 Mai.

Bonnefoy (Jean, Dominique), âgé de 15 mois, fils de Jean, François Bonnefoy et de Marie, Barbe Gresseux.

31 Mai.

Delpeux (Pierre), fusilier de la compagnie de Pontet, régiment d'Austrasie, né à St. Genis en Périgord.

31 Mai.

Gallier (Claude), fusilier de la compagnie de Florit, régiment de l'Ile de France, né à Romilly.

2 Juin.

Manceau (Jean, Louis), ancien capitaine des portes de cette ville, né à Chennevières-les-Louvres, diocèse de Paris, âgé de 64 ans.

3 Juin.

Landas, partisan au service de Laloy, né à St. Malo, âgé de 32 ans.

3 Juin.

Bessard (Joseph), fusilier du régiment de l'Ile de France, né à Paris, âgé de 45 ans.

4 Juin.

Renhardt (Alexandre), volontaire étranger au régiment d'Austrasie, né à Lauterbourg en Alsace, âgé de 33 ans.

4 Juin.

Laforgue (Marie, Louise), âgée de 3 ans, fille de Simon Laforgue et de Rosalie Gresseux.

4 Juin.

Huet (Marcellin), volontaire du régiment de Bourbon, né à Bourbon, âgé de 40 ans.

5 Juin.

Meslier (Julien), fusilier au régiment de l'Ile de France, né à Granville en Normandie, âgé de 30 ans.

9 Juin.

Duhaye (François), fusilier de la compagnie de Chassagne, régiment d'Austrasie, né à Toul, âgé de 40 ans.

9 Juin.

Pignaud (Jean), fusilier du régiment d'Austrasie, compagnie de Pontet, né à Montauban, âgé de 38 ans.

9 Juin.

Dumaine, grenadier du régiment d'Austrasie, compagnie de Laborde, né à Laval, âgé de 42 ans.

11 Juin.

Cornet (Marie, Madeleine), épouse de Blin de Grincourt, née à Pondichéry, âgée de 35 ans.

11 Juin.

Bucher (Michel), partisan au service du sieur Bouteraud, né en Allemagne, âgé de 50 ans.

12 Juin.

Leguy, volontaire étranger de la marine, âgé de 25 ans.

17 Juin.

Gresset (Pierre, Montrose), né à Bourbon, volontaire du même régiment, âgé de 30 ans.

18 Juin.

Faven (Joseph), fusilier de la compagnie de Florit, régiment de l'Ile de France, né à Vannes, âgé de 38 ans.

19 Juin.

Chasseron (Jean-Baptiste), caporal de la compagnie de Pontet, régiment d'Austrasie, né à Arbois en Franche-Comté, âgé de 50 ans.

19 Juin.

Dutrevoux (Pierre), sous-lieutenant au second bataillon de cipayes, commandé par le Vicomte de Houdetot, né à l'Ile de Bourbon, âgé de 24 ans.

24 Juin.

Wilsten (Anne), épouse du sieur Kerenguen, née à Tranquebar, âgée de 45 ans.

24 Juin.

Guenet (Michel), fusilier de la compagnie Defaux, régiment de l'Ile de France, né à Rouen, âgé de 30 ans.

25 Juin.

Bonart (Célestin), officier de marine sur le « Lauriton », né à St. Brieuc, âgé de 32 ans.

25 Juin.

Mathis (Michel), fusilier de la compagnie de Patornay, régiment d'Austrasie, né en Lorraine, âgé de 29 ans.

26 Juin.

Guedot (Louis), grenadier de la compagnie de Mongarny, régiment de l'Ile de France.

28 Juin.

Riflay (Joseph), fusilier de la compagnie de Lincot, régiment de l'Ile de France, né à St. Malo, âgé de 48 ans.

30 Juin.

Champy (Joseph), appointé au régiment de l'Ile de France, âgé de 46 ans.

30 Juin.

Gringault (Simon), caporal de la compagnie d'Agincourt, né à Bouchais.

30 Juin.

Leglise (François), volontaire étranger de la marine, né à St. Jean-de-Maurienne en Savoie, âgé de 26 ans.

30 Juin.

Dedy (Gérard), grenadier étranger de la marine, né en Lorraine française, âgé de 30 ans.

1er Juillet.

Hastrel (Christophe d'), seigneur de Revedaux, Chevalier de St. Louis, Commandant de cipayes, né à La Rochelle, âgé de 60 ans.

4 Juillet.

Cros (Jean), caporal de la compagnie Le Vasseur, régiment de France, né à Bordeaux, âgé de 38 ans.

5 Juillet.

Lemaire (Claude), fusilier de la compagnie de Leboeuf, régiment d'Austrasie, né en Lorraine.

5 Juillet.

Lallemant (Louis), volontaire étranger de Lauzun, né en Alsace, âgé de 24 ans.

6 Juillet.

Cros (Jean-Baptiste), lieutenant des grenadiers au régiment d'Austrasie, natif de la généralité de Rhodes.

7 Juillet.

Lebreton, fusilier au régiment d'Austrasie.

7 Juillet.

Goudin (Marc), volontaire de Bourbon.

8 Juillet.

Froques, fusilier au regiment de l'Ile de France, compagnie de Le Vasseur.

8 Juillet.

Larose, soldat au régiment d'Austrasie.

9 Juillet.

Legoy (Jean, François), aide-chirurgien, né à l'Ile de France, âgé de 17 ans.

14 Juillet.

Leboeuf (Jean), fusilier au régiment d'Austrasie, né à Bally, diocèse de Sens, âgé de 45 ans.

25 Juillet.

Legrand (Jean-Baptiste), ancien caporal d'artillerie, natif du diocèse de Noyon, âgé de 45 ans.

3 Août.

Daudrès (Claude), ancien lieutenant d'infanterie, né à St. Mihiel, diocèse de Verdun, âgé de 47 ans.

8 Août.

Lenormand (Jean, Joseph, Hyacinthe), âgé de 3 ans, fils de Jean, Hyacinthe, Jacques Lenormand, né à Quimper-Corentin, Chirurgien-major de cette place et de Marie, Ursule, Pauline Humbert, née à Port-Louis, Ile de France.

23 Août.

Prevost (Jean-Baptiste), ancien employé, né à Paris, paroisse St. Eustache, âgé de 35 ans.

25 Août

Lafitte (Jean, Barthélemy), employé, né à Pondichéry, âgé de 40 ans.

30 Août.

Berthelin (Jean-Baptiste), né à Paris, âgé de 75 ans.

1er Septembre.

Rouard (Jean), canonnier, compagnie de Barry, né à Angers, âgé de 34 ans.

8 Septembre.

Fecamp (Victoire, Enemont de), épouse de Raymond Escapat de Saint-Martin, née à Pondichéry, âgée de 22 ans.

18 Septembre.

Ruelle (Joseph, Marie), fils d'Antoine Ruelle, né à Braisne en Picardie, et de Marie, Anne Collondont. Décédé le jour de sa naissance.

19 Septembre.

Judinet (Joseph), ancien vétéran du régiment de Pondichéry, né à Givry, juridiction de St. Malo, âgé de 63 ans.

24 Septembre.

Giquel (Marie), âgée de 2 ans, fille de René Giquel, né à Auray, et de Marie Leguin, dit Sursonne.

28 Octobre.

Lanonie (Pierre), ancien sergent, né à Rennes, âgé de 51 ans.

28 Octobre.

Leraft (Germain), maître d'hôtel du Marquis St. Félix, né à Léhon, diocèse de Quimper, âgé de 27 ans.

1er Novembre.

Milois (Jean), âgé de 2 ans, fils de Jean Milois.

13 Novembre.

Amiard (Etienne), né à Montargis, âgé de 48 ans.

18 Novemrre.

Choumy (Nicolas), maître organiste, né à Metz, âgé de 58 ans.

24 Novemrre.

Bourely (Anne, Julie, Adélaïde), née à Pondichéry, àgée de 3 ans, fille d'Etienne Bourely et de Marie Burot.

ANNÉE 1783.

Naissances.

13 Janvier.

Daudrès (Jeanne), fille de Claude André dit Daudrès, né à St. Mihiel en Lorraine, et de Michelle de Concessaon, née à Pondichéry.

26 Février.

Reynaud (Anne), fille d'André Reynaud, né à Bordeaux, et d'Anne Kerenguen, née à Tranquebar.

5 Mars.

Perrier (Scholastique, Marie, Françoise), fille de Jean, Joseph Perrier, Officier de marine, et de Geneviève, Rosalie Magny.

22 Mars.

Massonneau de Clanay (Anne), fille de J. B. Massonneau de Clanay, né à St. Remy, diocèse de Poitiers, et Rose. . . . . ., née à Mahé.

21 Avril.

Laforgue (Jean, François), fils de Simon Laforgue et de Rosalie Gresseux.

1er Mai.

Poulo de la Sauvagere (Jean, Louis, Marie), fils de Louis, Jean Poulo de la Sauvagère, ancien Officier d'infanterie, né à Mahé, et de Marie, Josephe, Rose, Pétronille Berthelin.

11 Juillet.

Compère (Marie, Anne, Elisabeth), fille d'Honoré Compère, né à Origny, diocèse de Noyon, et de Marie, Anne Berzoque, née à Ath, diocèse de Cambrai.

22 Juillet.

Meurisse (Marie, Léonore), fille de Jérôme Meurisse, né à Laon, et de Léonore Carvalho

3 Août.

Giquel (Jeanne), fille de René Giquel, né à Auray en Bretagne, et de Marie, Fontaine, née à Pondichéry.

23 Août.

Bonnefoy (Benoît, Philippe), fils de Jean, François Bonnefoy, né à Aix-en-Provence, et de Marie, Barbe Gresseux, née à Karikal.

26 Août

Fanthome (François, Alexandre), fils de Bernard Fanthome, lieutenant d'infanterie, né à Mahé, et de Catherine Artock, née à Pondichéry.

1er Septembre.

Bernard (Augustin, Antoine), fils de Pierre, Marie Bernard, Chirurgien, né à Lorient et d'Anne, Marie . . . . . née à San Thomé.

7 Septembre.

Mignot (Françoise), fille de Pierre, Denis Mignot, né à Paris, et de Rose Lemonnier, née à Chandernagor.

11 Septembre.

Cachart (Pierre), fils de Gabriel Cachart et d'Anne Clegg, nés tous deux à Pondichéry.

17 Septembre.

Berchon de Fontaine (Dominique, J. B.), fils de J. B. Berchon de Fontaine, né à Issoudun, et de Jeanne, Marie, Françoise Manneuvre, née à Chandernagor.

30 Septembre.

Savinoy (Pierre), fils de Pierre Savinoy, né en Brie, et d'Ermeline Fernandez, née à Tranquebar.

30 Septembre.

Barran (Cyr, Julien, Jean de), fils du Chevalier Pierre de Barran, né en Languedoc, et de Marie, Thérèse Sinfray, née à Yanaon. Baptisé le 27 Avril 1784.

23 Octobre.

Balene Dulaurens (Antoine, François), fils d'Antoine, François Balene Dulaurens, commis-greffier au Conseil Supérieur de Pondichéry, et d'Adélaïde Kerenguen, tous deux nés à Pondichéry.

25 Octobre.

Campo Castro (Benoit de), fils de Louis de Campo Castro et de Louise, Olivier Buret, tous deux nés à Pondichéry.

31 Octobre.

Nouvet (Charles, Thomas), fils de Charles, Thomas Nouvet, né à Châlons en Champagne, et de Marie, Brigitte Hubert, née à Pondichéry.

5 Novembre.

Durocher (Ursule), fille de Noël Durocher et d'Eléonore Corréa, tous deux nés à Pondichéry.

12 Novembre.

Houdin (Marie, Jeanne, Madeleine), fille de J. B. Louis Houdin, employé du Roi, né à Drucourt, évêché de Lisieux, et de Marie, Jacquette Richardin, née à Pondichéry.

19 Novembre.

Favry de Saligny (Anne, Marie), fille d'Hugues, Jean Favry de Saligny, né à Paris, paroisse Notre-Dame, et de Nicole, Thérèse Morel, née à Négapatam.

13 Décembre.

Cretelle (Honoré), fils de Jacques Cretelle, né à San Thomé, et de Louise, Marie, Georgette Brion, née à Pondichéry.

27 Décembre.

Du Rhône de Beauver (Marie, Adélaïde, Marguerite), fille de François, Barthélemy du Rhône de Beauver, capitaine d'infanterie commandant un bataillon de cipayes, né à St. Paul-Trois-chateaux en Dauphiné Baptisée le 16 Janvier 1784.

31 Décembre.

Labatte (Claude), fils de Jean Labatte, né à Roquefort en Gasogne, et de Jeanne de . . . . , née à Pondichéry. Baptisé le 6 Janvier 1784

Mariages.

20 Janvier.

Baivel (André, Germain), officier de cipayes, né à Bernay en Normandie, âgé de 30 ans, fils d'André, Marin Baivel, avocat au Parlement de Rouen, et de Marie, Marguerite Salambié ;

et Marie, Françoise, Eléonore Haraint de Launay, née à Pondichéry, âgée de 23 ans, fille de feu Hyacinthe, Joseph Haraint de Launay, ancien capitaine de vaisseau, et de Marie, Jacqueline Lebon.

27 Janvier.

Perrier (Joseph), officier de vaisseau, né à Pondichéry, âgé de 27 ans, fils de Michel Perrier, aussi officier de vaisseau, et de Jeanne Rose ;

et Geneviève, Rosalie Magny, née à Pondichéry, âgée de 23 ans, fille de Joseph Magny et de Philippa Tonsem.

27 Janvier.

Nouvet (Charles, Thomas), veuf de Catherine .... né à Vaux, province de Châlons en Champagne, âgé de 39 ans, fils de Charles Nouvet et de Jeanne Leblond ;

et Marie, Brigitte Hubert, veuve Prunelle dit Lépine, née à Pondichéry, âgée de 24 ans, fille de feu Toussaint Hubert et de Louise Fernandez.

3 Février.

Queau (Pierre), sergent de cipayes au parti suisse, né à Fulvy, diocèse de Langres, âgé de 50 ans, fils d'Antoine Queau et de Marie Topin ;

et Marie-Catherine, née à Calcutta.

4 Février.

La Boissière (Antoine), vétéran, né à Angers, âgé de 45 ans, fils d'Antoine La Boissière et de Marguerite Penod ;

et Rose, née à Pondichéry, âgée de 24 ans.

26 Mai.

Duprat (Vital), né au Mas-d'Agenais, province de Guyenne, âgé de 38 ans, fils de Nicolas Duprat et de Rose de Livie ;

et Jeanne, Marie Balonchard, née à Karikal, âgée de 26 ans, fille de Pierre Balonchard et de Marie Martin.

27 Mai.

Regnaudet (Thomas François), employé de bureaux de l'Administration, né à Paris, âgé de 45 ans, fils de Thomas, Bernard Regnaudet et de Marie, Anne Fournier ;

et Sabine Grossine, veuve Collard, née à Karikal, âgée de 39 ans, fille de Jacques, Martin Grossine et de Françoise Benier.

23 Juin.

Peltier (Jean-Baptiste), né à Pourlans, diocèse de Besançon, âgé de 30 ans, fils de Paul Peltier et de Marguerite Bacouret ;

et Françoise Servet, née à Pondichéry, âgée de 20 ans, fille de Nicolas Servet et de Marie André.

21 Juillet.

Balene Dulaurens (Antoine, François), commis-greffier du Conseil supérieur de Pondichéry, né à Pondichéry, âgé de 25 ans, fils de feu Antoine, François Balene Dulaurens, Conseiller au dit Conseil, et Marie, Jeanne Desjardins ;

et Adélaïde GOUZERON de KERENGUEN, veuve du sieur Favre, médecin au service de Mir Sahib, née à Pondichéry, âgée de 16 ans, fille d'Alexis Gouzeron de Kerenguen, ancien employé du Roy, et de Marie Wilstocke.

18 Août

L'ETANG (François, René de), lieutenant d'infanterie, âgé de 25 ans, fils de feu René de l'Etang, Officier d'infanterie, né à Paris, paroisse St. Eustache, et de Françoise, Adélaïde Bourgoin;

et Jeanne BRUYERE, veuve Galioche, née à Karikal, âgée de 26 ans, fille de feu Jacques Bruyère et de Noelle d'Astrelle.

18 Août.

RIGORDY (Jean-Baptiste, Augustin), né à Barjols, diocèse de Fréjus, âgé de 26 ans, fils d'Honoré Rigordy, négociant et de Rose Malherbe;

et Marie BRION, né à Pondichéry, âgée de 20 ans, fille de feu Jean, Nicolas Brion, sergent major au régiment de Pondichéry, et de Marie Roussel.

25 Août.

COUTET (Joseph, Charles), né à Marseille, paroisse St. Ferréol, âgé de 30 ans, fils de Joseph, Gaspard Coutet et de Madeleine Daure;

et Elisabeth SICÉ, née à San Thomé, âgée de 15 ans, fille de Pierre Sicé et de Marie Carère.

20 Octobre.

LENOIR (Charles) né à Romilly, diocèse d'Evreux, âgé de 29 ans, fils de feu Jean Lenoir et de Geneviève Buquet.

et Elisabeth EMERIC, âgée de 14 ans, fille de Guillaume Emeric, vétéran du régiment de Pondichéry.

27 Octobre.

Joba (Nicolas), né à Corny en Lorraine, évêché de Metz, âgé de 27 ans, fils de Nicolas Joba ;

et Marguerite Jaquet née à Pondichéry, âgée de 22 ans, fille de François Jacquet, fourrier vétéran du régiment de Pondichéry, et de Toinette Cupidon.

17 Novembre.

Michel (Antoine, Léonard), né au Hâvre, âgé de 22 ans, fils de J-B. Michel et de Jeanne Heutte :

et Françoise Mollé, née à Dindigul, âgée de 17 ans, fille de feu Jacques Mollé.

24 Novembre.

Jolivet (Jean), caporal au régiment de Royal Roussillon, né à Bourbon-Lancy, juridiction d'Autun, âgé de 45 ans, fils de Jean Jolivet et de dame Pomico ;

et Anne Barbe Riche, veuve de Pierre Melasson, née à Héricourt en Franche-Comté, âgée de 40 ans, fille d'André Riche et de Marie Oulmann.

24 Novembre.

Manceau (Louis, Antoine), né à Porto-Novo, âgé de 23 ans, fils de feu Jean, Louis Manceau, sous-aide-major de la place, ancien capitaine des portes de Pondichéry, et de Jeanne du Rosaire ;

et Marguerite Boisclair, née à Pondichéry, âgée de 17 ans, fille de feu Louis Boisclair, caporal d'artillerie, et d'Andresa Frégose.

24 Novembre.

Dunaud (Pierre), né à Ferney, paroisse St. André, âgé de 32 ans, fils de François Dunaud et de Jeanne Tesso ;

et Jeanne VINCENT, née à Pondichéry, âgée de 18 ans, fille de Michel Vincent, cy-devant horloger de la compagnie, et de Marie, Anne Moutet.

29 NOVEMBRE.

GULLARD (Jean, Henry), musicien à la suite de l'Etat-major de l'armée française, né à Paris, paroisse St. Germain l'Auxerrois, âgé de 31 ans, fils de René Gullard et de Marie, Catherine Manoury;

et BRIGITTE, fille orpheline, née à Pondichéry, âgée de 23 ans.

Décès.

2 JANVIER.

GOLVIN (François), maître canonnier à Goudelour, âgé de 40 ans.

10 JANVIER.

GARDÉ (François), né à Laon, âgé de 50 ans.

23 JANVIER.

DUBAIL (François), ancien vétéran du régiment de Pondichéry, né à Amiens, âgé de 63 ans.

21 FÉVRIER.

DAVIOT (Marie), âgée de 6 ans, née à Pondichéry, fille de Philippe Daviot, né à la Clayette, et de Marie Hue, née à Pondichéry.

1783

3 Mars.

Concessao (Michelle), veuve Daudrès, lieutenant d'infanterie, née à Pondichéry, âgée de 28 ans.

7 Mars.

Griffeuil (Jérôme), officier partisan du parti de Lallé, né à Murat en Auvergne, âgé de 63 ans.

19 Mars.

Lettoré (Marie, Louise), veuve de Pierre, Henry Schweinhoubre, née à Pondichéry, âgée de 30 ans.

19 Mars.

Queau (Pierre), sergent de cipayes, né à Fulvy, diocèse de Langres, âgé de 50 ans.

20 Mars.

Muguet (Benoit), secrétaire de feu Mr. Duchemin. né à Lyon.

30 Mars.

Cartel (Antoine, Charles), capitaine d'infanterie, natif du diocèse de St. Brieuc, âgé de 31 ans.

16 Avril.

Regnaudet (Jean), âgé de 11 ans, fils de François Regnaudet et de Marie, Anne Manceau.

22 Avril.

Dauzat (Pierre), fils de Pierre, Augustin Dauzat et de Marie, Rite Courrier, décédé le lendemein de sa naissance.

23 Avril.

Amiard (Rosalie, Céleste), âgée de 2 mois, fille de feu Etienne Amiard.

25 Avril.

Gaux (Philippe), né à St. Brieuc, âgé de 42 ans.

5 Mai.

Courrier (Marie, Rite), épouse de Dauzat, née à San Thomé, âgée de 30 ans.

11 Mai.

Le Vachaut (Pierre), chirurgien aide-major, né à Bourges, âgé de 30 ans.

5 Juillet.

Hausen (N), domestique de Mr. Boutin, né à Pompierre, évêché de Metz, âgé de 27 ans.

6 Juillet.

Solminihac (Jean-Baptiste de), Chevalier de St. Louis, né à Libourne, âgé de 83 ans.

16 Juillet.

Jullien, Officier au régiment d'Aquitaine, âgé de 30 ans.

21 Juillet.

Branchon (Jean, Louis), commis aux vivres, âgé de 34 ans.

28 Juillet.

Manceau (Jean, Joseph), Officier de cipayes, né à Pondichéry, âgé de de 26 ans.

4 Août.

Maulegot (Jean), matelot de « La Naïade » et de « Le Brillant ».

14 Août.

Palache (Louis). matelot sous les ordres du sieur Guey, né en Sardaigne, âgé de 40 ans.

8 Septembre.

Deroche (Sophie, Emilie), âgée de 2 ans et quelques mois, fille de Gabriel, Pierre Deroche, Capitaine d'in fanterie, né à Montagrier, et de Marie, Jeanne Gérard, née à l'Ile de France.

9 Septembre.

Paris (Alexandre, Jean), sous-lieutenant au régiment d'Aquitaine, né à Bourges, âgé de 24 ans.

9 Septembre.

Deguerre (Joseph), né à Fondremand, par Vesoul en Franche-Comté.

10 Septembre.

Benoit (Louis), matelot sur « l'Auguste », âgé de 40 ans.

10 Septembre.

Marie-Anne âgée de 22 ans.

13 Septembre.

Col (Julien), matelot sur « Le Fendaut », âgé de 30 ans.

18 Septembre.

Picard (François), sergent de cipayes au bataillon d'Austrasie, âgé de 34 ans.

20 Septembre.

Biard (Augustin), chasseur du régiment d'Austrasie, âgé de 24 ans.

20 Septembre.

Arnoud, cavalier au parti de Mr. Cotteneau

24 Septembre.

Laroche de Ronzé (François de), Capitaine d'infanterie, Commandant du bataillon de cipayes de l'Inde, né à l'île de France, âgé de 42 ans.

28 Septembre.

Borry (Jacques), Officier du bataillon des cipayes, né à Versailles, âgé de 45 ans.

30 Septembre.

Loubin (Louis), né à Auch en Gascogne, âgé de 30 ans.

2 Octobre.

Filiot (François), dit Désormeaux, chasseur au régiment d'Austrasie, âgé de 40 ans.

2 Octobre.

Lahupe (René), caporal, compagnie de Mainville, né à Brécey, juridiction d'Avranches, âgé de 46 ans.

7 Octobre.

Belvert (Antoine), matelot du vaisseau du Roy, « Le Héros », âgé de 30 ans.

8 Octobre.

Conigliano (Joseph), ancien capitaine de hussards, Chevalier de St. Louis, né à Strasbourg, âgé de 60 ans.

8 Octobre.

Lhuillier (Mathieu, Georges, Etienne), officier du « St. Pierre d'Alcantara », né à Nancy, âgé de 28 ans.

13 Juillet.

Richardin (Jeanne, Marie, Geneviève), fille de Jean, Bernard Richardin, employé du Roy, né à Pondichéry, et de Marie, Noël.

15 Août.

Allix (Prudent, Louis, Fronçois), fils de François Allix. né en Basse Normandie, et de Marie, Madeleine Portier, née à Paris, paroisse Ste. Marguerite.

18 Août.

Bonnefoy (Geneviève), fille de Jean, François Bonnefoy, né à Aix-en-Provence, et de Marie, Barbe Gresseux, née à Karıkal.

25 Août.

Baivel (Marie, Louise, Gertrude), fille d'André, Germain Baivel, né à Bernay, paroisse Ste. Croix, diocèse de Lisieux, et de Marie, Françoise Harand de Launay, née à Pondichéry.

4 Septembre.

Boutigny-Dubreuil (Lucie, Anne), fille de J. B. Louis, Etienne Boutigny-Dubreuil et de Marthe Finiel de Surrainville.

5 Septembre.

Levernau de Keribert (Bathilde, Victoire, Elisabeth), fille d'Alain, Louis Levernau de Keribert, Commis des bureaux de la marine, né à Brest et de marie, Françoise Jodet, née à l'Ile de France. Née à bord du senault « La Brestoise ».

9 Septembre.

Compère (Compère), fils d'Honoré, Compère, né à Origny, évêché de Noyon, et de Marie, Anne Berzèque, née à Ath en Flandre.

22 Septembre.

Darfeuil d'Erff (Adélaïde, Antoinette), fille de Marc, Victor, Chevalier Darfeuil d'Erff, né à Paris, et de Brigitte Lebon de Beausang, née au Pégou.

3 Octobre.

Filatriau (Henriette), fille de Jean, François Filatriau, né à Guigneville, diocèse d'Orléans, et de Britte Remande, née à Pondichéry.

5 Octobre.

Jacquelin (Anne, Marie), fille de Laurent Jacquelin, né à Lunéville en Lorraine, et de Marie de Rosaire, née à Masulipatam.

7 Octobre.

Pithois (Tharsille), fille de Charles Pithois, Chirurgien aide-major de l'armée française, et d'Agnès Burot, née à Pondichéry.

12 Octobre.

Laforgue (Joseph), fils de Jean, Simon Laforgue, né à Gaudin, diocèse de Comminges, et de Rosalie Gresseux, née à Tranquebar.

13 Octobre.

Leroy (Rose, Pauline), fille de Thomas, Marie Leroy, né à St. Malo, et de Marie Adam, née à San Thomé.

17 Octobre.

Boistel (Anne de), fille de Pierre, Paul, Joseph de Boistel, Colonel d'infanterie et Chevalier de St. Louis, et d'Anne Gallet.

21 Novembre.

ADAM (Joseph, Julien), fils de Julien Adam, né à Lorient, de d'Hendrina, Carolina Volmarans, née au Cap de Bonne Espérance.

12 Décembre.

REYNAUD (Adélaïde), fille d'André Reynaud, né à Bordeaux, et d'Anne Kerenguen, née à Tranquebar.

Mariages.

19 Janvier.

BIANCOUR (Léon, Benjamin), né à Tranquebar, âgé de 20 ans, fils de Jean, Charles Biancour, et de Marie, Anne Galumet, veuve Biancour ;

et Henriette HUBERT, veuve Gardé, née à Pondichéry, âgée de 22 ans, fille de Bernard, Jean Hubert et de Françoise, Marguerite Royer.

19 Janvier.

FAIRAY (Pierre, Robert), Chef du bureau du Génie, né à Rouen, paroisse St. Eloi, âgé de 31 ans, fils de Pierre Fairay et de Marie, Marguerite, Judith Viel ;

et Julie BALLAY, née à Pondichéry, âgée de 16 ans, fille de feu Jean Ballay et de Catherine Rognon.

16 Février.

LAUSEPH (Pierre), sergent de cipayes, régiment de Royal Roussillon, né en Auvergne, âgé de 30 ans, fils d'Antoine Lauseph et de Marie Fabre ;

et Barbe HUBERT, née à San Thomé, âgée de 20 ans, fille de feu Toussaint Hubert et de Louise Fernandez

24 Février.

FONTHAILLES (Amable), Officier d'infanterie du bataillon de cipayes Royal Roussillon, né à Madic en Auvergne, âgé de 33 ans, fils de Charles Fonthailles et de Françoise Galvin de Funtator de l'Abbrade ;

et Madeleine RAPHAEL, veuve Grégoire, née à Ispahan, âgée de 35 ans.

26 Avril.

GORLIER (François), né à Pignerol en Piémont, âgé de 35 ans, fils de J. B. Gorlier et de Marie Court ;

et Louise REYNARD, âgée de 13 ans.

26 Avril.

CHOLET (Michel), né en Gascogne, âgé 22 ans, fils de Gilles Cholet et d'Isabelle Terrier ;

et Dominga DE ROSAIRE, née à Porto-Novo, âgée de 18 ans, fille de Louis de Rosaire et de Marie Liveira.

3 Mai.

DEZET (Charles), né à La Flèche en Anjou, âgé de 30 ans, fils de Charles Dézet et de Jacqueline Davignon ;

et Françoise DUMONT, née à Pondichéry, âgée de 14 ans, fille de François Dumont et de Jeanne Marck.

17 Mai.

KERUZEC de RUNNEBAR (François, Guillaume de), Lieutenant au bataillon de Lamarck, âgé de 33 ans, né en Bretagne, fils de Pierre, François, Germain de Keruzec et de Claudine, Charlotte Gessin ;

1784

et Marie, Catherine BAUDOUIN, née à Madras, âgée de 20 ans, fille de Nicolas Baudouin, Chirurgien aide-major au service du Roy, et de Marie Menou.

17 Mai.

MALETTE (François), né à Dinan, âgé de 30 ans, fils de Julien Malette et de Perrine Jouane;

et Elisabeth VOSSEAU, née à Madura, âgée de 14 ans, fille de Claude Vosseau et de Marie, Josèphe Laforest.

17 Mai.

FEIGNA (Pierre), né à Gamarde, diocèse de Dax, âgé de 25 ans, fils de feu Jean Feigna et de feue Jeanne, Marie Cardenau;

et Catherine, Françoise MAGNY, née à Pondichéry, âgée de 20 ans, fille de Joseph Magny et de feu Tonsem.

24 Mai.

JOUANNE (Dauphin), bourgeois, né à Rouen, paroisse St. Maclou, âgé de 38 ans, fils d'Antoine Jouanne et de Catherine Frottier;

et Catherine CROGNON, née à Pondichéry, âgée de 13 ans, fille de feu Gabriel Crognon, dit Marmande, et de Catherine du Rosaire.

7 Juin.

MORAU (Pierre), aide chirurgien de l'hôpital, né à St. Gervais en Poitou, diocèse de Limoges, fils de François Morau et de Marie Covin;

et Sabine GIQUEL, née à Pondichéry, âgée de 16 ans, fille Bertrand Giquel, sous-garde d'artillerie, et d'Elisabeth Pléan.

28 Juin.

JODET (Pierre), officier au bataillon de cipayes de Royal Roussillon, né à l'Ile de France, paroisse St. Louis, fils de Jean Jodet, ancien capitaine des vaisseaux de la compagnie ;

et Marie LESTRADE, veuve Bory, née à Radjahmandry, fille de feu Pierre Lestrade, officier d'artillerie.

6 JUILLET.

TROBERT (Armand, Gabriel Marie), né à Châteauneuf en Bretagne, diocèse de Quimper-Corentin, fils de Vincent Trobert de la Garenne et de Marguerite, Blanche Kervoiel Gégiquel ;

et Isabelle PITRE, veuve de Frédéric Chauche, anglais, née à Pondichéry, fille de Pitre-Magrémoine et d'Antonia Anty.

26 JUILLET.

CONPANGE (Pierre), né à Pau en Béarn, diocèse de Lescar, fils de Pierre Conpange et de Marie Lacroix ;

et Jeanne TOURNAY, née à Pondichéry fille, de Jean, Marie Tournay et de Rose de Lima.

27 JUILLET.

CHAUGY (Claude, Alexandre de), écuyer, Chevalier, seigneur de Vézannes, ancien lieutenant au régiment de l'Ile de France, né à Vézannes, diocèse de Langres, fils de feu Charles de Chaugy, écuyer, seigneur de Vézannes, et de Reine de Léauté ;

et Catherine, Jeanne, Augustine de SAINT-PAUL, née à Pondichéry, fille de J-B. Paul de St. Paul, écuyer, Chevalier de St. Louis, Lieutenant-colonel d'infanterie, et de Françoise Quentin de la Mettrie.

Témoins : Coutenceau, Brigadier des armées du Roy ; Monneron, Intendant général des Colonies françaises en l'Inde ; de Mainville, Lieutenant-colonel d'infanterie, et Boucherat, grand voyer de cette ville.

2 Août.

TESSIER (Charles), né à San Thomé, âgé de 22 ans, fils de Jean, Charles Tessier et de Marguerite Daniel ;

et Catherine MOITIÉ, née à San Thomé, âgée de 15 ans, fille de Jacques Moitié et de Marguerite Ticher.

16 Août.

BADER (Xavier), né à Colmar, âgé de 24 ans, fils de Michel Bader ;

et Jeanne BARTHÉLEMY, née à Pondichéry, âgée de 13 ans, fille de Barthélemy et d'Anne du Rosaire.

23 Août.

LE POULIQUEN (Julien), né à St. Brieuc, âgé de 30 ans, fils de Jean Le Pouliquen et d'Anne, Marie Moison ;

et Jeanne GACHE, née à Pondichéry, âgée de 20 ans, fille de Pierre Gache.

7 Septembre.

LE CHAPELLIER (Charles), négociant de Madras, né à Lorient, âgé de 32 ans, fils d'Yves Le Chapellier et de Charlotte Beuden ;

et Louise ARIA, née à Pondichéry, âgée de 18 ans, fille de Julien Aria, Lieutenant à la suite de l'artillerie de l'Inde, et de Marie Graveton.

27 Septembre.

GAMBIN (Césaire), né à Marseille, âgé de 26 ans; fils de François Gambin et de Marie Madeleine Laugier,

et Françoise GOSSIN, née à San Thomé, âgée de 18 ans, fille de Jean Gossin et de Rite de Rosaire.

27 Septembre.

Maniot (François, Hubert), né à Bruxelles, âgé de 22 ans, fils de François, Hubert Maniot et de Gertrude Alexandre.

et Elisabeth, Thérèse Gallic, née à Pondichéry, âgée de 18 ans, fille de feu Michel Gallic et d'Elisabeth Brunet.

6 Octobre.

Meder (François de), chevalier de St. Louis, capitaine au régiment de Pondichéry, né à Mahé âgé de 42 ans, fils de François, Joseph de Méder, chevalier de St. Louis, commandant des troupes de l'Inde, et de Dona Maguelios de Carvalho ;

et Thérèse Burel, veuve du sieur Le Faucheur, sous-marchand de la compagnie des Indes, née à Karikal, âgée de 38 ans.

18 Octobre.

Sénéchaux (François), dit Gabillot, né à Champigny, diocèse de Poitiers, fils de François Sénéchaux et de Louise Desforges ;

et Thomasia De Rosaire veuve d'Antoine Isaac, née à Pondichéry, âgée de 29 ans, fille de Manuel de Rosaire et d'Ursule de Mello.

25 Octobre.

Laboulaye (Raoul), né en Lorraine, âgé de 30 ans, fils de François Laboulaye et d'Anne, Marie Griselle ;

et Marie, Josèphe Lacroix, née à Masulipatam, âgée de 40 ans, fille de Joseph Lacroix.

25 Octobre.

Julle (Jean-Baptiste), né à St. Flour en Auvergne, âgé de ans, 20 fils d'Antoine Julle et de Marguerite Baptiste ;

et Anne GOUCHIN, née à San Thomé, âgée de 17 ans, fille de Jean Gouchin et de Rita de Rosaire.

8 Novembre.

DORMET (François), né à Quimper, âgé de 29 ans, fils de Jacques, Guillaume Dormet et de Marie, Corentine Perhù :

et Brigitte SURVIFÉ, veuve Durandal, née à IIle de France, âgée de 32 ans, fille de Pierre Survifé et de Monisue Cosson.

8 Novembre.

PAPILLON (. . . .), né à Sens en Bourgogne, âgé de 23 ans, fils de Jean, Louis, Charles Papillon et de Marguerite Roger ;

et Françoise, Charlotte Vosso, née à Pondichéry, âgée de 18 ans, fille de Claude Vosso et de Marie, Anne, Joseph Laforest.

9 Novembre.

HECFKE (Jean, Louis), né à Amsterdam, âgé de 25 ans, fils de Jean, Henry Hecfke, négociant à Amsterdam, et de feue Marie, Elisabeth Widemburg ;

et Nicole, Françoise GALOU, née à Pondichéry, âgée de 14 ans.

15 Novembre.

RABIÉ (René), né à Angers, paroisse St. Martin, âgé de 31 ans, fils de Michel Rabié et d'Anne Lespérance ;

et Elisabeth BRETSCHELL, née à Pondichéry, âgée de de 18 ans, fille de Philippe Bretschell et de Jeanne Thélès,

15 Novembre.

BERTRAND (Noël), né à Liège, fils de Laurent Bertrand et de Catherine Touon ;

et Louise, Brigitte FILATRIAU, née à Pondichéry, fille de Jean, François Filatriau et de Brigitte Remande.

22 Novembre.

Beaufort (Nicolas de), Lieutenant ingénieur des Colonies, né à Joinville en Champagne, âgé de 31 ans, fils de Nicolas de Beaufort, Chevalier de St. Louis, Major de place à Marseille, et Marguerite Lecomte ;

et Marie, Eléonore de Palmas, née à Goa, âgée de 21 ans, fille de Jean, Alexandre Simon de Palmas, Capitaine ingénieur, et de Sophie Chouchry, actuellement épouse de Gilbert de Ranger, Chevalier de St. Louis, Capitaine ingénieur des Colonies.

Décès.

1er Janvier.

Cominge, vétéran du régiment de Pondichéry.

5 Janvier.

Astier (François), canonnier au régiment de Besançon, né à Vernon en Vivarais.

5 Janvier.

Fougere (Jean, Antoine), chasseur au régiment de Royal Roussillon, né à Toulouse.

8 Janvier.

Snor (Dominique, Bernard), né à Spire en Alsace, âgé de 41 ans.

8 Janvier.

Gouzeron de Kerenguen (Alexis), ancien employé du Roy, né à Pondichéry, âgé de 43 ans.

10 Janvier.

Caboudin (Nicolas), fusilier au régiment de Besançon, compagnie d'artillerie de Bonneville, âgé de 46 ans.

10 Janvier.

Laurios, vétéran du régiment de Pondichéry, âgé de 48 ans.

16 Janvier.

Savinoy (Pierre), âgé de 2 mois, fils de François Savinoy, du diocèse d'Agde en Brie, et d'Ermeline Fernandez, née à Tranquebar.

16 Janvier.

Delamarre (Jacques), fusilier au régiment de Besançon (artillerie), né à Bois d'Ennebourg, juridiction de Rouen, âgé de 30 ans.

20 Janvier.

Gallic (Michel), né à Quimper-Corentin, âgé de 57 ans.

22 Janvier.

Lemeur (Louis), caporal au régiment de Royal Roussillon, né à Morlaix.

23 Janvier.

Poncet (François), fusilier au régiment de Royal Roussillon, compagnie de Christol, né à Villers en Comté.

25 Janvier.

Roubet (Antoine, Joseph), fusilier au régiment d'Aquitaine, âgé de 35 ans.

27 Janvier.

Canap (Victor), matelot sur le « Brillant », né à Paris, âgé de 25 ans.

30 Janvier.

Chassin (Dominique), chasseur au Royal Roussillon, né à Arracourt en Lorraine, âgé de 33 ans.

2 Février.

Beaujard (Claude), fusilier au régiment d'Austrasie, né en Bourgogne.

2 Février.

Lallemand (Jean), fusilier au régiment d'Austrasie.

5 Février.

Titte (Georges), caporal au régiment de Lamarck, compagnie de Ferret.

9 Février.

Delzen (Nicolas), grenadier au régiment de Lamarck, âgé de 33 ans.

11 Février.

Claude (Simon), fusilier au régiment d'Austrasie, né à Ligny, juridiction de Bar-le-Duc, âgé de 30 ans.

11 Février.

Lamy (Adam), caporal au régiment d'Austrasie, né à Villiers-Ferlay, juridiction d'Arbois en Franche-Comté.

12 Février.

Montani (Jean-Baptiste), fusilier au régiment d'Austrasie, né à St. Etienne-en-Forêt, âgé de 33 ans.

14 Février.

Berger (François), fusilier d'Aquitaine, né à Chaumont, juridiction de Châlons en Champagne, âgé 33 ans.

15 Février.

Allard (Joseph, Labre), sergent de Besançon, compagnie de Guiscard, né à Lille, âgé de 40 ans.

20 Février.

Vosso (Marianne), fille de Claude Vosso, né en Bourgone, et de Marianne Laforest, née à Pondichéry.

20 Février.

Berthe (Nicolas, Joseph), né à Maubeuge en Hainaut, âgé de 43 ans.

21 Février.

Hector (Antoine), fusilier au régiment de Lamarck, né en Lorraine, juridiction de Forbach, âgé de 20 ans.

21 Février.

Lamarre (Jean-Baptiste), fusilier d'Aquitaine, né à Audigny en Picardie, âgé de 24 ans.

24 Février.

Rousseau (Claude), vétéran au régiment de Pondichéry, né à Cléry en Franche-Comté, âgé de 45 ans.

26 Février.

Permet (François), matelot provenant de la gabarre du Roy, « Les trois amis », âgé de 26 ans.

26 Février.

Brome, matelot au service des Français, provenant de vaisseau du Roy « Le Brillant », âgé de 20 ans.

29 Février.

Gouzel de Lauriac (Charles), capitaine en second du 2e bataillon d'Aquitaine, chevalier de St. Louis, ne à Brioude en Auvergne, âgé de 26 ans.

1er Mars.

Giraud (Claude), matelot du « Petit Annibal », natif de la juridiction de Lyon, âgé de 30 ans.

1er Mars.

Stegel (Laurent), fusilier au régiment de Lamarck, compagnie de Lescallier, âgé de 50 ans.

3 Mars.

Fest (Joseph), chasseur du régiment de Lamarck, âgé de 35 ans.

3 Mars.

Muller (Joseph), fusilier de Lamarck, âgé de 30 ans.

4 Mars.

Bing (Georges), soldat et tambour de Lamarck, âgé de 35 ans.

5 Mars.

Heller (François), caporal de Lamarck, âgé de 38 ans.

5 Mars.

Menager (Marin), fusilier de Besançon, né à Boulon, juridiction de Villars, province de Chartres, âgé de 40 ans.

9 Mars.

Bonnier (Jean), soldat du régiment du Vivarais, compagnie de Campagnol, apprenti à la suite du corps royal d'artillerie de Besançon, né à Croutelle, juridiction de Tours, âgé de 33 ans.

11 Mars.

Mangis (Jacques), fusilier de Lamarck, compagnie de Retz, né en Angleterre, âgé de 28 ans.

11 Mars.

Huger (Jacob), fusilier d'Austrasie, compagnie de Moy, né en Alsace, âgé de 26 ans.

12 Mars.

Grave (Jacques), sergent de l'artillerie de l'Ile de France, compagnie de Parard, natif du diocèse de Laon, âgé de 41 ans.

12 Mars.

Gujard (Antoine), caporal d'Austrasie, compagnie du Trevest, né à Commercy, âgé de 35 ans.

13 Mars.

Lavigne (Denis), sergent des grenadiers d'Austrasie, compagnie de Laborde, natif de la juridiction de Dôle, âgé de 45 ans.

18 Mars.

Hucky (Joseph), fusilier de Lamarck, compagnie de Ferret, né en Allemagne, âgé de 26 ans.

21 Mars.

Chevriet (Louis, Laurent), caporal dans l'artillerie de Besançon, compagnie de Lenoble, né à Cossigny en Brie, âgé de 45 ans.

23 Mars.

Gerrier (Louis), matelot de la flûte du Roy, « Le dromadaire », né à Lorient, âgé de 25 an.

24 Mars.

SIGNORET (Honoré), chasseur d'Austrasie, né à Franche-Comté, âgé de 26 ans.

24 Mars.

CALVY (René), dit Desgranges, né à Rennes, âgé de 36 ans.

26 Mars.

COLIN (Jean), prussien, Officier du parti de Mr. Lalay, âgé de 44 ans.

26 Mars.

PENDANT, matelot de la frégate « Coventry », né à Vannes, âgé de 19 ans.

27 Mars.

POVERT (Pierre), matelot, né à Pont-de-Cé, âgé de 25 ans.

29 Mars.

CASTEL (Louis), quartier-maître sur « L'Ajax », né à Brest, âgé de 28 ans.

30 Mars.

MORIEU (Jean), second canonnier du vaisseau, « Le Brillant », né à St. Malo, âgé de 30 ans.

30 Mars.

MITAINE (Jean), fusilier d'Austrasie, compagnie d'Aiglepierre, né à Corniéville, juridiction de Commercy en Lorraine, âgé de 35 ans.

30 Mars.

GUESNIERE (Ambroise), né à Argenton en Berry, âgé de 54 ans.

6 Avril.

Menil (Jacques), fusilier du Royal Roussillon, compagnie de Falloix, natif du Maine, âgé de 25 ans.

6 Avril.

Poirier (Louis), matelot du Coventry », âgé de 18 ans.

6 Avril.

Raby (Pierre), matelot, né à Castres en Languedoc, âgé de 32 ans.

8 Avril.

Hunt (Jean-Baptiste), fusilier d'Austrasie, compagnie de Leboeuf, né en Lorraines.

12 Avril.

Val (Justin), matelot sur le « Dromadaire », né à St. Valery-en-Caux, âgé de 25 ans.

12 Avril.

Fiel (Jean, Pierre). soldat de Vivarais, actuellement à la suite de l'artillerie de Besançon, né à Favières en Lorraine.

13 Avril.

Touillerot (Jacques), dit Léonard, caporal d'Aquitaine, né en Gascogne, âgé de 40 ans.

13 Avril.

Chaufré (Joseph), cuisinier sur le « Brillant », né à Quimperlé, âgé de 30 ans.

13 Avril.

Lehoury (Etienne), maître tonnelier sur le «Brillant», né à Nantes, âgé de 30 ans.

13 Avril.

Lafond (Jean), Capitaine d'infanterie, Commandant du bataillon des Cipayes, à la suite du régiment d'Aquitaine, âgé de 60 ans.

14 Avril.

Launay (Julien), matelot sur le « Vicomte de Souillac », né à Vitré en Bretagne, âgé de 25 ans.

15 Avril.

Martin (Jean-Baptiste), fusilier d'Aquitaine, compagnie de Beaupré, né à Périgny en Franche-Comté, âgé de 30 ans.

15 Avril.

Lefoze (Guillaume), dit La Flotte, soldat de la 2ème compagnie d'artillerie de l'Ile de Bourbon, né à Questonié en Bretagne, juridiction d'Hennebont.

15 Avril.

Hivard (Claude, Lambert), né à Coucy-le-Château, diocèse de Laon, âgé de 40 ans.

16 Avril.

Détain (Louis), sergent vétéran, né à Pont en Picardie, âgé de 60 ans.

16 Avril.

Labouline (Martin), matelot sur le « Petit Annibal », âgé de 35. ans.

18 Avril.

Renaudot (Pierre), soldat de marine sur le « Brillant », né à Port-Louis en Bretagne. âgé de 26 ans.

20 Avril.

Guionet (Julien), soldat de marine sur « l'Ajax », né à Fontenal-le-Comte, âgé de 40 ans.

21 Avril.

Limermann (Jacques), fusilier de Lamarck, né en Allemagne, âgé de 30 ans.

21 Avril.

Dequeux (Jean, Olivier), lieutenant du vaisseau du Roi, « L'Illustre », âgé de 33 ans.

22 Avril.

Mestrique (Louis), maître calfat du vaisseau « Le Brillant », né à Lorient.

22 Avril.

Vaubert (Pierre), maître voilier de la « Juliette », né à Granville en Normandie, âgé de 35 ans.

22 Avril.

Richardeau (Bonaventure), soldat d'artillerie de la légion de Lauzun, compagnie de Saint-Martin, né à Moncey, diocèse de Besançon, âgé de 40 ans.

23 Avril.

Maquer (Jean), né à Port-Louis en Bretagne, âgé de 36 ans.

24 Avril.

Rognon (Catherine), femme de Jacques Collondont, née à Pondichéry, âgée de 36 ans.

25 Avril.

Guenaudec (Georges), second calfat sur le « Brillant », né à Lorient, âgé de 35 ans.

25 Avril.

Flette (Pierre), fusilier d'Austrasie, né en Lorraine, âgé de 30 ans.

29 Avril.

Desprez, Chirurgien, né à Lyon, âgé de 25 ans.

29 Avril.

Magny (Jean), grenadier d'Austrasie, compagnie Delaborde, né à Vaubecourt, juridiction de Bar-le-Duc, âgé de 30 ans.

30 Avril.

Cottin (Benòit), fusilier d'Austrasie, né à Paris, âgé de 25 ans.

30 Avril.

Legras, soldat de l'Ile de France, en détachement sur « l'Argonaute », âgé de 25 ans.

3 Mai.

Doubernelle (Jacques), chasseur de Lamarck, né en Alsace.

5 Mai.

Cachart (Pierre, Elie), né à Guernesey, âgé de 67 ans.

6 Mai.

Richin (Louis, J-B.), sergent d'Austrasie, compagnie de Quincy, né à Moulins en Bourbonnais, âgé de 35 ans.

6 Mai.

Desjardins (Yves), ancien capitaine de vaisseaux côtiers, né à Pondichéry, âgé de 50 ans.

6 Mai.

Izel (Jean), fusilier de Lamarck, né en Alsace, âgé de 30 ans.

6 Mai.

Guilen (Jean), maître tonnelier sur « Le Brillant » né à Brest, âgé de 25 ans.

10 Mai.

Sannoy (Jean-Baptiste), fusilier d'Aquitaine, compagnie de Montault, né à Apremont en Champagne, juridiction de Sainte-Menehould, âgé de 40 ans.

14 Mai.

Roblin (Pierre), fusilier d'Aquitaine, compagnie de Montault, né à Moncey, diocèse de Besançon, âgé de 30 ans.

15 Mai.

Germain, soldat du régiment de l'Ile de France, en détachement sur « l'Argonaute », âgé de 30 ans.

16 Mai.

Gotel (Jean, Marie), matelot sur « l'Arlésien », né à Vitré, âgé de 40 ans.

17 Mai.

Lafoie (Bernard), quartier-maître du « Coventry », né à Bordeaux, âgé de 35 ans.

17 Mai.

Colignon (Nicolas), artilleur de l'Ile de France, né à Frémeréville, juridiction de Commercy en Lorraine, âgé de 34 ans.

17 Mai.

Augier (Joseph), contre-maître sur le « Coventry », âgé de 40 ans.

20 Mai.

Olivry (François), du vaisseau du Roy « Le Fendant », né à Noirmoutier, âgé de 30 ans.

20 Mai.

Lefebvre (Augustin), soldat de marine de la « Bellone », né à Rochefort, âgé de 25 ans.

21 Mai.

Nicolazeau, âgé de 60 ans.

22 Mai.

Cortel (Marie, Léonard), quartier-maître sur « l'Argonaute », âgé de 30 ans.

22 Mai.

Caquet (Jean-Baptiste), matelot timonier sur la « Bellone », âgé de 35 ans.

24 Mai.

Calumet (Jacques), matelot sur « Le Fendant », né à Rochefort, âgé de 35 ans.

25 Mai.

Sixe (Louis), grenadier au régiment de Lamarck, né à Lille, âgé de 40 ans.

27 Mai.

Chaudetel (Pierre), quartier-maître sur le « St. Michel », né à Vannes, âgé de 36 ans.

30 Mai.

Colin (Claude, Marie, Baptiste), sergent au bataillon de cipayes de Royal Roussillon, né à Corbeil, âgé de 40 ans.

31 Mai.

Montault (Jean-Baptiste), baron, Chevalier de St. Louis, capitaine commandant au régiment d'Aquitaine, né à Migos, dans le comté de Foix, âgé de 45 ans.

1er Juin.

Bourgort (Henry), fusilier d'Aquitaine, compagnie de Moulon, né à Plombières en Lorraine.

2 Juin.

Horbelle (Sébastien), sergent-major de Lamarck, natif de la Mayenne.

3 Juin.

Lebras (Joseph, François), matelot du « Fendant », âgé de 25 ans.

4 Juin.

Schlitz (Jean), fusilier de Lamarck, compagnie de Vermère.

6 Juin.

Lamothe (Nancy), fusilier d'Austrasie, compagnie de Moy, né en Lorraine, âgé de 33 ans.

7 Juin.

Leger (François), caporal de cipayes à la suite du régiment d'Aquitaine, natif de la juridiction d'Auxerre, âgé de 38 ans.

8 Juin.

Merlier (Joseph), matelot frater sur « l'Amphitrite », né à Paris, âgé de 30 ans.

11 Juin.

Laisné (Louis), caporal du corps royal de la marine, débarqué du « Petit Annibal », né à Avranches, âgé de 24 ans.

11 Juin.

Lassalle Mariehaure (de), capitaine d'infanterie, né à Paris, paroisse St. André-des-Arts, âgé de 51 ans.

12 Juin.

Lagatte (Guillaume), matelot sur « Le Fendant », né à Pontivy, âgé de 23 ans.

14 Juin.

Dhoudant de Villeneuve (Jean, Pierre), ancien militaire, et ensuite employé au service du Roy à Mahé, né à Châlons en Champagne, âgé de 63 ans.

15 Juin.

Bourgeois (Pierre), bosseman sur « l'Outarde », né à Arromanches, département de Caen, âgé de 25 ans.

15 Juin.

Girard (Charles), matelot sur le « Saint-Michel », né à Signac, évêché de Vannes, âgé de 27 ans.

16 Juin.

Rigard (Louis), fusilier de Lamarck, né en Alsace, âgé de 35 ans.

16 Juin.

Blatte (Benoît), fusilier d'Aquitaine, né à Neufchâteau en Hainaut, juridiction de Boulogne, âgé de 29 ans.

17 Juin.

Grison (Pierre), matelot sur « Le Fendant », né à Dunkerque, âgé de 25 ans.

18 Juin.

Lesueur (Jean-Baptiste), ancien sergent vétéran, né à Paris, paroisse Bonne-Nouvelle, âgé de 45 ans.

21 Juin.

Barthelemy (Louis), né à Gênes, âgé de 28 ans.

21 Juin.

BARBIER (Nicolas), fusilier chasseur, compagnie de Sedilot, régiment d'Austrasie, né en Lorraine, âgé de 56 ans.

21 Juin.

DUBATON (Antoine), fusilier d'Austrasie, né à Colombier-Montaigu, juridiction de Vesoul en Franche-Comté, âgé de 23 ans.

22 Juin.

SAVIALLE (Jean), fusilier du régiment de l'Ile de France, provenant du vaisseau « L'Argonaute ».

23 Juin.

DELMAS (Barthélemy), fusilier d'Austrasie, compagnie de Laroche, né à Rouillac, diocèse de St. Flour, âgé de 25 ans.

24 Juin.

ANTOINE (Pierre), fusilier de l'Ile de France, âgé de 28 ans.

24 Juin.

LAMBIER (Louis, Charles), fusilier d'Austrasie, compagnie de Laroche, âgé de 25 ans.

26 Juin.

TRAINANT (François), fusilier de l'Ile de France, provenant du vaisseau « Le Fendant », né à Troyes en Champagne, âgé de 50 ans.

28 Juin.

AUBRY (Louis), soldat de marine, compagnie de Montbrun, provenant du vaisseau, le « Saint-Michel », né au Mans, âgé de 24 ans.

28 Juin.

Vauthier (François), matelot sur « Le Fendant », né à Granville en Normandie, âgé de 20 ans.

30 Juin.

Hoffmann (Louis), fusilier de Lamarck, né à Hambourg, âgé de 39 ans.

30 Juin.

Jacquineau (Jean, Henry, Germain), matelot sur « Le Fendant », né à Paris, paroisse St. Germain-l'Auxerrois, âgé de 24 ans.

5 Juillet.

Clause (Nicolas), fusilier de Lauzun, compagnie des chasseurs, né à Verdun, âgé de 34 ans.

6 Juillet.

Bacolet (François), chasseur de Lamarch, compagnie de Brobec, né aux Fonds, province du Forez, âgé de 24 ans.

7 Juillet.

Monfort, soldat de l'Ile de France, du détachement à bord de « L'Argonaute », âgé de 24 ans.

7 Juillet.

Fromentin (Jean), canonnier sur « Le Fendant », né à Dieppe.

8 Juillet.

Colinet (Pierre), matelot sur le « Saint-Michel », né aux Sables-d'Olonne, âgé de 20 ans.

8 Juillet.

Lenoir (Rose), veuve de Noël Durocher, ancien chirurgien, née à Pondichéry, âgée de 50 ans.

11 Juillet.

Jacob (Pierre), fusilier de Lamarck, né en Lorraine.

11 Juillet.

Jacques (Jean), canonnier du régiment de Besançon, né à Pomarez en Gascogne, âgé de 24 ans.

13 Juillet.

Martin (François), maître surnuméraire du vaisseau « Le Fendant », né à Vannes, âgé de 35 ans.

15 Juillet.

Menard (Mathurin), aide-canonnier sur « L'Outarde », né à Pauillac, âgé de 27 ans.

15 Juillet.

Hetet (Henry, Jean), aide-canonnier sur le « Saint-Michel », né à Brest, âgé de 23 ans.

15 Juillet.

Brunet (François), fusilier de France à bord de « L'Argonaute ».

15 Juillet.

Gaudy (Louis), fusilier d'Austrasie, compagnie d'Elbeuf, né à St. Omer, âgé de 28 ans.

16 Juillet.

Louis, matelot de « L'Outarde », âgé de 23 ans.

16 Juillet.

Richard (François), matelot sur « Le Fendant », né à Brest, âgé de 35 ans.

16 Juillet.

Pensard (Jean, Louis), garde de Mr. le Marquis de Bussy, né à Orléans.

17 Juillet.

Stuart Hall (James), âgé de 3 ans.

17 Juillet.

Moraut (Jean-Baptiste), soldat de marine, provenant du vaisseau, le « Saint-Michel », né à St. Jean, diocèse de Bayeux, âgé de 23 ans.

18 Juillet.

Novet (Charles, Thomas), âgé de 9 mois, fils de Charles, Thomas Novet et de Marie, Brigitte Hubert.

22 Juillet.

Champion (Thomas), fusilier d'Aquitaine, compagnie de Montloup, né à Lisieux, âgé de 21 ans.

23 Juillet.

Lebourg (Charles), matelot sur « L'Outarde », né à Granville, âgé de 23 ans.

25 Juillet.

Gaudhu (Pierre), fusilier de Lamarck, compagnie du Chevalier de Ferette, né à Altkirch, âgé de 25 ans.

25 Juillet.

Cheyere (Charles), caporal de ciyayes à la suite du régiment d'Aquitaine, né au Plessis, diocèse de Soissons, âgé de 36 ans.

25 Juillet.

Joseph (Jean), tonnelier, soldat de Lamarck, compagnie des chasseurs, né en Alsace, âgé de 32 ans.

26 Juillet.

Cordonnier (Jean), matelot sur le vaisseau particulier, « L'Asie », né à Bordeaux, âgé de 27 ans.

28 Juillet.

Blondeau (Joseph), matelot sur « Le Hardi », âgé de 30 ans.

29 Juillet.

Beven (Michel), matelot de la frégate, « La Précieuse », né à Pouillé en Bretagne, âgé de 44 ans.

29 Juillet.

Tristaut (Marc), matelot sur « Le Sévère » né à Groix en Bretagne, âgé de 60 ans.

31 Juillet.

David (Antoine), soldat de l'Ile de France, né à Pompignan, évêché de Toulouse, âgé de 23 ans.

31 Juillet.

Morvaut (Guillaume), matelot de « L'Outarde », né à Quimper-Corentin, âgé de 32 ans.

1er Août.

Casavat (Antoine), matelot du « Petit Annibal », âgé de 27 ans.

1er Août.

Roglet (Jean), matelot de la flûte « Le Dromadaire », né à Vaunes, âgé de 23 ans.

1er Août.

Morel (Pierre), bombardier du régiment de Vivarais, à la suite du régiment de Besançon, compagnie de Fiart, né à Gaillac en Albigeois, âgé de 32 ans.

3 Août.

Bauhier (Julien), matelot de « L'Argonaute », natif du diocèse du Mans, âgé de 21 ans.

6 Août.

Domberger (Henry), musicien de Mr. de Bussy, né à Amberg.

7 Août.

Ferseck (Michel), soldat de Lamarck, compagnie de Freytag, âgé de 30 ans.

7 Août.

Gulden (Joseph), grenadier de Lamarck, compagnie d'Atrye, né en Allemagne, âgé de 40 ans.

7 Août.

Laforgue (Jean), matelot du vaisseau, «Le Fendant», né en Provence, âgé de 25 ans.

13 Août.

Percy (Claude), soldat d'Austrasie, compagnie Dutrevet, né en Franche-Comté, âgé de 27 ans.

13 Août.

Demanche (Nicolas), chasseur d'Austrasie, compagnie de Sedilot, né en Lorraine, âgé de 48 ans.

16 Août

Chatelin (Laurent), soldat d'Aquitaine, compagnie de Montault, né à Tours, âgé de 33 ans.

18 Août.

Peyron (Jean, François), né à Aix, mort à Oulgaret, âgé de 36 ans.

19 Août.

Monteau (Charles), caporal d'Austrasie, compagnie Delaroche, né à Nolay en Bourgogne, âgé de 37 ans.

23 Août.

Bonquiscand (Charles), matelot de « La Bellone », né à Dunkerque, âgé de 35 ans.

25 Août.

Flacourt (Julien), né à Surate, âgé de 60 ans.

26 Août.

Molière (René), soldat d'Austrasie, compagnie d'Elbeuf, né à Laval.

28 Août.

Dumesnil (André), matelot de « L'Outarde ».

29 Août.

Dugarand (Joseph), soldat de l'Ile de France.

30 Août.

Adam (Joseph), soldat du régiment de Besançon, compagnie de Guiscard, né à Fléville, juridiction de Chaumont-en-Champagne.

1er Septembre.

Pasquier (Léonard), appointé dans l'artillerie de l'Ile de France, compagnie de Parrère, né à Fourniac, juridiction de Périgueux.

3 Septembre.

Maillarbeau (Jacques), sergent de l'artillerie de l'Ile de France.

7 Septembre.

Barrois (Louis), soldat de marine, débarqué du « St. Michel », né à Brest, âgé de 33 ans.

13 Septembre.

Griguet (Maximien), né à Beaufort en Savoie, âgé de 56 ans.

16 Septembre.

Fortzheim (Comte Sébastien de), 1er lieutenant du régiment de Lamarck, âgé de 24 ans.

17 Septembre.

Le Beaufort, soldat d'Aquitaine, compagnie Debeau, âgé de 36 ans.

22 Septembre.

Schetz (Henry), fusilier de Lamarck, compagnie de Lescallier, en subsistance au régiment d'Austrasie, compagnie de Quiminy, âgé 36 ans.

23 Septembre.

Léonnet (Jacques), Chirurgien en second du vaisseau « Le Fendant », âgé de 36 ans.

24 Septembre.

Fautrat (Joseph), caporal d'Austrasie, compagnie d'Aiglepierre, né à Laval, âgé de 40 ans.

24 Septembre.

Morel (Nicole, Thérèse), épouse de Jean de Saligny, née à Négapatam, âgée de 32 ans.

25 Septembre.

Horatel (Jean), matelot du vaisseau «Le Fendant», né à Bayonne, âgé de 25 ans

28 Septembre.

Daguin (Jean), soldat d'Austrasie, compagnie de Poutet, né à Tours, âgé de 31 ans.

29 Septembre.

Gloux (Gabriel, Marie), fils de Julien Gloux et d'Anne Saux, né à St. Brieuc, âgé de 27 ans.

2 Octobre

Givray (Jacques), sergent et maître canonnier sur « Le Fendant », né en Bourgogne, âgé de 34 ans.

2 Octobre.

Petit (Benjamin), pilotin du vaisseau «Le Fendant», né à Rouen, âgé de 21 ans.

4 Octobre.

Jean (Pierre), matelot sur le « Maréchal de Castries », né à Bordeaux.

11 Octobre.

Brassard (Constant), soldat d'Aquitaine, compagnie Beaupré, né à Amirat, âgé de 31 ans.

16 Octobre.

Goulvesse (Mathurin), matelot du vaisseau particulier, « La Française », né à Lamballe, âgé de 25 ans.

16 Octobre.

Gallet de Boistel (Anne), née à l'Ile de France, âgée de 33 ans.

22 Octobre.

Rabin (André), aide-charpentier de la « Bellone », natif de l'évêché de St. Malo, âgé de 30 ans.

25 Octobre.

Soliman (Jean, René), officier marinier du vaisseau particulier «La Charlotte», né à Lorient, âgé de 29 ans.

27 Octobre.

Forbin (Philippe), aide-canonnier de la « Bellone », né à Abbeville, âgé de 42 ans.

27 Octobre.

Cordier (Jean-Baptiste), soldat de marine, débarqué du « St. Michel », né à Donchery en Bourgogne, âgé de 25 ans.

30 Octobre.

Robelin (Martin), fusilier d'Austrasie, compagnie Dutrevest, né à Levis, diocèse d'Auxerre, généralité d'Orléans, âgé de 42 ans.

2 Novembre.

Laborde (Timotée de), apothicaire sur « Le Fendant », né à Saumur, âgé de 25 ans.

6 Novembre.

Lemery (Jean, Denis), officier auxiliaire de la marine, né à St. Malo, âgé de 30 ans.

9 Novembre.

Quainot (Olivier), matelot sur « Le Fendant », âgé de 20 ans.

11 Novembre.

Roussel (Jean, Marie), aide-canonnier de «L'Outarde» né au Croisic, diocèse de Vannes, âgé de 34 ans.

12 Novembre.

Renaut (Philibert), fusilier d'Aquitaine, compagnie Beaupré, âgé de 36 ans.

12 Novembre.

Herdré (Louis), grenadier d'Austrasie, compagnie Laborde, à Besançon, âgé de 28 ans.

13 Novembre.

Haudin (Marie, Jeanne), âgée d'un an, fille de J.-B., Louis Haudin, employé du Roy, née à Lisieux, et de Marie, Jacquette Richardin.

19 Novembre.

Soulard (Nicolas), maître d'équipage du vaisseau « Le Fendant », né à Lorient, âgé de 35 ans.

19 Novembre.

Alery (François), canonnier de l'Ile de France, compagnie Derville, né à Nantes, paroisse St Sébastien, âgé de 32 ans.

22 Novembre.

Matavant (Barbe), épouse de Pierre Le Tellier, née en Lorraine, âgée de 72 ans.

22 Novembre.

Poileau (Pierre), soldat chasseur d'Austrasie, compagnie de Sedilot, né à Trouhans en Bourgogne, âgé de 28 ans.

24 Novembre.

Thevenot (Philippe), fils de Laurent Thévenot, né à Villiers-Adam, diocèse de Paris, âgé de 50 ans.

2 Décembre.

Evolse (Pierre), canonnier sur « Le Fendant », âgé de 50 ans.

13 Décembre.

Lebrun (Claude), caporal d'Austrasie, compagnie de Quiminy, né à Favières en Lorraine. âgé de 36 ans.

15 Décembre.

Daussot (Pierre), sergent d'Austrasie, compagnie de Moy, né à Vitry en Champagne.

16 Décembre.

Molay (Jean), matelot sur le « Tobie », âgé de 22 ans.

19 Décembre.

Grousteau (Basile), soldat de marine, compagnie du Magnan, provenant du vaisseau « Le Fendant », né à Blois, âgé de 25 ans.

20 Décembre.

Guerguy (Pierre, François), sous-lieutenant au régiment d'Austrasie, né à Ancône en Dauphiné, juridiction de Montélimar, âgé de 45 ans.

Fin

APPENDICE.

Naissances.

ANNÉE 1779.

8 Janvier.

L'Épine (Anne Catherine), fille de Nicolas François Prenel L'Épine, natif de Paris et de Marie Brigitte Hubert, native de Pondichéry.

21 Janvier.

Gron (Isabelle), fille de Joseph Gron, natif de Pondichéry et de Francisca, native de Pondichéry.

22 Janvier.

Barthèlemi (Jean), fils de Joachim Barthèlemi, natif de Pondichéry et d'Anne Démonté, native de Pondichéry.

22 Janvier.

Le Pilleur (Jean Baptiste François), fils de Jean Baptiste Le Pilleur, natif de Paris et de Louise, native de Pondichéry.

27 Janvier.

De France (Louis), fils de Jean de France, natif de Pondichéry et d'Agnès Peunan, native de Pondichéry.

6 Février.

Vosso (Louis François), fils de Claude Vosso, natif de Pontillier sur Jône diocèse de Besançon et de Marie Anne Lafozer, native de Pondichéry.

18 Février.

Vincent (Marie Anne), fille de Michel Vincent, natif de . . . . . . et de Marianne, native de Pondichéry.

21 Février.

Fanthôme (Marie Louise), fille de Bernard Magdeleine Fanthôme, natif de Mahé et de Catherine Artock, native de Pondichéry.

25 Février.

Templier (Philipe Jean), fils de Philipe Templier, natif de Paris et de Geneviève, native de Karikal.

25 Février.

Fasset (Anne Marguerite), fille de James Fasset né à Dublin en Irlande et de Marguerite Groûa, native de Pondichéry.

26 Février.

Laforgue (Marie Louise), fille de Jean Simon Laforgue, natif de Gaudin Diocèse de Comminges et de Rosalie Gresseux, native de Trenquebar.

21 Mars.

Le Normand (Jean Joseph Hyacinthe), fils de Jean Hyacinthe Jacques Le Normand du Goullouron, natif de Quimper en Bretagne, et de Marie Ursule Pauline Humbert, native de l'Ile de France.

16 Mai.

Blin de Grincourt (Marie Julie), fille de Vendicien Guillain Marie Blin de Grincourt, natif d'Arras et de Marie Magdelaine Cornet, native de Pondichéry.

Parrain : André Boilleau.
Marraine : Marie Anne Françoise Monceau.

18 Mai.

Giquel (Laurent), fils de Bertrand Giquel, natif d'Ouray en Bretagne et de Marie Lequin, native de Pondichéry.

24 Mai.

Peraive (Dominique), fils de Joseph Valento Peraive, natif de Goa et de Vitte du Rosaire, native de Pondichéry.

18 Juin.

Lepeltier (Claire Hélène), fille de Guillaume Lepeltier, natif de St. Malo et de Geneviève Guerin, native de Pondichéry.

2 Juillet.

Duchamp (Joseph), fils d'André Duchamp et d'Anne Rayque.

13 Juillet.

James (Marie Geneviève), fille de Jean Baptiste James, natif de Pondichéry et d'Elisabeth Cluk, native de Pondichéry.

19 Juillet.

Le Roux (Louise Marcelle), fille de François Le Roux dit Clerac, natif de St. Pierre de Clerac et de Sébastienne de Crux, native de Pondichéry.

9 Août.

Pingault (Marie Elisabeth), fille de Jean Baptiste Pingault, natif de Paris et de Dame Adélaïde Marie Cornet, native de Pondichéry.

10 Août.

Le Gros (Gilles Joseph Louis), fils de Joseph Le Gros, natif de Provence et de Suzanne du Mesnil, native de Mahé.

24 Août.

Bourgine (Anne Geneviève Jeanne), fille d'Hilaire Policarpe Bourgine, natif de la Rochelle et de Marie Anne Meder, native de Mahé.

8 Septembre.

Tardivelle (Marie Adélaïde), fille de Jean Baptiste Tardivelle, natif de St. Brieux et de Madeleine Burot, native de Pondichéry.

11 Septembre.

Compère (Philipe), fils d'Honoré Compère, natif d'Origny-Picardie et de Marianne Bergeque.

23 Septembre.

Arson (André), fils de Jean Arson, natif de Pondichéry et de Marguerite de Rosaire, native de Pondichéry.

1er Octobre.

Meurisse (Joseph François), fils de Jérome Meurisse, natif de Laon-Picardie et d'Eléonore Viera de Karvaille, native de Trinquebar.

2 Octobre.

Remedios (Rosalie), fille de François Xavier Remedios, natif de Goa et de Rosalie, native de Mahé.

6 Octobre.

Bausset (Alexandre de), fils de Pierre Chevalier de Bausset, natif de Pondichéry et de Joannes Sinan, native de Pondichéry.

31 Octobre.

De Roche (Madeleine Suzanne), fille de Gabriel de Roche, natif de Montagrier-Perigor et de Marie Jeanne Gérard, native de l'Isle de France.

3 Novembre.

Mascarin (Catherine), fille de Lucas Mascarin, natif de Pondichéry et de Marguerite Bronzelle, native de Pondichéry.

6 Novembre.

De Coste (Victoire), fils de Jean de Coste, natif de Madras et de Claire Christiana Gregoria, native de Madras.

22 Novembre.

Durup (François Joseph), fils de Louis Michel Durup de Dombal, natif de Voille et de Dame Dominique Peiraire de Gambos, native de Jancelan.

29 Novembre.

Lanoy (Jean), fils de Noël Lanoy et d'Antoinette Latone, native de Pondichéry.

9 Décembre.

De Saligny (Marie Joseph), fils de Joseph-Hugues Jean Favry de Saligny, natif de Paris et de Nicole Thérèse Morelle, native de Négapatam

25 Decembre.

Daumain (Marie Anne Louise), fille de Jean Baptiste Daumain, natif de St. Pourçain en Bretagne et de Marie Louise La Roche, native de Pondichéry.

26 Décembre.

Ribère (Mathieu), fils d'Antoine Ribère, natif de Batavia et Françoise de Costa, native de Pondichéry.

Fin du Tome III.

INDEX ALPHABÉTIQUE DES NOMS PROPRES.

ABREVIATIONS :

N : **Naissances**

M : **Mariages.**

D : **Décès**.

T : **Témoins**

A

ABEILLE, Jacques Thomas, N, 16.
ABEILLE, Pierre, D, 41.
ABEILLE, N, 108.
ABEILLE, Jeanne Madeleine, M, 116.
ABEILLE, Marie Anne Georgette, M, 218 ; D, 226.
ABEILLE, Jean Joseph, D, 143.
ABEILLE, Brigitte Céleste, M, 319.
ABRAM, Catherine, M, 18.
ABRAHAM, Geneviève Dominica, N, 63 ; D, 77.
ABRAHAM, Pascal, M, 253.
ADAM, Marie, N, 29 ; D, 62.
ADAM, Marie Madeleine, N, 48.
ADAM, Yves, N, 91.
ADAM, Vincent, D, 321.
ADAM, Joseph Julien, N, 370.
ADAM, Joseph, D, 398.
AHAMONIN, Nicolas, D, 26.
AIGOIN, Jean Pierre, D, 146.
AIMERY, Françoise, N, 132.
AIVAS, Choukri de, D, 99.
AIVAS, Jean de, D, 100.
ALARD, Pierre, D, 38.
ALBAIN, Thomas, D, 61.
ALBERT, Jean Baptiste, D, 42.
ALBERT, François, N, 232 ; N, 314.
ALERY, François D, 402.
ALLARD, Joseph Labre, D, 380.

ALLEMAND, Antoine dit Bellair, D, 307.
ALLIX, Anne, N, 274.
ALLIX, Prudent Louis François, N, 368
ALMÉÏDA, Agathe d', M, 338.
ALMÉÏDE, Anne d', D, 41.
AMALRIC. Victor, parrain, 170.
AMIARD, Edme. N, 172; D, 227.
AMIARD, Etienne, M, 115; N, 132; M, 305; N, 313; M, 337; D, 347.
AMIARD, François, N, 271; D, 302;
AMIARD, Marie Henriette, N, 214; D, 263.
AMIARD, Pierre Etienne, D, 283.
AMIARD, Rozalie Celeste. D, 358.
AMMERMAN, Anne, M, 73.
AMON, Joseph, N, 69
AMONT, Jacques, D, 161
ANDERSEN, Laurent, M. 253.
ANDRÉ, Marie, M, 34.
ANDRÉ, D, 37.
ANDRÉ, Henri, M, 51.
ANDRÉCY, Claude, D, 209.
ANDRÉ D'orléans, R. P, D, 143.
ANDRES, Marie Suzanne d', N, 324.

ANDRES, Claude, d', M, 327.
ANFREDON, Pierre, D, 9.
ANIQUE, Pierre, D, 188.
ANIQUE, Philippe, D, 295.
ANNE, M, 277.
ANTOINE. Pierre, D, 392.
ARCHU, Geneviève, N, 250.
AREHU, Geneviève, d', D, 269.
ARGAUD, Louise, M, 235.
ARGENTBAS, François dit Bellerose, D, 59.
ARIA, Louis, M, 374.
ARMAND, Jean Baptiste, D, 241.
ARNAULT, Jean Baptiste dit Tanneur, D, 145.
ARNOUD, D, 361.
ARPEM, François, N, 132.
ARSON, André, N, 407.
ARTOCK, Catherine, M, 235
ARTOCK, Anne Madeleine, D, 257.
ARTUR, Jeanne Julienne. dame Boyelleau, marraine, 29; 178; D, 331.
ASSENÇO, Antoinette veuve de Pitre, D, 161.
ASTIER, François, D, 377.
AUBAUD DUPERRON, Georges François, M, 254.
AURAUD DUPERRON, Marie Françoise Georgette, N, 275.
AUBERT, Gilles Ignace Joseph, M, 95.

— III —

AUBERT. Edme, D. 209.
AUBERT, Emilie Jeanne Anne Madeleine, N. 249.
AUBERT, Pierre Jean, M, 235.
AUBERTIN, D, 192.
AUBRY, Jean D, 242.
AUBRY, Jean Baptiste, D, 284.
AUBRY, Louis, D, 392
AUDRAIN, Bertrand, D: 247.
AUDRY, Charles, D, 283.
AUGIER, Joseph, D, 388
AUGIS. Jean D, 242.
AUTY, Louis Antoine, D, 266.
AVARRE, Nicolas, D, 292.
AVIA, Louise, Anne Ursule, N, 17.
AVIA, Anne, D, 24.
AVIA, Marie, D, 41.
AVIEN, Pierre, D, 10.
AVIN, Jean, D, 13.
AVIS, Françoise, M, 51.
AYIÉ, Jean, D, 26.

B

BABOUIN, Pierre dit La Tulipe, D, 60.
BACHELIER, Marie, M, 115; D, 282.
BACHELIER, Elisabeth, M, 138.
BACOLET, François, D, 393.
BADER, Xavier, M, 374.
BAILLIRY, Ignace de. D, 209.
BAIVEL, André Germain, M, 353.
BAIVEL, Marie Louis Gertrude, N, 368.
BALIEU, Louise, M. 156.
BALLAY dit Saintonge Julie, N, 32.
BALLAY, Jean, D, 59
BALLAY, Julie, M, 370.
BA LONCHAR, Jeanne Marie, M, 354.
BANAL, Alexandrine Anne Pétronille, N, 86.
BANAL, Pierre, T, 94.
BANAL, Jean François Ursule, N, 216.
BANAL, Catherine Anne Julie, M, 235.
BANNIER, Fould, D, 105.
BARBAULT, François, D, 147.
BARBEAU, Alexandre, D, 43.
BARBIER, Joseph, D, 332.
BARBIER, Nicolas, D, 392.
BARE, Gilles, D, 122.
BARJON, Gabriel François, N, 30.
BARJON, Marie Maleleine, N, 47.
BARJON, Pierre Michel Sabin, N, 85.

Barjon, Jean François Marie, N, 106 ; D, 127.
Barjotte, François, M. 19.
Barjotte, Alias Bergiot. Joseph, D, 192.
Barloux, Georges, M, 277.
Barrois, Louis, D, 398.
Barot, Pierre, D, 56.
Barran, Cyr Julien Jean de, N, 351.
Barras, François, D, 297.
Barre, Henry Charles François Pluton du, D, 259.
Barreaux, Simon, D, 308.
Barrière, Anne, N. 16.
Barrière, Jean, D, 22.
Barrière, Marie Anne, D, 27.
Barrière, Jean Baptiste, N, 45 ; D, 57.
Barrière, Jean, D, 100.
Barrière, Jean, D, 187.
Barry de Richeville, Louis Firmin Hippolyte, T, 179 ; D, 289.
Bartel, Etienne, D, 221.
Barthe, Pierre, D, 281.
Barthelémy veuve voir Emede,
Barthelémy, Louise, veuve marraine. 177.
Barthelémy, Jeanne, M, 374.
Barthelémy, Louis, D, 391.

Barthelémy, Jean, N, 404.
Basset, Jean D, 103.
Battengs, Nathalie Josephe M, 179.
Baudouin, Marie Catherine Michelle, N, 47.
Baudouin, Marie Catherine, M, 372.
Baudouin, Jacques, pararain, 154.
Baudrelle, Jacques. D, 42.
Baudry, Jean Baptiste. D, 243.
Baudry, Jacques, D, 283.
Bauhier, Julien, D, 396.
Baujave, Jean, Marie, D. 40.
Baumann, Michel, D, 261.
Bausset, Pierre de, M, 238.
Bausset, Alecxandre de, N, 250 ; D, 310.
Bausset, Marie, Jacqueline, Emile de, N, 275.
Bausset. Alexandre, de, N. 407.
Bayet, Joseph, M, 53.
Bayet, François Charles, N, 135.
Bayet, François Michel Louis, N, 217.
Bayet, Marie, N, 272.
Bayon, Julien, D, 293.
Bazin, Edme dit Desbordes, D, 12.
Bazilliac, Jean Paul, D, 38.

Beaube, François, D, 141.
Beaubrun, Rozalie du Change de, N, 152.
Beauchamp, Nicolas de, D, 294.
Beaudoin, dame, D, 187.
Beaudolec, Jean Louis, D, 247.
Beaufort, Nicolas de, M, 377.
Beaujard, Claude, D, 379.
Beaujet, Pierre. D, 186.
Beaumont, Thomas, M, 305.
Beauttry, Dorothée, N. 151 ; D. 167.
Bechu, Jacques dit Duchenet D, 98.
Bedez, Jean, Jacques, D, 22.
Beduet, Yves, D, 290.
Beguinot, Jean François dit La Chasse, M, 236.
Beguinot, Celette, D, 293.
Beilliard, Benoit, D, 186.
Benchet, Charles dit La Tranchée, D, 141.
Belée, Françoise, M, 34 ; D, 311.
Belu, Jean Baptiste, D, 119.
Belvert, Antoine, D, 361.
Beliaire, Louis, D, 103.
Bellard, Jean Baptiste, D, 240.
Bellay, Joseph M, 220 ; D, 257.

Bellefin, Françoise, veuve, D, 120.
Bellevue, Pierre Joseph, M, 303 ;
Bellevue, Marie Agnès, N, 326 ; D 333.
Bellissan, Jean François Alexandre, D, 24.
Benard, Louis dit L'Assarance, D, 81.
Beneau, Simon dit Saint Simon, D, 144.
Benoit, Vincent, D, 11.
Benoit, Louis, D, 360.
Beotrée, Jean, D, 8.
Berard, Jacques, D, 96.
Beraud, de Sanoir, Pierre Michel, D, 296.
Berault, Pierre, D, 269.
Berbot, Vincent, D, 309.
Berchon de Fontaine, Jean Baptiste, M, 328.
Berchon de Fontaine, Dominique J B, N, 251.
Bergerac, Pinaut, D, 295.
Berger, François, D, 380.
Berget, Charles, D, 297.
Bergiot alias Barjotte, Joseph, N, 149.
Bergy, Marie Louise, D, 206.
Berhault, Jean dit La Tulipe, D, 182.
Berlot, Elisabeth, D, 41.
Berly, Jean dit Langeoin Sans-Souci, D, 40.

Bernard, Louis, D, 299.
Bernard, Anne Flore, D, 308.
Bernard, Pierre Marie, M, 338.
Bernard, Augustin Antoine, N, 350.
Bernardo, D, 362.
Berseque, Marianne, M, 94.
Berthe, Nicolas Joseph, D, 380.
Bertelot, Mathieu, D, 101.
Berthelin, Jean Baptiste, T, 8 ; D, 346.
Berthelin, Marie Pétronille, M, 327.
Berthelin, Julien, D, 243
Berthignon, Charles, Joseph, D, 222.
Bertin, Etienne, D, 7.
Bertrand dit Darras, D, 10.
Bertrand, Pierre, D, 57 ; Bertrand, Rose, N, 135 ; D ; 58.
Bertrand, Louis, D, 258
Bertrand, Claude, D, 267.
Bertrand, Noël, M, 376.
Besart, Gilles, D, 260.
Bessard, Joseph, D, 342.
Bevent, Michel, D, 396.
Beylié, Augustin, parrain, 67 ; T, 74.
Beylié, Jacques Augustin, N, 90.
Beylié, Marguerite Marie Madeleine, N, 152.
Biancour, Léon Benjamin, M, 370.
Biard, Augustin, D, 360.
Billard, Jean Ambroise dit Lagarde, D, 60.
Billiever, Jacques, M, 53.
Bing, Georges D, 381.
Bischop, Marie Jeanne Jacqueline de, M, 35.
Bischop, Marie Jacqueline, marraine, 91.
Bischop, Marie, D, 145.
Blanchard, dit Bel Arbre, Jean, D, 9.
Blanchard, Jean, M, 35.
Blanchard. François, D, 298.
Blanchet, Simon, D, 26.
Blatte, Benoit, D, 391.
Blin, Alexandre N, 46.
Blin, Vinditien Guillain Marie, parrain, 48, 88
Blin, Thérese, Josephe, N, 69.
Blin, Barthelemy Etienne, N, 91.
Blin de Grincourt, Vinditien Guillain, T, 35.
Blin de Grincourt, Vinditien Guillain Marie, M, 36.
Blin de Grincourt, Marie Julie, Adélaïde, N, 196, D, 265.

BLIN de Grincourt, Marc Roch Luc Vinditien. D, 248.
BLIN de Grincourt, Marie Julie, N, 405.
BLONDEAU, Joseph, D, 396.
BLONDEL, Joseph, D, 186.
BLONDEL Marie, N, 250.
BLONDEL, Denis, D, 291.
BLONDEL, Urcin Charles, D, 362.
BLONDIN, Pierre dit Beausejour, D, 14.
BOCQUEAU, François, D. 295.
BODIN, Julien, N, 29
BOILESVE, Marie, Renée M, 117.
BOILEUX, dit Chevalier, Marie Madeleine, N. 177; D, 191.
BOILEUX, Procope, M, 219.
BOILLEAU, André parrain, 405
BOISCLAIR, Louis, D, 298.
BOISCLAIR, Etienne François, N, 137; D, 164.
BOISCLAIR, Marguerite, M, 356.
BOISCLAIRC, Marguerite, N, 44
BOISCLERC, Louis, M, 20.
BOISCLÈRE, Pierre, N, 87.
BOISJEUSSI, D. 5.
BOISSEAU. Catherine, N, 18.

BOISSEAU, René, D, 84.
BOISSEAU, Jean Baptiste, D, 96.
BOISSEROLLE, Louis Alexandre, parrain, 174.
BOISSIER, Louis D, 261.
BOISSY, Pierre, D, 11.
BOISTEL, Anne de, D, 369.
BOISVIN, Gaspard dit La Couture, D, 22.
BOITEUX, Procope D, 222.
BOIVIN, Luc, D, 286.
BOLLAT, Claude dit La Victoire, D, 168.
BONART. Celestin. D, 344.
BONNABRYS, Claude François D, 192.
BONNEAU, M, 21; D, 297.
BONNEFOY, Jean François, M, 55.
BONNEFOY. Jean Etienne, N, 91; D, 263.
BONNEFOY, Louis Guillaume N, 153.
BONEFOY, Marie, N, 197.
BONNEFOY, Louis, D, 209.
BONNEFOY, Jean, N, 216.
BONNEFOY, Jean Louis, N, 251; D, 299.
BONNEFOY, Françoise, N, 275; D, 322.
BONNEFOY, Geneviève, N, 368.
BONNEFOY, Jean Dominique, N, 316; D, 341.

Bonnefoy, Benoit Philippe, N, 350.
Bonnessay, Jean Eloi, D, 97.
Bonnier, Jean, D, 381.
Bonquiscand, Charles, D, 398.
Bontemps, Marcelle Antoinette Benedicte, N, 316.
Borderie, François, D, 10
Boré, Gilles, M, 54.
Borée, Françoise, N, 29.
Borel, Olivier, D, 164.
Bory, Louis, N, 326.
Borry, Jacques D, 361.
Bossman, Gaspard, M, 304.
Bouchan, Jean François, D, 56.
Bouché, Jean Baptiste, M, 51.
Bouché, Brigitte, N, 66
Bouché, Anne Pierrette, N, 107.
Bouché, Catherine Louise, 131.
Bouché, Marie Adelaïde, N, 148; D, 308.
Bouché, Jeanne Louis, N, 196.
Bouché, François Dorothée, D, 308.
Bouché, J, B, veuve, M, 329.
Boucher, Vinditien, François Simon, N, 106.
Boucher, Jean Baptiste, D, 225.
Boucher, Dorothée, N, 230.
Boucher, Mathurin Josselin, D. 99.
Boucherat, T. 373.
Bouchez, Marie Anne, N, 132.
Bouchez, Jacques Julien, N, 171.
Bouchez, Anne Celeste, N, 251.
Bouette, Marie Elisabeth, M, 200.
Bouette, Jean Etienne Joseph, M, 279.
Bougon, Eustache, D, 146.
Bougon, Jean, D, 187.
Bouille, Jean, D, 297.
Boulaire, D, 6.
Boulanger, Jean, D, 24.
Bourbard, Charles, D, 165.
Bourboulon, Antoine, D, 209.
Bourcet, Jean, parrain, 32; M, 179; D, 247.
Bourcet, Pierre, Jean, D, 216.
Bourceville, Charles; D, 280.
Bourdin, Julien, D, 128.
Bourely, Etienne, M, 21; D, 160.
Bourely, Jean Pierre, N, 46; D, 58,

Bourely, Agnès Marie, N, 87.
Bourely, Jean N, 112.
Bourely, Gabriel Etienne, N, 136.
Bourely, Marie Antoine Rite, N, 154.
Bourely, Marie Anne Philippe, N, 195.
Bourely, Antoinette, D, 210
Bourely, N, 215 ;
Bourely, Marie Louise, N, 249.
Bourely, Etienne Nicolas, N, 273.
Bourély, Julie Adélaide, N, 313.
Bourely, Anne Julie Adélaïde, D, 348.
Bourgeois, Pierre, D, 391.
Bourgine, Hilaire, veuve, D, 8.
Bourgine, Rosalie Renée, N, 67 ; D, 163,
Bourgine, Marcel François, N. 91.
Bourgine, Victor Hilaire, N, 133.
Bourgine, Anne Catherine, N, 174.
Bourgine, Victor, D, 226.
Bourgine, Pierre Joseph, N, 230.
Bourgine, Hilaire Policarpe D, 330.

Bourgine, Anne Geneviève, N, 406.
Bourgort, Henry, D, 390.
Bourisse, Blaise, D, 365.
Bourjac, Jean, D, 202.
Bourlet, d'Hervilliers, Louise Françoise Renée, N, 28.
Bourlet, d'Hervilliers, Louis Nicolas, T, 50.
Bourlet, d'Hervilliers, Anne Simone, N, 213.
Boussement, Jean Baptiste, D, 340.
Boussic, Nicolas. D, 288.
Boussier, Louise, M, 181.
Boussière, Marie Julie Anne, N, 84.
Bouteservin, Joseph, D, 186.
Boutet, François, M, 319.
Boutet, Marie Brigitte Eugénie, N, 325.
Boutet, Marguerite, Josephe, Augustine, N, 366.
Boutigny-Dubreuil Lucie, Anne, N, 368.
Bouton, François, M, 180; D, 205,
Boutroye, François, D, 279.
Boutté, Nicolas, M, 180.
Bouvet, Louis, N, 69.
Bovilleday, Jean, D, 189.

Boyelleau, André, parrain, 29, 177; T, M, 159
Boyelleau, dame, marraine, 178; D, 331.
Boyer, Michel, D, 144.
Brabant, Pierre, D, 259.
Bramel, Jean Baptiste, N, 47.
Branchon, Jean Louis, D, 359.
Brassart, Scholastique Josephe, M, 219: M, 238.
Brassart, Constant, D, 400.
Braux, François Jean de, M, 117.
Brebaut, Guillaume, D, 126.
Bréda, Michel Antoine dit La Fontaine, D, 98.
Brenier, Ennemond Joseph, T, 75; D, 282
Bretchell, Georges Philippe, D, 210.
Bret Marguein, François, M, 307.
Bretschelle, Elisabeth, M, 376.
Brevedan, Jean Baptiste de, D, 125.
Brigitte, M, 357.
Brillant, Michel dit La Fortune, D, 309
Brillard, Julien dit La Forge, D, 129.
Brion, Louise Marie Georgette, M, 328.

Brion, Marie, M, 355.
Briou, Antoine, D, 293.
Brisson, Louis Jacques, M, 18.
Brisson, Simon Louis, N, 29.
Brisson, Louis Charles, D, 80.
Brisson, Louis, D, 128.
Briteau, René, D, 204.
Britto, Marie, veuve de Simon Fernandez, M, 21.
Britto, Marie de, D, 60.
Brochard, François, D, 223.
Brome, D, 380.
Brossard, Michel Jacques de, D, 161.
Brousset, Jean, D 125.
Brouttay, Antoine, D, 127,
Bruère, Jeanne, M, 277.
Bruilla, Yves Jean de, D, 185.
Brunet, Marguerite, D, 57.
Brunet, M, 117.
Brunet, Marie, N, 199.
Brunet, Weneslas Hippolyte Dominique, D, 271.
Brunet, François, D, 394.
Bruno, Jean Jacques Louis, N, 68.
Bruno, Marie Anne Blanche, N, 90.
Bruno, Adrien, François, N, 132.

Brunot, Louis, T, 54 ; M, 55 ; parrain, 88.
Bruno, Brigitte, D, 244.
Bruyère, Jeanne, M, 355.
Bucher, Michel, D. 343.
Buis, Charles, D, 288.
Buisson, François, D, 167.
Bulot, Nicolas, D, 321.
Bunot du Beaumont Laurent, D, 204.
Bureau D, 309.
Burel, Thérèse Michelle, marraine, 217 ; M, 375.
Buret, Marie, veuve de Jean Wogel, D, 97.
Burlaut, D, 299.
Burot, Marie Elisabeth, M, 21.
Burot, Pierre, D, 27.
Burot, Madeleine, veuve Blanchard, M, 35, 75.
Burot, Agnès, M, 178.
Bury, Jean Baptiste Fulgence de, M, 305.
Burry, François, de, T, 75.

C

Cabesse, Simon, N, 155.
Caboudin, Nicolas, D, 378.
Cachard, Thomasir, D, 27.
Cachart, Emmanuel, N, 32 ; D, 43.
Cachart, Marie Anne, M, 75 ; M ; 322.
Cachart, Geneviève Jeanne, N, 89.
Cachart, Pierre, N, 350.
Cachart, Pierre, Elie, D, 387.
Caffin, François, D, 42.
Caille, Pierre, D, 100.
Caillotte, Jeanne, M, 235.
Callendot, Louis Marie, D ; 162.
Callenne, Jéronime, D, 204.
Calumet, Jacques, D, 389
Calvy, René dit Desgranges D, 383.
Cambray, Louis, D, 14.
Cames, Jean Joseph, N, 194.
Cames, Jeanne, N, 199.
Cames, Joseph, D, 203.
Camesse, Simon dit Milanais, D, 257.
Camillé, Rose, M, 253.
Cammiade, Pierre Joseph Marie. N, 234.
Cammiade, Joseph, M, 237.
Campion, Etienne, D, 122.
Camps, Castro, Benoit de, N, 351.
Camu, Barthelemy. N, 46.
Camu, Marie Geneviève, N, 108.

Camu, Louis François. N, 195; D, 205.
Camu, Anne Henriette, N, 214.
Camu, Louise, N, 366.
Canap, Victor, D, 379.
Canet, Marie Rose, M, 159.
Cantin, Jean, D, 11.
Cantons, Geneviève des, M, 304.
Caquet, Jean Baptiste, D, 389.
Carbonié, Claude, D, 262.
Carcadet, Mathurin, D, 280.
Cardeu, Jacques, D, 140.
Cardinal, Jean, D, 294.
Careaux, François, D, 163.
Carez, Dieudonné, M, 156.
Carfin, Jean François, M, 21.
Carlos, Catherine, M, 32; D, 62.
Caro, Michel Mathieu, N, 44; D, 60.
Caro, Marie Jeanne, N, 109; D, 144.
Carré, Pierre, D, 126.
Carrié, Louise, D, 42.
Carrière, Jean, T, 3.
Carrion, Louis, D, 265.
Carrion, Angelique Marie Catherine, N, 275.
Cartarède, Appoline Charlotte, N, 336.

Cartel, Jacques, D, 245.
Cartel, Antoine Charles D, 258.
Cartel, Bertrand, D, 364.
Carvalho, Alexandre, parrain, 64.
Carvalho, Jeanne, M, 67.
Carvalho, Marie, veuve Law, marraine, 90; 175
Casagnard, Joseph, D, 365.
Casar, Augustin N, 30.
Casard, Jean Baptiste, N, 214.
Casavat, Antoine, D, 396.
Caser, Vincent N, 249.
Cassar, Michel, N, 65.
Cassar, Yves Laurent, D, 99.
Cassenove, Louis, T, M, 159.
Castel, Jecques Chritophe N, 16; D, 26.
Castel, Jeanne, D, 23.
Castel, Louis, D, 383.
Castor Anne Marie, D, 203.
Castro, Marie Alphonse Dias de, M, 36.
Catherine, M, 276.
Cauchon, Nicolas dit Cherbourg, D, 207.
Causique, Jean Marie Manuel, D, 37.
Caussard, Louis, Julien, D, 128.
Caussin, Jean, M, 35.

Cavillier, Louis, D, 268.
Cayoche, Louis, M, 277; D, 296.
Cazard, Jean Baptiste, M, 19.
Cebert, Pierre François, D, 182.
Ceccaty, Jean Louis. N, 45.
Ceccatty, Louis Georges de, N, 88 ; D, 125.
Cezaire, Rose. M, 307.
Chambon, Jacques, M, 341.
Chambon, Jean Chandenac, François Placide de D, 363.
Chamborant, Antoine de D, 39.
Champagne, D. 295.
Champagnon, Jeanne Gabrielle M, 156.
Champion, Thomas, D, 395.
Champy, Joseph, D, 344.
Chapelle, Justin D, 187.
Chapellier, voir Le Chapellier
Charbaut, François André D, 101.
Charles, Brigitte, M, 201.
Charles, Agnès, M, 278.
Charlet, Brigitte, D, 224
Charray, Joseph. N, 133.
Charray, François, N, 172.
Charray, Vital, N. 213.
Charray, Jean Pierre, D, 248.

Charton, Nicolas, M, 238.
Chasseron, Jean Baptiste, D, 343
Chassin, Dominique, D, 379.
Chastriaux, Joseph ; dit Montaigu, D, 292.
Chatelin, Laurent, D, 397.
Chauchard, Jean Baptiste, M, 306.
Chauchard, Anne Marie Charlotte, N, 314.
Chauchard, Jean Baptiste, N, 336.
Chaudetel, Pierre, D, 389.
Chaufour, Louise Anne, M, 201.
Chaufré, Joseph D, 384
Chaugy, Claude Alexandre de, M, 373.
Chautard, Rosalie Therèse, N, 151.
Chautard, Joseph, D, 286.
Chauvelin, Eutrope. D, 292
Chavery, Anne, M. 305.
Chemitte, Françoise, N, 49.
Chenel, Pierre, D, 143.
Cheret, Nicolas, D, 164.
Cheron, François Jean dit Bonnefoi, D, 118.
Cheron, Laurent, D, 239.
Chevalier, Marie Josephe, N, 155.

Chevalier, Joseph, D, 193.
Chevalier, Antoine, D, 11.
Chevreau de Moutelhu, Jean, D, 207.
Chevrier, Thomas, D, 189.
Chevriet, Louis Laurent, D. 382.
Cheyère, Charles D, 395.
Chibezy, D, 301.
Chiquane, Denis, N, 17 ; D, 38.
Chiquane, Catherine, N, 32.
Chofailles, Pierre, M. 337.
Cholet, Michel, M, 371.
Cholou, Jseph, D, 80.
Chopié, Mathurin, D, 104.
Chotard, Rosalie, D, 144.
Choumy, Nicolas, D. 347.
Chrestien, Jeanne, Therèse Aimée, N, 92.
Chrestien, Françoise, marraine, 170.
Chrestien Des Noyers, Félix Edouard, N, 173.
Chrestien, Jean, D, 207.
Chrystof, Rose, N, 109.
Clegg, Isabelle, M, 236.
Claroy, Pierre du, M, 75.
Claud, Michel du, parrain, 47.
Claude, Simon, D, 379.
Clause, Nicolas, D, 393.
Clement, dit Sauver, Jean Baptiste, D, 25.

Clément, Claude, M, 35.
Clergis, Jean, D, 339.
Clerot, Jacques François, N, 64.
Clerot, Alexandre, N, 90.
Clerot, Agnès Marguerite Rose, N, 113.
Clerot, Marie Victoire Jeanne, N, 175.
Clerot, Marie Louise, N, 212.
Clerot, Marie, D, 160.
Clerot, François Jacques, D, 243.
Clerot, Jacques, D, 264.
Cligner de la Motte, Nicolas Rigobert, M, 51 ; T, 52.
Clisson, Pierre Marie, N, 106 ; D, 119.
Clisson, Louis, N, 114.
Clisson, René, N, 176 ; D, 207.
Clout, Marie Anne, D, 333.
Cochin, Marie, N, 87.
Codavelle, Pierre, D, 286.
Coffin, Rose, N, 252.
Col, Julien, D, 360.
Colignon, Nicolas, D, 388.
Colin, Nicolas, D, 240.
Colin, Jean, D, 383.
Colin, Claude Marie Baptiste, D, 389.
Colinet, Pierre, D, 393.
Colinos, Charles, D, 225,

Collard, François, M, 138.
Collard, Jean François, parrain, 214.
Collard, Christine Marie, marraine, 214.
Collard, Gilles, D, 257.
Collard, veuve, M, 354.
Collard, François, D, 339.
Collier, François, parrain, 170.
Collin, Alexis Henry Gilles, N, 17.
Collin, Geneviève Marie Agnès, N, 66.
Collin, Alexis, D, 144.
Collin, Laurent, D, 302.
Collin, Jean Pierre, N, 326; D, 339.
Collondont, Marie Anne, M, 114.
Collondont, François, M, 157.
Collondont, Antoinette, D, 188.
Collondont, Marie Catherine, N, 252.
Collonia, Melchior de, D, 185.
Comba, Jean Baptiste, D, 256.
Combalbert, Rose, M, 19.
Cominge, D, 377.
Compère, Honoré, M, 94.
Compère, Médard, D, 203.
Compère, Pierre, N, 229.

Compère, Marie Anne Geneviève, N, 273; D, 308.
Compère, Charles Honoré, N, 335.
Compère, Marie Anne Elisabeth, N, 350.
Compère, Compère, N, 368
Compère, Philippe, N, 407.
Compoint, Jean Philippe, M, 72.
Compoint, Marie, N, 85; D, 100.
Compoint, Adélaïde, N, 108.
Compoint, Françoise, N. 108; D, 160.
Compoint, Philippe, Théodore, N, 171.
Compoint, Alexis Nicolas, N, 195; D, 269.
Concessaon, Michelle de, M, 327; D, 358.
Condat, Marie Rose, N. 47.
Condat, Anne, N, 108.
Condat, François, N, 138. D, 147.
Conigliano, Joseph, D, 361.
Conpange, Pierre, M, 373.
Contois, Jean, D, 11.
Coote, Pierre, N, 251.
Copillon, Félix, D, 31.
Coquet, Sébastien, D, 240.
Coram, Jean Baptiste, D, 25.

Corbel, Pierre, D, 190.
Cordier-Collin, Nicole Catherine, marraine, 47.
Cordier, Jean-Baptiste. D, 401.
Cordonnier, Jean, D, 395.
Corero, Catherine, D, 165.
Cormier, Joseph, D, 264.
Cornet, Jacques Etienne. parrain, 33; T, 36.
Cornet, Marie Madeleine. M, 36; marraine, 48; D, 343.
Cornet, Barthelemy, N, 91.
Cornet, Marie, Adélaïde, M, 116; marraine, 196; D, 311.
Cornet, Marie, marraine, 153.
Corréa, Françoise, M, 19; M, 320.
Corréa, Etienne, N, 50; D, 76.
Corréa, Marie, D, 62.
Corréa, François, D, 62.
Corréa, Joseph, N, 84.
Corréa, Françoise, N, 113.
Corréa, Jean, N, 137.
Corréa, Elisabeth, N, 231.
Corréa, Eléonore, M, 318.
Corronc, Julien Louis, D, 292.
Cortel, Marie Léonard, D, 389.
Cosquet, Hervé, D, 281.
Cosse, Jean, D, 285.
Costa, Anne de, M, 306.
Coste, Victoire de, N, 407.
Cortiaux, Nicolas Marie, D, 262.
Cottin, Benoit, D, 387.
Couet Jean, D, 102.
Coulon, Pierre, D, 245.
Courant, Michel, D, 223.
Courcy, voir Poitier de.
Courrier, Rite, M, 74; marraine, 154.
Courrier, Marie Rite, M, 317; D, 359.
Courtet, Dominica, D, 123.
Courville Hoffstetter, Isabelle, N, 30.
Coutenceau, T, 373.
Coutet, Joseph Charles, M, 355.
Coutier, Etienne, D, 241.
Couvreur Latour, D, 293.
Crancy, François, D, 161.
Crepin, Louis, Elie, D, 298.
Cressy, Charles Frédéric de, D, 239.
Cretel, Jean, D, 23.
Cretel, Marie, D, 40.
Cretelle, Pierre François, N, 63.
Cretelle, Jean Baptiste, D, 221.
Cretelle, Jacques, M, 328.
Cretelle, Eléonore, D, 332.
Cretelle, Honoré, N, 352.
Crognon, Louis, D, 24.

— XVII —

Crognon, Jean Baptiste, N, 29.
Crognon, André, N. 63; D, 77.
Crognon, Catherine. N, 89; M, 372.
Crognon, Emmanuel, N, 148.
Crognon, Manuel, D, 206.
Cros, Jean Baptiste, D, 345.
Cros, Jean, D, 345
Crouze, Geneviève, D, 123.
Crudy, Jacques, Marie, D, 263.
Cruz, Jean, D, 141.
Cuau, Jeanne Louise, N, 252.

D

Dacosta, Nicolas, M, 93.
Dacosta, Marie Dominique, N, 114.
Dacosta, Jeanne Elisabeth, N, 198.
Dacosta, Thomas Nicolas, N, 271.
Dadré, Etienne, D, 310.
Daguin, Jean, D, 399.
Dais-Canton, Bernard, M, 55.
Dalleau, Henry, D, 341.
D'Alméïde, Emmanuel, Joseph, D, 143.
Damoy, Louis Antoine, N, 17.
Damoy, Charles, D, 26.
Damoy, Julien, N, 33; D, 58,
Danger, Baptiste Ambroise, D, 228.
Dangereux, Jeanne Marie, N, 175,
Daniel, Jean. D, 204.
Daniel, Sébastien D, 282.
Danzar, Pierre Augustin, M, 317,
Darboussier, Vital, D, 291.
Darcio, D, 290.
Darfeull, d'Erff. Marc Victor, M, 319.
Darfeuil d'Erff, Louis Henry, N, 324,
Dhrfeuil, d'Erff, Rose Colette, N, 335.
Darfeuil, d'Erff, Adélaïde Antoinette, N, 369,
Darvieux, Louis Jean Baptiste, D, 262.
Dasinger, Laurent, N, 66; D, 129.
Dasse, Marie, M. 73.
Daudres, Claude D, 346,
Daudres, Jeanne, N, 349.
Daumain, Jean Baptiste, M, 75.
Daumain, Nicolas François N, 84; D, 123.

DAUMAIN, Antoine Jean Marie, N, 134,
DAUMAIN, Marie François N, 199.
DAUMAIN, Anne Marie, N, 251.
DAUMAIN, Jean Antoine Marie, N, 325.
DAUMAIN, Marie, Anne Louis, N, 408,
DAUPHIN, Mathurin, D, 287.
DAUSSOT, Pierre, D, 403
DAUVERT, Jacques D, 285,
DAUZAT, Pierre, D, 358.
DAVEY, William M, 306,
DAVICE, Louis D, 262
DAVID, Pierre dit Amicalement D, 203.
DAVID, Antoine, D, 396.
DAVIOT, Philippe, M, 70.
DAVIOT, Philippe N, 150.
DAVIOT, Marguerite, N, 212 ; D, 239.
DAVIOT, Marie, N, 234.
DAVIOT, Antoine, N, 274.
DAVIOT, Claude, N, 313.
DAVIOT, Marie, D, 357.
DAX, Nicolas dit Bellehumeur, D, 207.
DEBURE D'ENTRENAY, François, Michel, D, 121.
DECAEN de VILLENEUVE, Pierre, T, 75 ; D, 124.
DECARY, Jacques Antoine, D, 204.

DECEL, D, 6.
DECHAMP, Nicolas François, N, 233.
DECHAUX, Félix dit Vizille, D, 205
DECHESNAY, François, D, 300.
DECOSTA, Barthelemy, N, 171.
DECOSTA, Bernard, D, 295.
DECRUZ, Rose, D, 182.
DEDY, Gérard, D, 344.
DEFRANCE, Nicolas dit François, D, 43.
DEFRESNE, Jeanne, N, 86 ; D, 192.
DEGRAY, Anne Marguerite, N, 69.
DEGUERRE, Joseph, D, 360.
DEHITA Y SALAZAR, Marie Joseph, D, 9.
DEHITA Y SALAZAR, Anne Marie Bertille, D, 62.
DEHITA Y SALAZAR, Joseph, D, 96.
DEHITA Y SALAZAR, Rosalie Brigitte Anne Catherine. Marie, M, 320.
DEHITA Y SALAZAR, Anne Charlotte, M, 338.
DEJEAN, Denis, D, 224.
DELACROIX Anastasie, M, 94.
DELAMARRE, Jaques, D, 378.
DELAMOTTE, Nicolas Rigobert Clignot, parrain, 44.

Delarche, Alexandre. parrain, 46; 90.
Delarche, Jean Henry Alexandre, N, 88, parrain, 88.
Delarche, Jean Jacques Janvier, N, 170.
Delarche, Charles Augustin, N, 178.
Delarche, Jeanne, D, 187.
Delassalle Mariehaure, dame, marraine, 32:
Delassalle Mariehaure, Marie Anne Brigitte, M 140.
Delbret, Jean Louis, N, 66.
Delbret, Etienne dit Nicolas, D, 266.
Delétre, Jean Baptiste, D, 37.
Delgoris, Martial dit L'Empereur, D, 191.
Delisle, Claude D, 98.
Dellosse, Jean Louis, M, 219.
Delmas, Bathelemy, D, 392.
Deloriaque, Louis Alexandre, D, 294.
Delos, Marie Catherine, D, 80.
Delos, Jean Louis, D, 331.
Delpeux, Pierre, D, 341.
Delzen, Nicolas, D, 379.
Demanche, Nicolas D, 397.

Demarais, Elisabeth, D, 25.
Demars, Odon Jean Louis, parrain, 153; M, 158.
Demars, Odon Anne André, N, 177.
Demaux, Félix, M, 181.
Demax, Felix, M, 329.
Dembrun, Charles Julien, N, 229; D, 246.
Dembrun, Geneviève Louise, N, 198.
Dembreun, Charles, M, 181.
Demonte, Brigitte, M, 74.
Demoulins, Anne, M. 117.
Denelle, Charles, D, 341.
Deneux, Antoine, M, 306.
Denis, Michel, D, 81.
Dequeux, Jean Olivier, D. 386.
Deranger, Brigitte Sophie, N, 65
Deranger, Gilbert André, N, 131.
Deroche, Sophie Emilie, N, 323; D, 360.
Desage De Montrivage, Louis, T, 94.
Desarcells, Nicolas, D, 81.
Desfeuillades, François, D, 13.
Desfrenes, Marie Louise Brigitte, D, 82.
Desgobert, Jean, D, 14.
Desilva, Catherine Brigitte, N, 152.

Desilva, Josepha, M, 157.
Desjardins, Marie, D, 40.
Desjardins, Laurence Catherine, M, 75.
Desjardins, Yves, D, 387.
Desmoulins, Marie Josephe, M, 52.
Desnoyers, Nicolas Chrestien, parrain, 213.
Desorius, Jean Michel, D, 78.
Desoza, Antoine, D, 119.
Despeaute de Savigny
Desessins, Charles Antoine, D, 267.
Desplats de Flaix, Geneviève, D, 8.
Desplaets, Colombe, D, 78.
Delplanche, D, 298.
Desprez D, 387.
Dessa, Marie, M, 73.
Dessonnet, Etienne, M, 138.
Dessonnet, Louise, N, 149.
Desviviers, Barbe, N, 68 ; D, 82.
Detain, Louis, D, 385.
Deveaux, Therèse, M, 179.
Deville, Frrnçois, D, 120.
Devoisines, Marie Françoise, D, 42.
Dezet, Charles, M, 371.
D'Hallu, Jacques, M, 19.
Dhoudant de Villeneuve, Jean Pierre, D, 391.

Diacre, Jacques, D, 77.
Dias, Françoise, M, 72 ; D, 99.
Didier, Marie Madeleine, D, 311.
Dilassier, Jean François, D, 104.
Dilbrel, Jacques, Maximilien, N, 233.
Dillequin, Thomas, N, 30.
Doigt, Anne N, 151 ; D, 164.
Doit, Louise, N, 195.
Doliveira, Catherine, M, 95.
Domberger, Henry, D, 397.
Dominique. R P, D, 301.
Donavon, Joseph, D, 37.
Don Diego, Joachim Joseph, D, 100.
Donnot, Philippe, D, 321.
Doré, Charles, D, 8.
Doubernelle Jacques, D, 387.
Doublet, Basile, D, 186.
Doves, André Adrien dit Versailles, M, 72.
Doyez, Jeanne François, D, 128.
Drague, Marie, N, 198.
Driege, Pierre, D, 268
Drouet, Pierre Claude, D, 308.
Drugeon, Marie. M, 115.
Druon Carre, Pierre dit Saint Quentin, D, 101.

Duais, Alexandre, D, 59.
Dubail, François, D, 357.
Dubar, Pierre, D, 208.
Dubaton, Antoine, D, 392.
Dubault, Jean dit Dastie, D, 183.
Dubaux, Louis, N, 111 ; D, 164.
Dubeaux, François N, 136.
Dubois. François Xavier, D, 15.
Dubois, Michel, D, 59.
Dubois, René, M, 71.
Dubois, Marie Anne, N, 90 ; D, 103.
Dubois, Adélaïde, Elisabeth, N, 113.
Dubois, Brigitte Suzanne, N, 113.
Dubois, Jean, D, 206.
Duchamp, Joseph, N, 406.
Duchange De Beaubrun, Jean François, N, 84.
Duchange De Beaubrun, Louis Joseph, N, 178.
Duchange De Beaubrun, Louis, T, 179.
Duchange De Beaubrun, voir Beaubrun.
Duclos, Lambert, D, 185.
Dudard, Jean, D, 243.
Duet, Jacques, D, 126.
Dufrene, Pierre Joseph, M, 53.
Dufour, Therèse, D, 123.
Dugarand, Joseph, D, 398.

Dugayos, Louis, D, 189.
Duhamel, Therèse, marraine, 48.
Duhaul, Charles Etienne, N, 194.
Duhaut, Etienne, M, 71.
Duhaye, François, D, 342.
Dulaurens, l'ainé, Jacques Joseph, Baleine, T, 8.
Dulaurens, Jacques Joseph, T, 52.
Dulaurens, Marie Françoise Baleine, M, 305.
Dulaurens, Jacques, D, 308.
Dulaurens, Baleine Antoine François, N, 351 ; M, 354.
Dulaurent, Madeleine, D, 42.
Dumaine, D, 342.
Dumesnil, André, D, 398.
Dumont, Marie, D, 23.
Dumont, Eléonore, N, 49 ; D, 188.
Dumont, Jean, D, 58.
Dumont, François, N, 89 ; M, 371.
Dumont, Brigitte, N, 136 ; D ; 164.
Dumont, Philippe, François, N, 252.
Dumont, Marie Anne, D, 266.
Dumoulin, Guillaume, D, 11,

Dunaud, Pierre, M, 356.
Duparques, Nicolas Marie, N, 335.
Dupart, Jacques, D, 363.
Duperron, Eugénie Brigitte Louise, N, 314; Voir Aubaud.
Duplant, dame, marraine, 30.
Duplant de Laval, Pierre, T, 55; 74, 93; D, 239.
Dupont, Pierre, D, 144; D, 190.
Duprat, Vital, M, 354.
Dupuy, Jacques, D. 102
Dupy Durotte, Eléonore, N, 136
Dupuy, Marie Rose, N, 200.
Dupuy, Jean, D, 247.
Dupuy, Pierre, D, 292.
Durandal. Charles, D, 341.
Durhône de Beauver, François Barthelémy, M, 199.
Durhône, de Beauver, Marie Adélaide Marguerite, N, 352.
Durhône de Beauver, François, Barthelémy Christophe, N, 272.
Durhône de Beauver, Joseph Marie Charles, N, 336.
Durieux, Jean, D, 289.
Durocher, Noël Pierre, N, 2.

Durocher, Jeanne, M, 180.
Durocher, Julienne, M, 220: D, 228
Durocher, Noël, M, 318; D, 393.
Durocher, Venceslas, N, 324.
Durocher, Ursule, N, 351.
Durosaire, Marie, D, 98.
Durosaire, Regina, M, 139.
Durosaire, Marguerite, D, 162.
Durouze, Louis Auguste Delaroche, T, 52.
Duru, Jean François, M, 93; D, 294.
Duru, Marie, Madeleine Emilie, N, 107.
Duru, Charles François, N, 137.
Duru, Marie, Anne, M, 157.
Duru, Joseph, N, 176.
Duru, Jean François, N, 230.
Durup, Louis Jean Charles, N, 69.
Durup, Louis, M, 71.
Durup, Michel Celestin, Dominique, N, 113.
Durup, François Joseph, N, 407.
Durup De Dombal, Louise Marie Françoise, N, 106.
Durup De Dombal, Marie Anne, N, 154.

Durup De Dombal, Jean Marie, N, 234.
Durup De Dombal, Anne Louise, N, 366.
Dusseron, Nicolas, D, 77.
Dutertre, Marie, M, 305.
Dutilch, Jean Baptiste, D, 146.
Dutoy, Louise Catherine, M, 36.
Dutrevou, Geneviève, M, 74; D, 98.
Dutrevoux, Perrine Henriette, D, 184.
Dutrevoux, Pierre, D, 343.
Duvergé, Jean Louis, N, 49.
Duvergé, Geneviève, N, 84.
Duverger, Alexandre, N, 31.
Duverget, Alexandre, D, 58.
Duzardins, Adrien, D, 364.

E

Edmonds, William, M, 317.
Elbrel, François d', N, 90; D, 184.
Elias, Catherine veuve Joannis Sinan, marraine, 88.
Emeric, Françoise Jéronima, D, 204.
Emeric, Elisabeth, M, 355.
Emeri, Elisabeth, N, 87.
Emery, Laurent, Guillaume, N, 177; D, 192.
Emery, Françoise, D, 191.
Emery, Marie, M, 317.
Emmede, Anne veuve Louis Barthelémy, marraine, 68, 177; D, 241.
Escapat de St Martin, Raymond, M, 328.
Esnelle, Julien, D, 144.
Esquer, Gabriel, D, 223.
Essagotte, Anne, d', M, 4.
Esticence, Etienne dit Saint Etienne, D, 141.
Étang, François René de l', M, 355.
Étang, Laurent François, René César de l', N, 366
Eudel de La Jumelière, Claude, D, 223.
Evin, Joseph, D, 39.
Evolse, Pierre, D, 402.

F

FAIRAY, Pierre Robert, M, 370.
FALLER, D, 363.
FANTHÔME, Therèse, M, 54
FANTHÔME, Jacques Bernard Augustin, N, 232.
FANTHÔME, Bernard Madeleine, M, 235.
FANTHÔME, Louise, M, 238.
FANTHÔME, Renée Jeanne, M, 255 ; D, 322.
FANTHÔME, Anne Euphrasie, N, 325.
FANTHÔME, François Alexandre, N, 350.
FANTHÔME, Marie Louise, N, 405.
FASSET, Anne Marguerite, N, 405
FAUCHEUX, Jacques Philippe, D, 27.
FAUJOUR, Jean, D, 204.
FAURE, Joseph Alexis, M, 52.
FAURE, Pierre Joseph, N, 150.
FAURE, Pierre Jean Marie, N, 196.
FAURE, Marie Therèse, N, 231 ; D, 246.
FAURE, Emmanuel Pierre François, N, 273 ; D, 285.
FAUTRAT, Joseph, D, 399.
FAVEN, Joseph, D, 343.
FAVIE, Jeanne, M, 21.
FAVIER, François, M, 157.
FAVRE, Joseph, M, 320.
FAVRE, veuve, M, 355.
FAVRET, René, D, 38.
FAVRY de SALIGNY, Joseph Hugues Jean, M, 303.
FAVRY de SALIGNY, Charlotte Rose Antoinette, N, 324.
FAVRY de SALIGNY, N, 352.
FAVRY de SALIGNY, Marie Joseph, N, 408;
FAYFE, Jame, M, 115.
FAYFE, Catherine, N, 130 : D, 191.
FAYFE, Dieudonné, N, 174.
FEBVRIER veuve voir Brunot.
FECAMP, Victoire Enenmont de, N, 328 ; D, 347.
FEIGNA, Pierre, M, 372.
FEO, Marcelle Rodrigue, M, 52.
FRNANDEZ, Catherine, D, 77.
FENANDEZ, Marie, M, 140, Jean, D, 203.
FEROLIES. D, 222.
FERRAUX, Joseph, D, 332.
FERRY, Michel, D, 362.
FERRERE, Ursule, M, 4,

Ferseck, Michel D, 397.
Fest, Joseph, D, 381.
Fiel Jean Baptiste, D, 9.
Fiel, Jean Pierre, D, 384.
Figac, veuve D, 8.
Figeac, Jeanne, M, 70.
Fijac, Jeanne, M, 237.
Filatriau, Jean François dit Espérance, M, 115.
Filatriau, Louise Brigitte, N, 152; M, 376.
Filatriau, Honoré, N, 173.
Filatriau, Marie Anne Paule N, 217.
Filatriau, Adélaïde, N, 272; D, 290.
Filatriau, Agnés, N, 312; D, 321.
Filatriau, François, N, 323;
Filatriau, François dit Désormeaux ; D, 361.
Filatriau, Henriette, N, 369.
Filibert, M. 117.
Finiel de Marainville, Ignace, D, 80.
Flacourt, Julien, parrain, 33 ; D, 398.
Flechier, Pierre, D, 300.
Flette, Pierre, D, 386.
Fleurin, François Marie, D, 124.
Fleury, Marie, N, 30.
Fleury, François dit Chevancy, M, 94.
Fleury, Monique Elisàbeth, N, 106.
Fleury, François, D, 128.
Flory, Thomas, M, 318.
Flory, Michel, N, 324.
Floury, Marie, D, 123.
Folieville, Louis, M, 156; D, 329.
Folliot, Jean, N, 17.
Folliot, Marie Françoise, N, 44.
Folliot, Marie Catherine, N, 273.
Fombert, Apolline veuve Montbron, M. 95.
Fonfrede, Pierre, D, 282;
Fontaine, Jean Christome de la, N, 2.
Fontaine, Joseph dit Marquis D, 188.
Fonthailles, Amable, M, 371.
Forbin, Philippe, D, 401.
Formageot, Augustin, D, 364.
Fortin, François, D, 297.
Fortuno, Jeanne, D, 281.
Fortzheim, Comte Sébastien de, D, 399.
Fosselier, Jean, D, 12.
Foucault, Denis Nicolas, parrain, 177.
Foucher, Charles, T, 93.
Fougerat, Jean Claude, D, 288.

Fougère, Jean Antoine, D, 377.
Fournay, Jean Baptiste Marie Denis, M, 19.
Fournier, Etienne Maurice, D, 39.
Fournier, Louise, D, 167.
Fourmy, Jean Guillaume, D, 102.
France, Louis de, N, 404.
Francœur, Jacquette, D, 57.
Frangeul, François, D. 166.
Frayry, Jean Claude, D, 37.
Fregose, Andréza, M, 20.
Fregose, Andrée, D, 160.
Fremont, Jean Baptiste, M, 318.
Fremoulin, Jean Richart, D, 6.
Froment, François Augustin M, 201.
Froment, Marie Cathérine, N, 234.
Fromentin, Jean. D, 393.
Fromont, J. François, D, 294.
Fromont, Michel, M, 303.
Frontine, Marianne, D, 80.
Froques, D, 345
Furnel, François Gilles, N, 218.

G

Gabory, François, D, 245
Gache, Jeanne, M, 374.
Gadet, François, M. 156.
Gagnard, Joseph, D, 118.
Gaguard, François, D, 161.
Gaillard, Brigitte, M, 53.
Gaillard, Nicolas Louis Pierre, D, 291.
Gaillard, Jules Alexandre D, 340.
Galais, Louis, D, 289.
Galet, Jean dit La Galette, D, 163.
Galioghe, veuve, M, 355
Galot, Louis, D, 224.
Galou, Nicole Françoise, M, 376.
Gallard, Jean Julien, Miche, N, 367
Gallet de Boistel, Anne, D, 400
Gallic, Elisabeth, N, 48
Gallic, Elisabeth Therèse, M, 375.
Gallic, Marie Anne, M, 201.
Gallic, Michel, D, 378.
Gallier, Claude, D, 341.
Gallo Alexis, D, 322.
Gallyot de La Touche, Pierre, Benoist, T, 8,

Gallyot De La Villette, Jean Marie Charles, N, 44.
Gallyot De La Villette, Anne Marie N, 90
Gallyot De La Villette, Pierre, M, 93,
Gallyot De La Villette, Anne, N, 112 ; D, 124.
Gambin, Césaire, M, 374.
Gamel dit Beausoleil Louis. D, 10.
Garam, Raphaël Alexandre de, N, 212,
Garandel, Gervais, D, 207.
Gardé, François, parrain, 154 ; M, 220 ; D, 357.
Gardé, Marie Françoise Nicolas, N, 233.
Gardé, François Nicolas, N, 325.
Gardon, Pierre, D, 261.
Garel, Jean, D 242.
Garel, Joseph dit La Flore D, 310.
Garek, Jean, M, 179.
Garnier, Louis Nicolas D, 23.
Garnier, François, D, 189.
Garnier, Jacques Pierre, D, 122.
Garre La Voye, Jean Baptiste, D, 122.
Gaucher, Françoise, D, 168.
Gaudhu, Pierre, D, 395.
Gaudin, Jean, D, 14.

Gaudin, François, D, 169.
Gaudron, Jérome, D, 264.
Gaudy, Louis, D, 394.
Gaussin, Rose, D 321.
Gautier, Henry, D, 119.
Gautier, François, D, 126.
Gautier, Constant dit Pellerin, D, 227.
Gaux, Philippe, D, 359.
Gegot, Pierre, D, 245.
Gentilhomme, Claude Antoine, D, 300.
Geoffroy, Mathurin, D, 244.
Georges D'Angleterre, D, 167.
Gérard, André Guillaume, D, 164.
Gérard, Marie Jeanne, D, 339.
Germain, Henry François, M, 53.
Germain, Henry Charles, N, 111.
Germain, Michel, N, 131.
Germain, Jean Nicolas, N, 152.
Germain, Marie Geneviéve Charlotte, N, 152.
Germain, Charles René N, 176.
Germain, Pierre, D, 205.
Germain, Joseph Jean Thomas, N, 218.
Germain, Pierre, Jean Baptiste, N, 234.

GERMAIN, D, 282.
GERMAIN veuve D, 306.
GERMAIN, D, 388.
GERARDIN, Nicolas, D, 61.
GERRIER, Louis, D, 382.
GERVAIS, Jeanne, M, 237.
GHAGNEAU, René, D, 128.
GHOZEILLE, Guillaume, D, 223.
GIBLEAU, Claude, D, 13.
GICQUET, Sabine Laurence, N, 66.
GIGAN, Louis François. M, 182.
GIGOT, Jacques dit La Flamme, D, 168.
GILET, André, N, 32.
GILET, Guy, D, 258.
GILSON, Claude Etienne, D, 227.
GILSON, André, D, 301.
GILLES, François, M, 94.
GILLES, Alexis. N, 173.
GILLES, Eloi, N, 197,
GILLES, Agnès Adorate, N, 312.
GIMAVE dit Dubois D, 39.
GIQUEL, Julien, D, 107 ; D, 120.
GIQUEL, René Bertrand, M, 182.
GIQUEL, Adélaïde, N, 197.
GIQUEL, Isabelle, N, 249.
GIQUEL, Marie Françoise, N, 315.
GTQUEL, Marie, D, 347.

GIQUEL, Jeanne, N, 350.
GIQUEL, Sabine, N, 372
GIQUEL, Laurent, N, 405.
GIRANDIN BRISSON, Geneviève, D, 99.
GIRARD, Charles, D, 391.
GIRAUD, Marguerite, D. 118.
GIRAUD, Rose, N, 172; D, 186.
GIRAUD, Rose, D, 206.
GIRAUD, Claude. D, 381.
GIRAULT, Catherine D, 301.
GIRAUT, Philippe, D, 79.
GIREAUD, Marguerite. N. 65.
GIRODEAU, Jacques, D, 294.
GIROS, Jacques, M, 305.
GIVRAY, Jacques, D, 400
GLOX, Gabriel Marie, D, 400.
GOCHIN, Madeleine, N, 135.
GODEFROY, Jacques, D, 226
GODIVIER, Marguerite, N, 63; D, 82.
GODIVIER, Louis, Laurent, N, 92
GOELLEAU, Alain, D, 261.
GOLVIN, François, D, 357.
GOMMIÉ, Maurice, M, 140.
GONSALVEZ, Joseph, M, 117.
GONZEBAT, Jacques Christophe, D, 263.
GORDON, Paschasie, N, 16.

Gordon, Thomas Joseph, N, 31.
Gordon, Venditien, N, 65.
Gordon, Marie Agnès, N, 136 ; D, 247.
Gordon, Jean Alexis, N, 171 ; D, 256.
Gordon, Pierre, Thomas, N, 197 ; D, 246
Gordon, Jacques, D, 206.
Gordon, Thomas, D, 258.
Gordon, Brigitte, Marie Anne, N, 316 ; D, 330.
Gordon, Pascale, D, 332.
Gordon, Marie, N, 366.
Gorgu, Jean, D, 40.
Gorlier, François, M, 371.
Gosse, Agnès, M, 3 ; D, 98.
Gossin, Nicolas Laurent, N, 47 ; D, 59.
Gossin, Marie, D, 142
Gossin, Jeanne, N, 211.
Gossin, Francoise, M, 374.
Gotel, Jean Marie, D, 388.
Gouchin, Anne, M, 376.
Goudin, Marc, D, 345.
Gouffon, Mathieu, D, 12.
Goujon, Jean Baptiste, M, 219.
Goulvesse, Mathurin, D, 400.
Goupil, Jean Louis Jérome, D, 103.
Gourmendel, Urbain, D, 119.

Gousdoue, François, D, 183.
Gouzel De Lauriac, Charles, D, 381.
Gouzeron de Kerenguen, Adélaïde, M, 320 ; M, 355.
Gouzeron, de Kerenguen, Catherine, M, 304.
Gouzeron de Kerenguen, Anne Apolline, M, 317.
Gouzeron de Kerenguen, Alexis, D, 377.
Gradeau, Claude Nicolas, M, 35.
Gradot, dit Tremblay Claude Nicolas, M, 72.
Gradot, Anne Marie, N, 86 ; D, 102.
Gradot, Claude Nicolas, M, 114.
Gradot, Louis Joachim, N 151 ; D, 164.
Gradot, Jeanne, N, 176.
Grand, David Marie, D, 257.
Grange, Jean, D, 191.
Grangeat, Louis dit Blondin, D, 27.
Graol, Pierre dit Saint Gildan, D, 7.
Grave, Jacques, D, 382.
Gravier, François, M, 320.
Grayell, Anne Françoise, N, 1.
Greffon, Simon, D, 282.

GRESSET, Pierre Montrose, D, 343.
GRESSEUX, Marie Barbe, M, 55.
GRESSEUX, Geneviève M, 181.
GRESSEUX, Rosalie, M, 254
GRESSEUX, Louise Antoinette Françoise, N, 315.
GREYGOOS, Thomas, M, 304.
GRIFFEUIL, Jérome, D, 358.
GRIGUET, Maximilien, D, 399,
GRIMAUD DES CHEMPVERT, Paul, M, 117,
GRINGAULT, Simon, D, 344.
GRISIN, Pierre dit La Gemme, D, 118.
GRISON, Pierre, D, 391.
GRON, Isabelle; N, 404
GROSINE, Sabine, M, 354.
GROSSARD, Michel, D 39.
GROSSIN, Jean Henry, D, 142.
GROSTAIR, Louis Michel, N, 18.
GROSTING, Joseph, D, 267.
GROUBERT, Charles Laurent, N, 47.
GROUBERT, Jean Louis Charles dit La Douceur, M, 52.
GROUBERT, Hippolyte, N. 70; D, 97.
GROUBERT, Marie Antoine, N, 109.

GROUSTEAU, Basile, D, 403.
GUEDOT, Louis, D, 344.
GUENAUDEC, Georges, D, 386.
GUENET, Michel, D, 344.
GUENIER, Ambroise, T, 94.
GUENOT, Urbain, D, 163.
GUERBE, Marc Antoine, D, 267.
GUERGUY, Pierre, François, D, 403.
GUÉRIN, Pierre, D, 340.
GUÉRIN, Joseph, D, 363.
GUERRE dit La Fleur, Philippe, D, 25.
GUERRE, Françoise, N, 33.
GUERRE, Marie Françoise veuve Cornet, marraine, 33, 46.
GUERRE, Jacques, M, 35; T, 36; D, 280.
GUERRE, Maurice Jacques Vinditien, N, 48.
GUERRE, Gabriel, dame, marraine, N, 91.
GUERRE, Adélaïde, N, 113.
GUERRELLA, Louis, D, 104.
GUESDON, Jacques, D, 290.
GUESNIERE, Ambroise, D, 383.
GUETTON, Blaise, D, 7.
GUETTY, Marie Catherine, D, 79.
GUEVENEUX, Jean Pierre, D, 241.

Guibard, Louise Françoise, N, 32.
Guichard, Jeanne Pierrette, M, 34.
Guidon, Jacques, D, 298.
Guiguet, Vincent, D, 291.
Guilbar, Laurent Augustin, N, 195.
Guilbard, Emmanuel, N, 138 ; D, 210.
Guilen, Jean, D, 388.
Guillard, Noël Michel D, 6.
Guillebar, Brigitte, D, 165,
Guillemaud, Jean François D, 279.
Guillevar, Brigitte, N, 70.
Guillon, Joseph. D, 291.
Gouillou, Jacques .D,183.
Guiot, Claude, N, 92.
Guillot, Urbain; D, 129
Guillot, Pierre D, 163.
Guillot, Joseph, D. 260
Guimard, Jeanne, N, 2.
Guinet, Jean dit La Feuillade, D, 165.
Guionet, Julien D; 385.
Guitelle, Claude, D, 295.
Gujard, Antoine, D, 382.
Gulden, Joseph, D, 397.
Gullard, Jean Henry, M, 357.
Guyot, Pierre, Dominique, N, 49.

H

Hall Fréderic D, 147.
Hall, Christine Charlotte, D, 260,
Hamayon, Jean Simon Henry, N, 151 ; D, 165.
Hardy, Louis Guy N, 149 ; D, 169.
Haraint de Launay, Marie Françoise, Eléonore, M, 353.
Haraut, de Launay, Marie Louise Hyacinthe, M, 200.
Hastrel, Christhophe, D, 345
Haudin, J.B, Louis, M, 303.
Haudin, Marie Jeanne, D, 402.
Haumont, Jean François, T, 50.
Hausen, N, D, 359.
Havant De Launay, Hyacinthe, D, 147.
Havis, Daniel, D, 241.
Haygel, Henry, D, 225.
Hebert, D, 363.
Hecfke, Jean Louis, M, 376.
Hecquet, Therèse, D, 23.

Hecquet, Jacques, T; 35.
Hecquet, Marie Françoise, N, 87; D, 120
Hecquet, Victoire Augustin Celeste, N, 131; D, 142.
Hecquet, Jacques Augustin, T, D, 144.
Hecquet, Jacques Augustin, D, 226.
Hector, Antoine, D, 380.
Heller, François, D, 381.
Henin, Charles, D, 264.
Hennessy, Michel, D, 241.
Henry Yves dit Rencontre, D, 61.
Henry, Anne, M, 117.
Herault, Jean dit Poitevin, D, 128.
Herbert, Nicolas, M, 73.
Herdré, Louis, D, 401.
Hergaut, Françoise, M, 72.
Herigoyen, Georges, D, 103.
Herot, Felix Casimir, N, 170.
Hertzog, Marie, N, 251.
Hertzog, Jean, M, 254.
Hertzog, Barbe N, 312; D, 321.
Hervay, Claude, D, 205.
Hervé, Laurence, M, 157; M, 220.
Hervé, Pierre, D, 185.
Hervy, Pierre, D, 42.

Hery, Pierre, D, 120.
Hetet, Henry Jean, D, 394.
Hetot, Jean Joseph, D, 288.
Hibault, Laurent, D, 101.
Hibert, Pierre, D, 257.
Hilaire, Jacques, D, 6.
His, Pierre Nicolas dit St. Vivien, D, 97.
Hivart, Claude Lambert, M, 255; D, 385.
Hoffmann, Louis, D, 393.
Hoguet, Gilles, D, 364
Horatel, Jean, D, 399.
Horbella, Sébastien, D, 390.
Houdin, Jean, D, 311.
Houdin, Anne Catherine, N, 323.
Houdin, Joseph J.B Marie Julien, N, 336.
Houdin, Marie Jeanne Madeleine, N, 352.
Houssaye, Vicomte Joseph de la M, 3.
Housse, Dominique, D, 192.
Houx, le, N, 2; D, 9.
Hubert, François, D, 10,
Hubert, Albert, D, 14.
Hubert, Josepha Appoline, D, 25.
Hubert, Madeleine Geneviève M, 31.
Hubert, Marianne Simone, N, 65.

— XXXIII —

Hubert, Jean Baptiste, N, 111,
Hubert, Henriette, M, 220; M, 370.
Hubert, Marie Brigitte, M, 278; M, 353.
Hubert, François D, 269.
Hubert, Barbe, M, 371.
Hucky. Joseph, D, 382,
Hue, Marie Anne, M, 70.
Hue, Louis dit Dubourg, D, 228.
Huet, François, D, 120.
Huet, Marcellin D, 342,

Huger, Jacob, D, 382.
Humbert, Marie Ursule Pauline, M, 236,
Hunt, Jean Baptiste. D, 384.
Huron, Louis, D, 308.
Hurotté, Eléonore. N. 213,
Hurte, Charles dit Dupuy. M, 118.
Hurte dit Dupuy, Apollin, N, 249.
Huzard, Vincent Joachim dit Mon Plaisir, D, 122.

I

Ilyo, Marie, M, 94.
Imbert, Joseph, M, 157.
Imbert, Joseph dit La Grenade, D, 225.

Irrigoyen, François, D, 202.
Izel, Jean, D, 387.

J

Jaclin, Laurent, M, 236.
Jacob, Pierre, D, 264.
Jacob, Pierre, D, 394.
Jacquard, Nicolas, D, 262.
Jacquelin, Laurent, M, 277.
Jacquelin, Vincent, N, 313.
Jacquelin, Dominique, N, 335.
Jacquelin, Anne Marie, N, 369.

Jacques, Jean, D, 394.
Jacquet, Marie Madeleine veuve Lacombe, M, 34; D, 258.
Jacquetin, Pierre, N, 249.
Jacquineau, Jean Henry Germain, D, 393.
Jaffré, Yves, D, 5.
Jaffré, Jeanne, M, 36.
Jaffré, Marie Françoise, M, 93; D, 321.
Jaffré, François, D, 246.

Jaguel, Marie, M, 3.
Jame, Marie, M, 53; M, 306.
Jame, Marie Geneviève, M, 53;
Jame, Robert, D, 62.
Jame, Charles D, 209,
Jame, Jean Baptiste, M, 236.
Jame, Anne, N, 315.
Jamme, Geneviève D, 330,
Jame, Marie Therèse, N, 366.
Jamens, Pierre, N, 249.
James, Charles André, N, 252.
Jame, Pierre, D, 260.
James, Marie Geneviève, N. 406.
Jamme, Charles, D. 124.
Jane, Jeanne, N, 67.
Jane, François M, 71.
Janin, Jean, M, 34.
Janin dit Bellegarde, Jen, D, 298
Janne, François, N, 111.
Jansa, Anne, M, 201.
Jansa, Marie, M, 278.
Jansen, Martini, D, 100.
Janson, Daniel, D, 290
Janvier, Mathurin, D, 162.
Jaquet, François, M, 95.
Jaquet, Philippe, N, 112.
Jaquet, Florence, N, 150; D, 166.
Jaquet, Catherine Dominga, N, 198.
Jaquet, Dominique, D, 309.
Jaquet, Marguerite, M, 356.
Jaquiet, Marie Madeleine, M, 182.
Javary, François, D, 260.
Jean, Pierre, D, 400.
Jeancour, François, D, 125.
Jeannette, M, 337.
Jego, Jacques, D, 256.
Jendt, François, D, 146.
Jerome, Françoise, M, 71.
Joanneau, Marie Madeleine, N, 109.
Joannis, Louis, parrain, 30.
Joannis, Catherine, M, 35.
Joba, Nicolas, M, 356.
Jobard, Mathurin, D, 290.
Jodenet, Pierre, M, 156.
Jodenet, Marie, N, 195.
Jodet, Pierre, M, 372.
Joguin, Marguerite Dominique, N, 327.
Jolivet, Jean M, 356
Jolque, François, D, 267.
Joly, André, M, 4,
Joly, François, M, 329.
Jonneau, François Louis Marie, D, 121.
Jore, Christophe, D, 126.
Josailler, D, 362.
Joseph, Jean, D, 395.

JOUANNE, Dauphin, M, 372.
JOUETTE, Guillaume, D, 287.
JOUFFROY, Philippe, Joseph. D, 365.
JOULET, Marie Catherine, M, 93 ; D, 302.
JOULET Marie Lèonore, D, 322.
JOUNO du COUDRAY, D, 266.
JOURDAN, Jean, D, 261,
JOURDAIN, Marie, D,23.
JOURDAIN, François, D, 239.

JUDINET, Joseph, D, 347.
JUILLARD Jean, D. 266.
JULIEN, Pascal, D, 259.
JULLE, Jean Baptiste, M, 375.
JULLIAC, François. D, 159.
JULLIEN, D, 369.
JUSSEAU Vivant, D, 363.
JUSTIN Michel, M, 181.
JUSTIN, Nicolas Michel, N, 216.
JUSTIN, Pierre Alexis, N, 313 : D, 332.

K

KARRIANT, Jean, D, 222.
KEAYSSER, Louis Nicolas, D, 119.
KEIZER, Pancrace. D, 11.
KENCEL, Théodora, M, 316
KERANGUIN, Alexis, D, 26.
KERDERIN, Jean Baptiste. D, 41.
KERELLE, François; D, 57.
KERENGUEN, voir Gouzeron de.
KERGOAT, Laurent, D, 124.

KERGUSE DE MEZEMBLE, François Joseph, D, 24.
KERJEAN, charpentier. D, 286.
KERSEVAUX, Jacquette veuve Poupon. D, 168.
KERUZEC de RUNNEBAR, François Guillaume de, M, 371.
KERVADEC, Jean, 302.
KERVERSON, Hervé, D, 129.
KRACHT, Jean Christian de, D, 141.

L

LABALETTE, Pierre, D, 281.
LABARRE, Jacques, M, 237.

LABAT, Joseph, N, 212.
LABATTE, Thomasie, N, 49; D, 80.

LABAITE, Honoré, N, 88; D, 120.
LABATTE, Jeanne Therèse, N, 137.
LABATTE, Jacques, N, 171; D, 203.
LABATTE. Anne, N, 250.
LABATTE; Marthe, N, 314.
LABATTE, Claude, N, 352.
LABATTY, Jean Paul dit de Bellegarde, D, 77.
L'ABBÉ, Jean, D. 9.
LABBÉ, Guillaume. D, 287.
LABERYS, Jacques, D, 62.
LABERRIE, Pierre, Jean, N. 86.
LA BEYRIE, Rosalie Louise, N, 47.
LABEYRIE, Marie Louise, N, 130.
LABEYRIE, Jeanne, N, 155; D, 167.
LABEYRIE, Jeanne Françoise, N, 155.
LABEYRIE, Guillaume, M, 179.
LABEYRIE, Jean, N, 212.
LABEYRIE, Marie Jeanne, D, 221.
LABEYRIE, Adrien, N, 231.
LABEYRIE, Jean Joseph, D, 27.
LA BOISSIÈRE, Antoine, M, 354.
LABORDE, Pierre Gilles, N, 153.
LABORDE, Pierre. D, 189.
LABORDE, Thimotée de, D, 401.
LABOULAYE, Raoul, M, 375.
LABOULINE, Martin, D, 385.
LABRECHE, Christine, M, 114.
LABRECHE, Nicolas Antoine, D, 169.
LA CABANE, Pierre, D, 287.
LA CAROTTE, Jeanne, N, 1.
LA CHAISE. Guy, D, 247,
LA CHAPELLE, D, 9.
LA CROIX, Marie Joseph, M, 375.
LAFARGUE, Jean, D, 284.
LA FEUILLADE, Jean, D, 12.
LA FEUILLE, Louis, François, D, 290.
LA FITTE, Marie Josephe Françoise, N, 110 ;
LA FITTE, Jean Barthelemy, N, 114 ; D, 346.
LA FITTE, Charlotte Marie, N, 135.
LAFITTE, Marie, D, 166.
LAFITTE, Thomas, D, 262.
LAFOIE, Bernard, D, 388.
LAFOND Antoine, D, 239.
LAFOND, Jeanne, M, 277.
LAFOND ANTOINETTE M, 278.
LAFOND, Jean D, 385.
LAFOND, veuve voir Remond

LAFONTAINE, Christophe Alexis Julien, N, 275,
LA FONTAINE, Pierre Paul Louis, N, 323.
LA FONTAINE, Pierre Paul, D, 334.
LAFORGUE, Jean Simon, M, 254.
LAFORGUE, Jeanne Marie, N, 272 ; D, 340.
LAFORGUE, Jean Louis, N, 313.
LAFORGUE, Louise, N, 324; D, 340.
LAFORGUE, Jean Marie, D, 340.
LAFORGUE, Marie Louise N, 405, D, 342.
LAFORGUE, Jean François, N, 349.
LAFORGUE, Joseph, N, 369.
LAFORGUE, Jean, D, 397.
LAGAND, Antoine, D, 339.
LAGATTE, Guillaume, D, 391.
LAGLAINE, Jean Siméon, M, 3.
LAGLAINE d'AUZON, Jean Baptiste Eusèbe N, 67.
LAGRANGE, Joseph dit Lafond, D, 61.
LAGRENÉE de MEZIERE, Simon, T, 36, 50, 179 ; parrain, 48 ; M, 158.
LAHAYE, François Xavier, D, 146.
LAHOCHE, Marie Louise, M, 75.
LAHUPE, René, D, 361.
LAIGRAND, Jean Baptiste, M, 328.
LAISNE, Louis, D, 390.
LALA, René, D, 101.
LALANE, veuve Anne, D, 155.
LALLEMAND, Jean, D, 379.
LALLEMANT, Louis, D, 345.
LALLUMET, Marie, D, 127.
LALOUETTE, Antoine, D, 206.
LAMARE, Louis de, M, 253.
LAMARE, Jean, D, 43.
LAMARE, Louis, D, 320.
LAMARRE, Jean Baptiste, D, 380.
LAMAURY, Pierre, Benoit D, 60.
LAMAURY, Jacqueline, D, 145.
LAMAURY, Jean Baptiste, N, 367.
LAMBALLAIS, Marie D, 26.
LAMBERT voir Hivart
LAMBIER, Louis Charles, D, 392.
LAMBREMONT, D, 167.
LA METTRIE, Françoise, marraine, 150.
LA METTRIE, Vincent Quentin de la, D, 262,
LAMMERIE, Julien David, de, D, 81,

Lamoiry, François, D, 43,
Lamory, Louis, Marie, D, 263.
Lamothe, François de, T, 54,
Lamothe, Nancy, D, 390.
Lamour, Jean Louis, M, 73.
Lamoure, Nicolas, D, 59.
Lamoureux, Marie, M, 329.
Lamouroux. Marie, M, 51,
Lamoury, Gabriel, D, 58.
Lamoury, Pierre, M, 117.
Lamoury, Marie, Louise, N, 211.
Lamoury, Thomas, M, 278 ; M, 316.
Lamoury, Thomas Joseph, N, 315.
Lamy, François. D, 79,
Lamy, Adam, D, 379,
Landas, D, 342.
Langlade, Jacques, D, 79,
Langlois de Saint-Hilaire, D, 39.
La Noe, Pierre Valentin de, D, 331.
Lanonie, Pierre, D, 347.
Lanoy, Jeanne, N, 279
Lanoy, Antoine Noël, M, 278.
Lanoy, Pierre Raymond, N, 316.
Lanoy, Marie Antoinette, N, 336.
Lanoy, Julie Jeanne, N, 367.
Lanoy, Jean, N, 408;
Lanroelle, Augustin, D, 287.
Laperche, Damiens Pierre, D, 10.
Lapierre, D, 7.
Laplante, Marie, D, 80.
La Ramée, D, 6.
Larcher, Marie, D, 208.
Larcher, Jeanne Elisabeth, D, 310.
Larcher de Vermand, Claude Nicolas, M, 200.
Larcher de Vermand, Louis Nicolas Pascal, N, 230.
Larcher de Vermand, Jeanne Elisabeth, N, 274.
Larey, Françoise, D, 99.
Larive, Marie, Rose, M, 93.
Laroche Joseph, D, 12.
Laroche de Ronze, François de, D, 361.
La Roche Pailler, Marie Anne, M, 318.
Laroche Paillet, Antoine, M, 72.
Laroque, Antoine D, 184.
Larose, D, 345.
La Rue, François de, D, 61.
La Saute, D, 9.
Lascarir, Catherine, D, 145.

La Selle, Antoine, de, D, 78.
Lasp, Louis Claude, D, 362.
Lassalle Mariehaure, Jean Baptiste Louis Anne Faustinien Léonard de, N, 18.
Lassalle Mariehaure, Jean Baptiste de, T, 52.
Lassalle Mariehaure, T, 54.
Lassalle Mariehaure, Marie Louise Armande de, M, 254.
Lassalle Mariehaure fils, de, D, 297.
Lassalle Mariehaure, de, D, 390.
Latinier, Therèse, M, 277.
Latouche, Besnier Charles, M, 277.
La Truite, Joseph, D, 225.
Launais, Jean D, 269.
Launay, François Joseph, N. 44.
Launay, Jeanne AnneChristine, N. 110.
Launay, Pierre Thomas, M, 156.
Launay, François Thomas, N, 170.
Launay, Dominique Pierre Thomas, N, 218.
Launay, Jeanne, N, 272.
Launay, Anne Thomase, N, 314.

Launay, Louise Léonore Thomase, N, 335.
Launay, Julien, D, 385.
Launay, voir Haraut de
Launet, Louis D, 240.
Launet, François D, 289.
Laurain, D, 56.
Laurent, Martin, D, 165.
Laurent, Jean, D, 222.
Laurios, D, 378.
Laurot, Germain, D, 223.
Lausph, Pierre, M, 370.
Laval, Marie Antoinette, de, D, 259.
Lavigne, Denis, D, 382.
La Vue, D, 5.
Law, Marie Joseph, M, 55; marraine, 111.
Law, Marie Carvalho, marraine, 64.
Law, Jacques, Alexandre Bernard, N, 64.
Law, Jean, parrain, 68. 175.
Law, Charles Louis N, 87.
Law, veuve, marraine, N, 90.
Law, Joseph Charles. N, 111.
Law, François Jean Guillaume, N, 133.
Law, Françoise Charlotte, marraine, 134
Law, Jeanne, marraine, 174.

Law de Lauriston, Jean, parrain, 45, 92 ; T, M, 159 ; parrain, 134.
Law de Lauriston, Georges N, 174.
Laymon, Marie, veuve Maniere, M, 20.
Lazure, Claude, D, 293.
Lebé Marie Anne, N, 84 ; D, 96.
Le Beaufort, D, 299.
Le Begue, Brigitte, N, 45.
Le Begue, Louise, N, 150.
Le Bide, François, D, 142.
Le Blanc, Jean, D, 265.
Leblance, Catherine, M, 118.
Leboeuf, Jean, D, 346.
Lebon, Joseph Louis, D, 10.
Lebon, Brigitte Geneviève, M, 51.
Lebon, Henry, D, 57.
Lebon, Louis Joseph, D, 264.
Lebon, Brigitte, M, 319.
Lebon, Pierre, M, 329.
Lebon, Pierre François, N, 336.
Lebon De Beausang, Barbe, M, 51.
Le boul, Jacques, D, 226.
Lebourg, Charles, D, 305.
Lebras, Joseph François, D, 390.
Lebreton, Pierre, D, 122.
Lebreton, Pierre, D, 129.
Lebreton, Louis, D, 162.
Lebreton, D, 243, D, 345.
Lebrun, René, N, 63.
Lebrun, Pierre dit Sans Regret, D. 82.
Lebrun, Michel M, 117.
Lebrun, Marie Barbe, N, 137.
Lebrun, Joseph Michel, N, 149.
Lebrun, François, D, 167.
Lebrun, Thomas, N, 274.
Lebrun, Claude, D, 402.
Lecadre, René Jean, D, 244.
Le Camus, Pierre, D, 189.
Le Chapelier, Charles M, 374.
Leclair, Julien, D, 269.
Le Clech, Bastien dit Saint Sébastien, D, 146.
Lecocq, Julien, D, 184.
Lecoeur, Jeanne, D, 167.
Lecoeur, François, D, 299.
Lecointe, Pierre, D, 166.
Lecomte, Jacques, D, 40.
Leconte, Arnould, T, 74 ; M, 75.
Leconte, Henriette, Marie Laurence, N, 107.
Leconte, Arnould, N, 171.
Le Coom, Julien, D, 246.
Le Corgoille, Isidore, D, 102.
Le Corrong, Julien, D, 204.

— XLI —

LECOT, Marie Jeanne Joseph, D, 270.
LEDOT, Yves, D, 240.
LEDOUX, Jean, D 43.
LEE, Charles, N, 16.
LEE, Richard, D, 79.
LEE, William, M, 306.
LE FAUCHEUR, Jeanne, Marie Josephe, N, 29.
LE FAUCHEUR, Marie Therèse, N, 88,
LE FAUCHEUR, Brigitte Simon, N, 109.
LE FAUCHEUR, Therèse Marie Odon, N, 153.
LE FAUCHEUR, Marie Julie Adélaide, M, 158.
LE FAUCHEUR, N, 177.
LE FAUCHEUR, Joseph François Nicolas Olivier, parrain, 217.
LE FAUCHEUR, Marie D, 259.
LE FAUCHEUR, Nicolas Etienne, N, 312.
LE FAUCHEUR, Marie Julie Adélaide, N, 323.
LE FAUCHEUR, Jeanne, D, 331.
LE FAUCHEUR, Joseph François Nicolas D, 339.
LE FAUCHEUR, Nicolas Etienne, D, 339.
LE FAUCHEUR DUSSAUSAY, Marie, marraine, 88.

LEFEBURE, Françoise, M, 253.
LEFEBURE, Charles, N.2.
LEFEBURE, Marie Eléonore, D, 82.
LEFEBURE, Jean Louis, Théodore, N, 91.
LEFEBURE, Jean Baptiste, T, 116.
LEFEBURE, François Philippe Auguste, N, 134.
LEFEBURE, Victor François, N, 215.
LEFEBURE, Jean Baptiste Nicolas Claude, M, 238.
LEFEBURE, Marie Louise Bonaventure, N, 274.
LEFEBURE, Françoise, M, 279.
LEFEBURE, Bastien, D, 288.
LEFEBVRE, Etienne, D, 12.
LEFEBVRE, Claude Amable Ange, N, 63.
LEFEBVRE, Jean Robert, M, 76.
LEFEBVRE, Jean Louis Gervais N, 92.
LEFEBVRE, Vincent, N, 134.
LEFEBVRE, Augustin, D, 389.
LEFENT, Laurent, D, 14.
LE FERS, Jean Baptiste, D, 127.
LEFEVRE, François D, 13.
LEFEVRE, Yves, N, 180.

Lefevre, Louis, D, 192.
Lefevre, Mathurin, D, 269.
Lefevre, Bastien, D, 289.
Lefevre, Claude, D, 345.
Le Floc, Pierre, Thomas, D, 24.
Le Flot, Mathurin dit La Jeunesse, D, 259.
Le Fort, Jacques' D, 27.
Le Foze, Guillaume dit La Flotte, D, 385.
Lefranc, M, 93.
Le Gagneur, Nicolas, D, 6.
Le Gall, D, 6.
Legalle, René, D, 260.
Legallou, Thomase, marraine, N, 154.
Le Gallot, Alexis, N, 315.
Le Gardeur de Repentigny, Pierre, D, 242.
Legay, Louis, François, D, 321.
Leger, François, D, 390.
Legendbe, Paul, D, 293.
Le Gigan, Geneviève, M 54; D, 221.
Leglise, François, 344.
Legoff, Julien, D, 39.
Legon, Fuillaume dit La Depeche, D, 119.
Legotte, Jean Marie, D, 143.
Legou, Marie Colombe, marraine, 33.
Legou, François Xavier, D, 309.

Legourd, Pierre Jourdan, D, 103.
Legoy, Jean François, D, 345.
Legrand, François, D, 22.
Legrand, Jean Robert dit La Grandeur D, 43,
Legrand, Jean Baptiste, D, 346.
Legras, Louis, D, 15.
Legras, D, 387.
Legrilloux, Jutien, D, 104.
Legros, Gille Joseph Louis, D, 330, N, 406.
Le Guillard, Louis dit La Réjouissance, D, 256.
Leguillon, Louis, D, 168.
Leguy, D, 343.
Lehec, Therèse Ursule Félicité André M, 50 ; D, 255 ; marraine, 92.
Lehir La Fontaiae, Christophe Alexis, M, 237.
Le hire, François, D, 241.
Lehoury, Etienne, D, 384.
Le Jeune, Gérard, D, 10.
Le Jeune, Robert, D, 293.
Le Lardeux, Suzanne Marie Hélene Sophie Claude, N, 17.
Le liévre, D, 22.
Leliévre, Marie Louise Barbe, N, 33; D, 43.
Leliévre, Joseph Nicolas, N, 131.
Leliévre, D, 246.

LEMAIRE DE MORAMPON, Céleste, M, 139; D, 188.
LEMAIRE, Claude, D, 345.
LEMAITRE, Pierre, D, 42.
LEMAITRE, François, D, 202.
LEMARCHAND, Isabelle Marie, N, 112.
LEMARCHAND de L'EPINAY, Christophe Alexis, D, 263.
LEMARTIN, Pierre dit Bourguignon, D, 288.
LE MARZAN, Mathurin, D, 263.
LE MATH, François, D, 12.
LE MAUF, Jean, D, 267.
LE MEL, Maie Louise N, 149.
LEMELLE, Rose Marie, N, 194.
LEMELLE, Marie Louise, D, 202.
LEMERY, Jean Denis, D, 401.
LEMEUR, Louis D, 378,
LEMULET, Jacquette, D, 186.
LENARD, Pierre, D, 242.
LENFANT, Thomas, D, 206.
LENOIR, Marie Dorothée Maillard, marraine, 46.
LENOIR, Jean Charles, T, 55.
LENOIR, Anne, D, 210,
LENOIR, Charles, M, 355.
LENOIR, Rose, D, 393.

LENORMAND, Jean, Joseph, Hyacinthe, N, 405; D, 346.
LENORMAND du GOULLANOU, Jean Hyacinthe, Jacques, M, 236.
LENORMAND du GOULLANOU, Marie Jacques Félicité, N, 252.
L'ENTIER, Françoise Anne, N, 172,
LENTIER, Joseph Armand, N, 198,
LENY, Yves, D, 280.
LÉONNET, Jacques, D, 399.
LEPAGE, Gilles, D, 191.
LEPAGE, Julien, D, 331.
LEPELTIER, François Guillaume, N, 108; D, 121.
LEPELTIER, Françoise, N, 135; D, 147.
LE PELTIER, Louis Auguste, N, 155.
LE PELTIER, D, 187.
LE PELTIER, Guillaume Antoine, N, 211.
LE PELTIER, Jean, N, 230.
LE PELTIER, Marie Anne, M, 254.
LE PELTIER, François Marie, N, 271.
LEPELTIER, Claire, Helène, N, 406.
LE PILEUR, Jean Baptiste, D, 300.

— XLIV —

Lepilleur, Jean Baptiste, M, 201.
Lepiller, Jean Baptiste, N, 229.
Lepilleur, Jean Baptiste François, N, 404.
Lepilleur, Claude, N, 323.
L'Epine, Anne Catherine, N, 404.
Lepissier, Marie Madeleine, M, 116.
Le Pouliquen, Julien, M, 374.
Lepreux, Gabriel, M, 279.
Le Prevot, Grégoire dit La Guerite, D, 104.
Lequin, Marie, M, 182.
Lequint, Rose, M, 158.
Leraft, Germain, D, 347.
Le Routenec, Gilles, D. 121.
Leroux, Elisabeth, D, 11.
Leroux, Aurelie, D, 56.
Leroux, Jean, D, 78.
Leroux, François, N, 173.
Leroux, Louis, D, 202.
Leroux, Lucile, M, 253.
Leroux Louise Marcelle, N, 406.
Leroy, Jean Baptiste dit Saint Roch, D, 41.
Leroy, Léonard, D, 81.
Leroy, Pierre, D, 202.
Leroy, Hippolyte, D, 256.
Leroy, François, D, 261.
Leroy, Thomas Marie, M, 338.

Leroy, Mathurin, D, 340.
Leroy, Rose Pauline, N, 369.
Lerridé, Marie Louise Josephe, N. 30.
Lerridé, veuve, voir Martin (Marie) D, 101.
Lerridé, Marie Françoise Perrine Louise, N, 112.
Lerridé, Pierre François, N, 136.
Lerridé, Marie Josephe Théophile Louise. N, 215.
Lerridé, Brigitte, D, 225.
Lerridé, Marie Henriette Euphémie, N, 312 ; D, 331.
Le Sachet De La Metiere, Georges, D, 97.
Lesgur, Pierre dit Jolicœur, D, 27.
Lestrade, Marie, M, 373,
Lesueur, Jean Baptiste, D. 391.
L'Etang, voir Etang.
Letronc, Pierre dit La Vallée, D, 311.
Lettoré, Augustin Louis, N, 16.
Lettoré, Marie Louise, M, 54 ; M, 157.
Lettoré, Jeanne, N, 64.
Lettoré, Louise Marie, N, 91 ; D, 358.
Lettoré, Adelaïde, N, 149 ; D, 244.

Lettoré, Marguerite, M, 180.
Lettoré, Joseph Pierre, Louis, N, 196.
Lettoré, Jacques, D, 221.
Lettoré, Joseph, D, 242.
Le Vachaut, Pierre, D, 359.
Le Vacher, Georges Julien, M, 20.
Levasseur, Nicolas, D, 40.
Levasseur, François, D, 208.
Leveau, Jacques, D, 13.
Leveau, Nicolas, N, 217.
Levebvere, Jean Baptiste, T, 55.
Leveque, Michel dit Printemps, D, 99.
Levernau de Keribert, Bathilde Victoire Elisabeth, N, 368.
Levesque, Marthrin D, 265.
Leyrat, Antoine, N, 148.
Leyrit, Georges de, T, 3.
Lhomme, Antoine, Joseph, D, 280.
Lhuilier, Mathieu Georges Etienne, D, 361.
Licet, Antoine, D, 43.
Licet, Anne Marie, M, 338.
Licet, Joseph, D, 340.
Lidure, Jacques Christophe, M, 54.
Lidure, Anne Justine, N, 65 ; D, 101.

Lidure, Marie Antoinette Geneviève, N, 85.
Lidure, Anne Sophie, N, 110.
Lidure, Jeanne Félicité, N, 148.
Liebaut, Pierre, D, 78.
Lima, Jeanne de M, 19.
Lima, Pauline de, D, 76.
Lima, Rose de, D, 241.
Limermann, Jacques, D, 386.
Limousin, René Louis, N, 31 ;
Limousin, Jeanne, N, 67.
Limousin, Pierre, N, 155.
Limousin, René, D, 209.
Limousin, Jean René, N, 212.
Linore, Yves, D, 265,
Logenay, Robert, D, 296.
Loiseau, Catherine, N, 67.
Loiseau, Liliane, N, 174,
Loncle, Kené, D, 266.
Lopes, Sébastienne, D, 59.
Loth, François, D, 264.
Loubin, Louis, D, 361.
Louis, Jean, D, 162.
Louis, René, D, 296.
Louis, J, D, 298.
Louis, D, 394.
Lourcal, Jean, D, 77.
Loyd, Charles François, N, 231.
Loyseau, Rose, N, 314.
Lubbe, Jean, M, 52.

Lucas, Louis, D, 121.
Lucas, Pierre, D, 146.
Ludrin, Mathurin, D, 309.

Lussart, Yves Laurent, N, 85.
Ly, Guillaume, N, 44.

M

Madré, Pierre, N, 151.
Madré, François, N, 213; D, 244
Madré, Nicolas François, N, 234.
Madré, Vital, N, 252 : D, 282.
Madré, Nicolas François, D, 284.
Magaleays, Louise, de, veuve Meder, marraine, 28.
Maginelle, Henry Vincent, D, 289
Magnan. Marie Anne, D, 41.
Magnan, Therèse, D, 79.
Magnan, Emmanuel, D, 140.
Magnien, N, 1 ; D, 6.
Magnien, Therèse, N, 33.
Magny, Jeanne, N, 68.
Magny, Denis dit Orléans, D, 145.
Magny, Geneviéve Rosalie, M, 353.
Magny, Cathérine Françoise M, 372.
Magny, Jean, D, 387.
Magor, Jean, D, 246,

Magramam, Isabelle, M, 306.
Magremon, Julienne, N. 64.
Maguelias, Louise, D, 334.
Maheau, François, D, 7.
Mahue, Marie Jeanne, M; 236.
Mahu Nicolas Joseph, M, 158.
Maigret, François D, 105.
Maillarbeau, Jacques. D, 398.
Maillet, Pierre, D. 257.
Mainguy, Jacques, D, 82.
Mainville, Gilles Philippe Pennemarck de, M, 200,
Mainville, de, T, 373,
Maison, Charles, D, 256.
Maisonneuve, Louis Jean Simonet de N, 216.
Maisonneuve, Louis Simonet de. M, 237.
Maisonpré, Charles Mallet de, T, 93.
Malancourt, Ignace François Eloi de, D, 330.
Maldaque, Jeanne, M, 95.
Malette, Françoise, M, 372.

Mallet, Louis, M, 51.
Mallet, Louis Jean Baptiste, N, 68.
Mallet, Jacques Louis, M, 140.
Mallet, Marie Jeanne Antoinette Brigitte, N, 176.
Mallet, Anne Brigitte, N, 251.
Malroy, Joseph, Thomas, D, 184.
Manceau, Nicolas, N, 68.
Manceau, Marie Françoise, M, 71 ; D, 206.
Manceau, Jean, M, 307.
Manceau, Jean Louis, D, 341.
Manceau, Louis Antoine, M, 356.
Mauceau, Jean Joseph, D, 359.
Mandavit, Nicolas, D, 362.
Mangin, Jean Baptiste, parrain, 196.
Mangin Neuilly de Neuville, Louis, D, 302.
Mangis, Jacques, D, 382.
Maniot, François Hubert, M, 375.
Manivat, Pierre, D, 183.
Manneuvre, Jeanne Marie Françoise, N, 31 ; M, 328.
Manoel, Yves, D, 266.
Mansuet de Poitiers, D, 265.

Mansuis, Joseph et Marie, D, 281.
Mansuis, Jean, D, 301.
Mansuis, veuve, M, 329.
Mansuy, Jean, M, 255.
Manvis, Sylvain, N, 233 : D, 285.
Maquer, Jean, D, 386.
Marchal, Jean Gabriel, N, 111.
Marchand, Augustin Charles René, D, 22.
Marchand, Antoine, M, 54.
Marchand, Louis, D, 141.
Marchand, Ursule, M, 255.
Marché, Antoine dit Caprais, D, 125
Marec, Julien, D, 56.
Maréchal, D, 7.
Maréchal, Geneviève, N, 212 ; D, 245.
Maréchal, Marie, N, 231.
Maréchal, Georges, M, 238.
Maréchal, Louise Claudine, N, 250.
Maréchal, Philippe, N, 335.
Margoumand, Anne, M, 304.
Mariau Louise, N, 49.
Mariau, Julien, D, 78.
Marie-Anne, M, 5 ; M, 358 ; D, 360.
Marie, Julien dit Philibert, D, 96.

Marie-Françoise, M, 237.
Marie, M, 278
Marie-Catherine, M, 353.
Mariehaure voir Lassalle.
Mariot, Julien, D, 97.
Marot, Philibert, D, 287.
Marquis dit Roche, D, 296.
Martel, Marie Madeleine des D, 205
Martenay, Jacques Thomas de, D, 38.
Martens alias Martinho, Manuel, D, 61.
Martin, Marie veuve Lerridé, D, 101.
Martin, Barthélemy, D, 126.
Martin, Jean, D, 127.
Martin, Sabine Gratienne, N, 138.
Martin, René, D, 182.
Martin, Pierre Paul M, 255.
Martin, Marie, M, 279.
Martin, Jean, Baptiste, D, 385.
Martin, François D, 394.
Marzin, Etienne, D, 264.
Marzin, René, D, 280.
Mascarin, Catherine, N, 407.
Masse, Joseph, D, 286.
Massoneau, François Jean, N, 176 ; D, 190.
Massoneau, D, 225.
Massoneau de Claunay, Bernard André, N, 217.

Massonneau de Clanay, Anne. N, 349.
Matavant, Barbe, D, 402.
Matheus, D, 9.
Mathis, Michel, D, 344.
Matto, Brigitte, M, 306.
Mault, Julien, D, 9.
Maulegot, Jean, D, 359.
Mauny, Joseph, D, 5.
Mauzer, Jean Paul, D, 120.
May, Antoine, D, 185.
Mayet, Jean, D, 222.
Mazea, André, D, 261.
Meder, Rosalie, M. 3.
Meder, veuve, D, 334; marraine, 28.
Meder, François de, M, 375.
Mehaignerie, Jean Baptiste, D, 159.
Meheu, Françoise, D, 208.
Mehué, Mathurin, D, 257.
Mélé dit Pimpon, Barbe, N, 45
Mello, Marie de, M, 179.
Memier, Pierre dit Sans Cartier, D, 15.
Menage, Etienne, D, 98.
Menager, Marin, D, 381.
Menantiau, Jean, D, 126.
Menard, Mathurin, D, 394.
Mendes, Dominique, M, 303.
Mendez, Kittéry, D, 57.
Menescouane, Laurent, D, 299.

— XLIX —

Menesier, Jean Augustin, N, 108.
Menesier, Anne Marie, N, 64; D, 122.
Menessier, Louis, Jean, N, 136.
Menessier, Augustin, D, 163.
Menessier, Louis Jean, D, 165.
Menessier, Jean, M, 201.
Menessier, D, 224.
Menessier, François, D, 287.
Menessier, Vincent, D, 333.
Menil, Jacques, D, 384.
Meningue, Marie Barbe, de, M, 52.
Mensins Tailleur, Marie Joseph, N, 155.
Mensuis Tailleur, Nicolas, M, 180; D, 203,
Mensuis, Marie Madeleine, N, 214.
Mensuis, Nicolas dit Chevalier, D, 240.
Mercier; Charles, D, 147.
Merlier, Joseph, D, 390.
Meslier, Julien D, 342
Mestrique, Louis, D, 386.
Mettez, D, 292.
Meunier, Michel, dit La Grenade, D, 77.
Meurise, Jerome, M, 115.
Meurisse, François Jerome, N, 130.

Meurisse, Jeanne Elisabeth, N, 148.
Meurisse, Elisabeth, D, 187.
Meurisse, Augustin Laurent N, 195.
Meurisse, Jean Marie Honoré, D, 248.
Meurisse, Jean Baptiste, N, 275.
Meurisse, Joseph Marie, D, 292.
Meurisse, Perre Laurent, N, 326; D, 333.
Meurisse, Joseph François N, 407, D, 333.
Meurisse, Marie Léonore, N, 350.
Michel, Antoine Léonard, M, 356.
Michin, Michel Amand, D, 265.
Michot, Louis Etienne, N, 175.
Mignot, Pierre Denis, M, 34.
Mignot, Joseph Pierre, N, 215.
Mignot, Joseph, D, 225.
Mignot, Marie Elisabeth, N, 326.
Mignot, Françoise, N, 350.
Milau, Nicolas, D, 126.
Milois, Jean, M, 278; D, 310, D, 347.

— L —

Milois, Jean François, N, 313.
Milois, Claude, N, 336.
Milois, Jean Baptiste, N, 367.
Millerais, Jean François D, 128.
Millet, Claude, D. 187.
Miot, Jean, D, 141.
Miot, François, D, 267.
Mioullet, Julien, D, 39.
Mirouet, Jean François du, D, 300.
Mitaine, Jean, D, 383.
Mogis Geneviève Anne, M, 73.
Moitié, Louis Augustin, N, 16.
Moitié, Marie Joseph, D, 23.
Moitié, Françoise, N, 198
Moitié, Louis, D, 301.
Moitié, Catherine, M, 374.
Moitier, Marie, N, 65.
Molay, Jean, D, 403.
Molière, René, D, 398.
Molle, Françoise, M, 356.
Monart, Benoit, D, 205.
Monceau, Marie Anne Françoise, marraine, 405.
Monenfant, Jean, D, 105.
Monfort, D, 393.
Mongeois ou Montjoye, Louis, M, 19.
Monguie, Pierre, D, 207.

Monique, Brigitte, M, 95.
Monique, M, 338.
Monis, Louise, D, 330.
Monisse, Vincent, M, 179
Monisse, Anne, N, 214.
Monneron, Charles, Claude, Ange de, T, 55.
Monneron, T, 373.
Montagne, Louis, D, 147.
Montagnies, de Laroque, Jean Baptiste Nicolas, D, 292.
Montani, Jean Baptiste, D, 379.
Montault, Jean Baptiste, D, 389.
Monte, Marie de, D, 82.
Monte, Rite de, M, 219.
Monteau, Charles, D, 397.
Montgomery, Robert de, M, 36
Montjoie. Jeanne Françoise N, 33.
Montjoye, Jeanne Adélaïde, N, 110.
Montoudon, Jean, D, 183.
Moor, Thomas, D, 363.
Moracin, Léon, T, 3 ; parrain, 90.
Morampont voir Lemaire de
Morand, Mathurin, D ; 80.
Morau, Pierre, M, 372.
Moraut, Jean Baptiste, D, 395.

Moreau, Toussaint dit L'Oranger, D, 100.
Moreau, D, 301.
Moreaux Marie Anne Françoise, D, 334.
Moreira, Antoine Bernard, M, 157.
Morel, Jean Pierre, D, 27.
Morel, Claude Guillaume, D, 183.
Morel, Joseph dit L'Intrépide, D, 183.
Morel, Marie Anne, D, 302.
Morel, Nicole Therèse, M, 304 ; D, 399.
Morel, Marie François Laurent, D, 322.
Morel, Pierre, D, 396.
Morelle, Pierre Mathurin, D, 296.
Morfouasse, François, D, 56.
Morieu, Jean, D, 383.
Morillon, Jean, D, 243.
Morlat, François, D, 286.
Morsaline, Louis, D, 224.
Morte, Pierre, D, 166.
Morvaut, Guillaume, D, 396.
Motier, Catherine, N, 130.
Mouguet, Jean Alias Muguet, D, 285.
Mounier, Pierre, M, 36.
Mounier, Marie Jeanne, D, 57.
Mounier, Marguerite Marie Jeanne, N, 85.
Mounier, Jean, D, 128.
Moutier, Marie, D, 104.
Moutier, Jacques dit la Trimouille, D, 122.
Muguet, Benoist, D, 358.
Muller, Mathias, D, 340.
Muller, Joseph, D, 381.
Munis, Louise, M, 76.
Muris, Dominique, N, 215.
Mussy, Charles, T, 93 ; D, 339.
Mutel, de L'Isle, Nicolas, D, 364.

N

Nacher, Guillaume N, 28.
Navarre, Pierre, M, 5.
Navarre, Jean Etienne, N, 28.
Navier, Jean Baptiste, D, 293.
Navier, Therèse, D, 307.
Naymann, Sophie, D, 184.
Nerau, Jean Marie, N, 194.
Nerau, Jean, D, 208.
Nereau ou Nerou, Sylvain Honoré, N, 233.
Nereau, Honoré, D, 287.
Nero, Sylvain, M, 95.

Nicolas, François, T, 8; parrain, 28.
Nicolas, Claude, D, 300.
Nicolazeau, D, 389.
Nizot, Louis Joseph de, D, 362.
Noel, Marie, N, 31 ; M, 319.
Noel, Mathurin Julien, N, 85.
Noel, Jeanne Françoise N, 137.
Noel, Pierre, D, 282.
Noel, Jean, D, 286.
Noel, François, D, 310.
Noiseux, Pierre, D, 268.
Nonice, Pierre, N, 1.
Nonice, Manuel, D, 56. D,
Normand, François, 185.
Nougerède, Anne de la, N, 2.
Nougerède, Marceline de la, N, 2.
Nougerède. Louise de la, D, 26 ; 41.
Nougerède, Marie de la, N, 48 ; D, 60.
Nougerède, Pierre de la, D, 79.
Nounez, Christophe, D, 24.
Nouret, Charles Thomas, M, 276.
Nouvel, Charles, D, 11.
Nouvet, Charles Thomas, N, 351 ; M, 353.
Novet, Charles Thomas, D, 395.
Nunes, Françoise, N, 28.
Nunes, Rose, D, 83.

O

Obser, François dit Jolicœur, D, 208.
Odin, Guillaume, D, 39.
Olichon, Jacques, D, 123.
Olivault, Pierre, D, 163.
Olivet, Pierre, D, 104.
Olivry, François, D, 388.
Oria, Laurent, N, 46; D, 60.
Orins, Catherine des. M, 317.
Ousset, Pierre, D, 25.
Oussidat, Claude, D, 13.
Owest, Charles, D, 295.
Oye, Jeanne d', N, 276.

P

Padet, Pierre, M, 201.
Paillardot, Henry, D, 246.
Pain, Jean l'Evangéliste N, 110.
Pain, Sophie, N, 194.

PALACHE, Louis, D, 360.
PALISON, Mathurin, D, 142
PALLU, Nicolas, M, 158.
PALLU, Louise, D, 248
PALMAS, Marie Eléonore de, M, 377.
PAMS, D, 309.
PANÉ, Françoise Martine, N, 18
PANÉ, Louise, N, 45.
PANÉ, Barbe, N, 152.
PANNÉ, Michel, N, 85.
PANNÉ, Eléonore de, N, 109.
PANNÉ, Michel et Barbe, D, 190.
PAPILLON, M, 376.
PARADIS, veuve, voir Duhamel.
PARIS, John, M, 200.
PARIS, Quitaire Therèse Elisabeth, N, 232.
PARIS, Joseph Jean Henry, N, 270.
PARIS Therèse Elisabeth, D, 283.
PARIS, Alexandre Jean, D, 360.
PARISEL, Françoise, N, 85; D, 190.
PARQUES voir DUPARQUES.
PASQUIER, Jacques, D, 291.
PASQUIER, Léonard, D, 398.
PASSANHA, Gabriel, N, 250.
PASTE dit CONDOM, Jean, D, 6.

PATRIS, Gabriel, D, 226
PAUL, Samuel, D, 80.
PEDRERO, Claire, M, 181.
PELLEGRIN, Alexandre Christophe, D, 299.
PELTIER, Jean Baptiste, M, 354.
PENAGE, Julien, D, 222.
PENDANT, D, 383.
PENEL, D, 5.
PENHOEDIC, Jeanne, D, 120.
PENNAUGUAIR, Jean, Marie, D, 191.
PENNEMARCK voir Mainville.
PENNING, Pierre de, M, 319.
PENSARD, Jean Louis, D, 394.
PERAIVE, Dominique N, 405.
PERCEVAL, Nicolas, D, 188.
PERGEVAL, Michel, D, 190,
PERCY, Glande, D, 397.
PEREIRA, Romaine, M, 115.
PEREIRA, Louise, D, 129.
PEREIRA, Catherine, D, 266.
PEREIRE de GOMBAULT, Dominique, M, 71.
PEREIRE, Marguerite, veuve Caillot, D, 78.
PEREIRE, Marie Anne, veuve Kerderay, D, 99.
PERESSE, Jean, D, 242.
PERET, Charles, D, 38.
PERIER, Marie, D, 79.

— LIV —

Perier, Scholastique, N, 349.
Perier, Joseph, M, 353.
Perjean, François, D, 100.
Permet, François, D, 380.
Perré, Pierre dit Desmarais, D, 12.
Perrichon De Vandeuil, Armand Etienne. M, 116.
Perrichon De Vandeuil, Marie Joseph Brigitte, N, 153.
Perrin, Louis, D, 146.
Perrot, Jacques, D, 76.
Perrot, Mathias, D, 243.
Pescacotri, Antoine Pierre, D, 331.
Pessoa, D'Andrade, Philippa, M, 72.
Petit, Benjamin, D, 400.
Petit, Claude, D, 127.
Petitval, Georges Félix, T, 35.
Peyron, Jean François, D, 397.
Pezeras, Pierre, D, 291.
Philibert, Louise, M, 116.
Philibert, Marie, D, 188.
Philippe, Jean, M, 338.
Philly, Marie, D, 281.
Picard, Joseph, M, 139.
Picard, Louis Antoine Marie. D, 193.
Picard, François, D, 360.
Picart, Jean, N, 137.
Picault, Mathurin, D, 142.

Pichart, Nicolas Jacques, D, 83.
Pichelin, Therèse, N, 87.
Pichelin, Nicolas, D, 296.
Pichon, Mathurin, D, 124.
Pichon, Nicolas, D, 260.
Pielant, Jeanne, D, 247.
Pieron, Jean Pierre, N, 45 ; D, 79.
Pieron, Jean Louis, N, 67 ; D, 96.
Pieron, Marie Anne Josephe, N, 92.
Pieron, Marie Jeanne Geneviève, N, 148.
Pieron, Claude, D, 161.
Pieron, D. 206.
Pieron, Toussaint, D, 258.
Pierre, dit Tête Forte, D, 121.
Pierre dit Le Provençal, D, 129.
Pigeon, Julien, D, 37.
Pignaud, Jean, D, 342.
Pijeard, Mathurin, D, 285.
Pilavoine, Marie Jeanne Françoise, N, 68.
Pilavoine, Maurice, M, 70; D, 168, 193.
Pilavoine, Joseph Julien Maurice, N, 110
Pilavoine, Julien Joseph Maurice, N, 135 ; D, 147.
Pilavoine, Antoine Joseph, D, 143.

PILAVOINE, Jeanne Geneviève, N, 178.
PILAVOINE, veuve Maurice, D, 302.
PILON, Nicolas Claude Jules, D, 103.
PINAR, François, D, 129.
PINARD, Eléonore, M, 303.
PINCON, Maurice, D, 119.
PINEUX, François dit La Gavotte, M, 253.
PINGAULT, Jean François, M, 116 ; M, 319.
PINGAULT, Brigitte Marie Adélaïde, N, 130 ; marraine, 213.
PINGAULT, Jean, N, 149.
PINGAULT, Jeanne Françoise, N, 173.
PINGAULT, Henriette, Victoire Messalie, N, 196
PINGAULT, Elisabeth, Marie, N, 213 ; D, 302.
PINGAULT, Nicolas, N, 213.
PINGAULT, Rosalie Josephine, Charlotte, N, 231.
PINGAULT, Françoise, D, 240.
PINGAULT, Marie, D, 332.
PINGAULT, Therèse Laurence, N, 335
PINGAULT, Eugénie Henriette, N, 367.
PINGAULT, Marie Elisabeth, N, 406,

PINHERO, Jeanne, N, 133.
PINOT, Julien, D, 160,
PINOU, Madeleine, N. 31.
PINSARD, François, D, 160.
PINTRE, Frère Patrice, D, 43.
PIPER, Catherine, D, 244.
PIRE, René Louis, D, 127.
PIRRON, Nicolas, D, 118.
PITHOIS, Charles, M, 178.
PITHOIS, Marie Adélaïde N, 194.
PITHOIS, Agnés Charlotte, N, 213.
PITHOIS, Jacques Charles, N, 232.
PITHOIS, Jean Baptiste Constantin, N, 250.
PITHOIS, Agathe Angélique, N, 276 ; D, 311.
PITHOIS, Tharsille, N, 369.
PITRE, Barbe, N, 29.
PITRE, Isabelle, N, 373.
PIVERON, André Christophe, T, 159 ; M, 159.
PLAINVILLE, Jacques Louis Alexandre Gonsault de, M, 338.
PLATEL, Jean, D, 168.
PLÉ, François, D, 301.
PLESSIS, Jean dit Duplessis, D, 161.
PLOS, Elisabeth, D, 162.
PLUVIGNER, Joachim, D, 294.
POILEAU, Pierre, D, 402.

Poilvé, Aimé, D, 208.
Poirier, Louis, D, 384.
Poisson, Edmond Pierre, D, 97.
Poisson, Nicolas, D, 143.
Poitiers, Pierre Philippe, D, 226.
Poittevin, Charles, D, 124.
Poncet, François, D, 378
Ponchelet, Claude Joseph, N, 197.
Ponchelel, Toussaint Joseph, M, 235.
Ponchelet, Dominique Laurent, N, 240.
Ponchelet, Dominique, D, 284.
Ponthaux, Pierre François, N, 215.
Ponton, François dit Beausoleil, D, 123
Porié, Marie Madeleine, D, 266.
Potier de Courcy, Brigitte Alexandrine Jeanne Françoise N, 232.
Pottin, Jean. D, 280.
Pouillot, François, D, 286.
Poulain Du Bignon, Christophe, T, 94.
Poulet, Jean, N, 28.
Poulet, Pierre, N, 33, D, 59.
Poulet, Marguerite, N, 49; D, 97.
Poulet, Marie, N, 108.

Poulin, Jean dit Francœur, D, 160.
Pouliquen voir Le Pouliquen.
Poulo de la Sauvagère, Marie Madeleine Rose Etiennette, N, 326; D, 334.
Poulo de la Sauvagère, Louis Jean, M, 327.
Poulo de la Sauvagère, Jean Louis Marie, N, 349.
Poulo de la Sauvagère, Ange Gabriel Joseph, N, 367.
Poumoyrol, Philippe, N, 229
Pourcelle, Victoire, N, 107.
Pourcelle, Marie, D, 145.
Pourcelle, Antoine, D, 227.
Pouthaux, Rose, N, 151.
Pouvereau, François, D, 162.
Povert, Jeanne, D, 332.
Povert, Pierre, D, 383.
Povigny Des Marchez, D, 61.
Preault, Gabriel Martin, D, 40.
Prejean, Jean, D, 256.
Prejean, Yves, D, 297.
Prelot, Marie Madeleine, N, 154.

— LVII —

Prenele L'Epine, Nicolas François, M, 199.
Preveraut, de Senneville, Henry, D, 362.
Prevost, Jean Baptiste, D, 346.
Priou, Guillemette, D, 189.
Prunelle dit Lepine, Nicolas François, N, 278 ; D, 285.
Puget, François, M, 254.
Puren, Jacques Louis, M, 139.

Q

Quainot, Olivier, D, 401.
Quéau, Pierre, M, 353 ; D, 358.
Quelec, Joseph, D, 190.
Quenet, Jean D, 258.
Queor, Scholastique, N, 217.
Querel, François D, 289.
Quersigner, François, D, 26.
Quesnel, Pierre Nicolas, D, 300.
Quijoux, Olivier, D, 186.
Quintin, Nicolas, D, 823.
Quintin de La Metrie. Françoise, marraine, 44.
Quintin voir Tremisot.
Quirion, Julien, D, 260.

R

Rabié, René, M, 376.
Rabin, André, D, 400.
Raby, Pierre, D, 384.
Ragon, Pierre, M, 317.
Raitrif, Pierre Jean, D, 244.
Ramondine, Jean, D, 226.
Randen, Joseph, D, 25.
Ranger, Gilbert de, M, 21.
Raphael D'Orléans, R. P, D, 101.
Raphael, Anne Bonne, N, 175
Raphael, Louis. D, 279.
Raphael, Madeleine. M, 371.
Ratier Duvergé, Anne Adélaïde, N, 195.
Ratier Duvergé, Therèse, N, 215,
Ratier Duvergé, Auguste, N, 272.
Rault, Etienne, D, 142.
Raux, Jean Baptiste, D, 38.
Ravin, François, D, 38.

Raymond, Marie Anne Henriette Françoise, N, 31.
Reau, Charles, D, 121
Regnaudet, Charles François, N, 69; D, 97.
Regnaudet, Thomas François, M, 71; 354.
Regnaudet, Marie, N, 107.
Regnaudet, Dominique, N, 134; D, 165.
Regnaudet, Jean François, N, 171.
Regnaudet, Vincent Thomas, N, 196.
Regnaudet, Jean, D, 358.
Remande, Georges dit La Madeleine, D, 256.
Remande, Brigitte, M, 115.
Remedios, Rosalie, N, 407.
Remond, Madeleine, D, 259.
Renaldel, Simon dit Robert, M, 21.
Renard, César Auguste, D, 281.
Renar de Fontenay, Pierre Nicolas, D, 79.
Renaud, Marie Elisabeth, N, 67.
Renaud, Jacques, M, 74.
Renaud, Jeanne Antoinette, N, 87.
Renaud, Therèse, N, 111
Renaud, Anna, N, 135.
Renaud, Marie Pierrette, N, 136.

Renaud, Charlotte, N, 194.
Renaud, Jacques Joseph, N. 230.
Renaudet, Elisabeth Josephe, N, 174.
Renaudin, Marie Victoire, N, 172.
Renaudin, Claude, D, 310.
Renaudot, Pierre, D, 385.
Renault de St Germain, D, 143.
Renault, de St Germain, Julie Catherine, N, 152.
Renault, Marie Anne, M, 180.
Renault, Antoine, D, 301.
Renaut, Philibert, D, 401
Renaux, Marie Françoise, N, 66; D, 81.
Renaux, Louis, N, 107.
Renaux, Marie, N, 131.
Renaux, Etienne Michel, N, 217.
Renaux, Etienne François, M, 219.
Renaux, Jacques François, N, 252.
Renaux, François, N, 313.
Renaux, Louis François, D, 333.
Rencontre, Dorothée, M, 71.
Rencontre, Eugènie, M, 179.
Rendu, Joseph, N, 16.
Rendu, Marie, N, 68; D, 83.

Rendu, Claude Etienne, N, 106.
Renhardt, Alexandre, D, 342.
Rennes, François Pierre de, D, 224.
Rennes, Jean Baptiste, D, 294.
Renson, Joseph, D, 8.
Repentigny, Pierre Croizille de, parrain, 150.
Repentigny voir Le Gardeur de.
Reymond, Louis, François, M, 20.
Reymond, Pierre, N, 49 ; D, 102.
Reynard, Louise, M, 371.
Reynaud dit Bergerat, Julien, N, 2.
Reynaud, Pierre André, N, 316,
Reynaud, André, M, 317.
Reynaud, Anne, N, 349 ; D, 364.
Reynaud, Joseph, D, 364.
Reynaud, Adélaïde, N, 370.
Reynot, Jean dit Bergerat, M. 4.
Rhodes, Bertrand, D, 82.
Ribere, Mathieu, N, 408.
Richad, Alain, D, 7.
Richard, Julien dit Sans Crainte, D, 124.
Richard, François, D, 394.

Richardeau, Bonaventure, D, 386.
Richardin, Jean Antoine, N, 18 ; D, 42.
Richardin, veuve, D, 244.
Richardin, Marie Jacquette, M, 306 ; D, 363.
Richardin, Jean Bernard, M, 319.
Richardin, Louis Julien, N, 325.
Richardin, Jeanne Marie Geneviève, N, 368.
Riche, Anne Barbe, M, 356.
Richin, Louis J. B, D, 387.
Riflay, Joseph, D, 344.
Rigordy. Jean Baptiste Augustin. M, 355.
Rimbault, Jean Baptiste, D, 96
Rimbault, Nicolas, D. 282.
Riory, François, Charles, M, 76.
Rioux, D, 245.
Rivals, Raymond, D, 265.
Rivette, Pierre, D, 258.
Rivière, René, M, 139.
Rivière, Françoise Therèse Céleste, N, 170.
Rivière, Louis, D, 309.
Rivière, Louis François, D, 331.
Robelin, Martin, D, 401.
Robert, Brigitte, M, 21,

Robin, Pierre dit Jolibois, D, 244.
Roblin, Pierre, D, 388.
Roch, Jean Marie, D, 7.
Roch, Jean Jacques, D, 37.
Rochard, François, D, 186.
Roche, Pierre dit la Viollette, D, 320.
Roche, Madeleine Suzanne, de N, 407.
Rocher, Noël, D, 188.
Rodrique, Dominique, D, 38.
Rodriguez, Therèse, D, 242.
Rodriquez, Joachim Joseph, D, 243.
Rodriguez, Anne, M, 254.
Roglet, Jean, D, 396.
Rognon, Catherine, M, 72 ; D, 386.
Rognon, Catherine, veuve Dubos, M, 157.
Rohan, Gabriel, 259.
Romain, Cécile, M, 94.
Renaux, Marie Anne, D, 192.
Roquefeuil de Labistour, M, 219.
Roquefeuil de Labistou, Jean Auguste, N, 274.
Roquet, Pierre, D, 280.
Rosaire, Jean. du, D, 81.
Rosaire, Françoise de. D, 203.

Rosaire, Marie, D, 204.
Rosaire, Sabine de, M, 219.
Rosaire, Marie Anne du, M, 220.
Rosaire, Marie Anne de, M, 277.
Rosaire, Christine du, M, 304.
Rosaire, Françoise de, M, 306.
Rosaire, Paule de, D, 322.
Rosaire, Françoise du, M, 328.
Rosaire, Céleste du, M, 337.
Rosaire, Dominga de, M. 371.
Rosaire, Thomasia de, M, 375.
Rose, Scholastique, D, 162.
Rose, M, 253 ; M, 354.
Rostaut, Jean, D, 364.
Rouard, Jean, D, 346.
Roubet, Antoine Joseph, D, 378.
Rouget, Jean, D, 59.
Roullet, Jean Baptiste, D, 25.
Roullet, Etienne, D, 244.
Roussaux, Laurent, M, 235.
Roussaux, Etienne Jacques Simon, D, 248.
Roussaux, Joseph, N, 271.
Rousseau, Claude, D, 380.

— LXI —

Roussel, Jean Marie, D, 401.
Rousselle, Claude, D, 57.
Roux, Claude, N, 44.
Roux, Louise Perrine, N, 86.
Roux, Marie Madeleine Josephe, N, 134.
Roux, Marie Anne, N, 251.
Roux, N, 327.
Roux, François, N, 367.
Roux-Clerac, Monique, N, 216.
Rouxel, François dit La Touche, D, 145.
Rouxel, Julien, D, 160.
Rouzic, Pierre, D, 268.
Royer, Dominique, D, 22.
Royer, Michel, D, 141.
Royer, François, veuve Jean Bernard Hubert, M, 158.
Rozaire, Rose de, M, 19.
Rozaile, Françoise de, M, 20.
Rozaire, Apollonie de, D, 81.
Ruel, Elisabeth, D. 121.
Ruel, Jacques, D, 261.
Ruelle, Antoine Marie François, N, 131.
Ruelle, Marie Antoine Françoise, N. 150; D, 221.
Ruelle, Jeanne Madeleine. N, 174; D, 227.
Ruelle, Isidore Jerome, N. 197; D, 247.
Ruelle, Adélaïde, N, 216.
Ruelle, Louis, D, 245.
Ruelle, Jacques Théophile, N, 273; D, 284.
Ruelle, Sébastién, D, 280.
Ruelle, Marie Julie, N, 313.
Ruelle, Jean Baptiste, N, 325; D, 332.
Ruelle, Joseph Marie, D, 347.
Russel, Pierre Bertrand, M, 218.
Ruyter, Jean, D, 300.

S

Sabatier, André, D, 281.
Sage, Marie Louise Agathe, M, 50.
Saint-Ceres, Jean, D, 11.
Saint-Florentin, Dorothée, D, 98.
Saint-Hilaire, Catherine, veuve, Golcom, marraine, 88.
Saint-Lette, Joseph Charles, D, 268,
Saint-Louis, Marie N, 91.

Saint-Luc, Louis Thomas, M, 20.
Saint-Martin, Etienne de, M. 34.
Saint-Martin, Edme Louis, M, 74.
Saint-Médard, Charles, D, 24.
Saint-Paul, François Jean Antoine, N, 32.
Saint-Paul, Jean Baptiste, T, 54, 74.
Saint-Paul, Jeanne Catherine Augustine, N, 66; M, 373.
Saint-Pourpois, D, 287.
Salaun,, Louis Joseph, D, 8.
Salazar voir Dehita y.
Salderee, Françoise, M, 20.
Saligny voir Favry de.
Samson, Jean Baptiste, D, 25.
Samson, Marie, M, 181; M, 237.
Samuel, Louis, D, 104.
Sandeau, Pierre, D, 295.
Sannoy, Jean Baptiste, D, 388.
Sans-Facon, D, 5.
Savattier, Simon, D, 126.
Savialle, Jean, D, 392.
Saviel, Marie, M, 19.
Savielle, Françoise, 305.
Savinoy, Pierre, D, 378.

Saudre, Françoise, M, 156.
Saul ou Sol, François, D, 202.
Saulniér, Nicolas, M, 94.
Saulnier, Marie Anne, N, 109.
Saulnier, Jean Baptiste, N, 133.
Saulnier, Alexis Ignace, N, 153.
Sault de Fligny, de, D, 208.
Saunier, François, D, 185.
Scaffunée, Jean Marie, D, 258.
Scahaul, Renè, D, 157.
Sçaumont, Marie Louise, N, 31 : D, 125
Sçaumont, Therèse, N, 46; D, 105
Sçaumont, Bernard François, N, 86 ; D, 123.
Sçaumont, Pierre, D, 205.
Scheinhoubre, Ignace Léopold, Henry de, M, 157.
Scheinhoubre, de N, 177.
Scheinhoubre, Marie Louise, de, N, 233; D, 297.
Scheinhoubre, Charles Auguste Nicolas de, D, 240.
Scheinhoubre, Marie Louise, N, 315 ; D, 334.

Scheinhoubre, Pierre Henry, veuve, D, 358.
Schetz, Henry, D, 399.
Schipner, Paul, D, 166.
Schist, Jeanne Françoise, N, 273.
Schlitz, Jean, D, 390.
Schmidt, Marie Madeleine, N, 171.
Schneider, Nicolas, D. 227.
Schriver, Gabriel Pierre, D, 207.
Seguin, Jean, Marie, D, 23.
Senechaux, François dit Gabillet M, 375.
Senèque, Claude, M, 50.
Seriaux, André, D, 61.
Seriot, André, N, 28.
Sernigon, Antoine, M, 4.
Seroux D'agincourt, Jean Baptiste, T, 75.
Servant, Antoine, N, 113.
Serveau, Louis Joachim, N, 48.
Serveaux, Anne Marie, N, 32.
Serveaux, Marie, D, 23.
Servet, Françoise, M, 354
Servot Jean, D, 243
Severat, Raphaël, N, 17.
Severat, Pierre, M, 74.
Shouls, Frederick, M, 305.
Sicé, Pierre, N, 30 ; D, 40.
Sicé, Elisabeth, N, 46 ; M, 355.
Sicé, Geneviève, N, 86.
Sicé, Louis, N, 133.
Sicé, Hélène, marraine, 170 ; D, 223.
Sicé, Françoise, N, 172.
Sicé, François, D, 190.
Sicé, Charles, N, 197.
Sicé, Pierre, N, 274.
Sicé, Marie, M, 319.
Sigera, Florinde, M, 4.
Signoret, Honoré, D, 383.
Sigoufin, Jean Baptiste, D, 77.
Silva, Marceline de, M, 53.
Silva, Kittéry de, M, 74.
Silva, Marie Josephe de, M, 199.
Silva, Françoise de, M, 329.
Silva, Jeanne Marie de, N, 214.
Silva, Marie Josephe de, D, 221.
Silva, Catherine de, M, 238.
Silva, Manuel de, D, 245.
Silva, Marie de, D. 288.
Simao, Laurencia, D, 222.
Simas, Laurencia, N. 212.
Simon, Jean dit la Victoire, D, 15.
Sinan, Angélique Juliei marraine, N, 90.
Sinan, Brigitte, M, 139.
Sinan, Marie, M, 238

Singer, Joseph, D, 296.
Siqueira, Joseph, D, 268.
Siqueira, Rose, M, 307.
Siquere, Catherine, D, 184.
Sixe, Louis, D, 389.
Smith, Charles, parrain, 111.
Snor, Dominique Bernard, D, 377.
Sobe, Nicolas, D, 241.
Sof, Claude, M, 34.
Sof, Elisabeth, N, 49.
Sof, Geneviève, N, 89.
Sof, Claude Germain, N, 110.
Sof, Louis, N, 154.
Soliman, Jacques Henry dit la Verdure, M, 95.
Soliman, Jeanne Françoise Elisabeth, N 150.
Soliman, Jean René, D, 400.
Solminihac, Jean Baptiste, D, 359.
Sonac, Marie Madeleine, M, 318.
Sophie, veuve Palmas, M, 21.
Sorel, Jacquette, D, 125.
Sornay, Théodora N, 172.
Souin, Yves, D, 125.
Soulard, Nicolas, D, 402.
Soulivan, Alexis, D, 285.
Souvray, François, D, 126.
Souza, Suzanne de, D, 8.
Souza, Rita de, M, 35.
Souza, Jeanne de, M, 76.
Souza, Quenetin De Caillaris, Agnès de, D, 202.
Sozai, Flore de, D, 239.
Stanguinette, Marie, M, 329.
Stark, Jacques, M, 3.
Stegel, Lanrent, D, 381.
Stehan, Goulven, D, 284.
Steiler, Marie, N, 175.
Steiler, Michel, M. 74.
Steller, Catherine, D, 248.
Stenay, Louis Michel Albert, N, 110.
Stephan, Pierre Maie, D, 144.
Stephan, André, D, 264.
Stetter, Théodore, D, 262.
Steylen, Jeanne, D, 142.
Steyler, Jeanne, N, 88.
Storme, Marie, N, 47 ; D, 78.
Streinet, Rose, M, 156.
Stuart Hall, James, D, 395.
Sturling De Lauben, Jean Christian René, M, 115.
Sufise De La Croix, Joachim François, M, 180.
Sufise De La Croix, N, 211.
Sufise De La Croix, Ursule, N, 232.

Sulpice de Ste Clotilde de Golle, R. P, D, 41.
Surfive, Brigitte, M, 376.
Sylva, Marceline de, M, 4.

T

Tabillon, Jean Baptiste, D, 185.
Talampon, Anne, N, 130.
Talec, Julien, D, 56.
Talmont, Jean, Louis, D, 244.
Tamponeau, Marie, N, 176.
Tarabillon, François D, 160.
Tarabillon, Joseph Philippe, N, 198.
Tarabillon, Louis, D, 224.
Tarade, Jacques Pierre, M, 277.
Tardivel, Jean Baptiste, M, 75 ; D, 320.
Tardivel, Etienne, N, 112,
Tardvel, Joseph, N, 154.
Tardivel, Charlotte Thomase, N, 154.
Tardivel, Jean François, N, 214.
Tardivel, Joseph Renè, N, 231.
Tardivel, Alexis François Antoine, 271.
Tardivel, Jean François, D, 311.
Tardivel, Marie Adélaïde, N, 406.
Tarlay, Noël, D, 268.

Tatelow, Anne, N, 325.
Tatin, Jacques, D, 161.
Tauzin, Jean Baptiste, M, 278.
Tavernier, Pierre François, D, 189.
Tavette, Julien, D, 224.
Templier, Philippe, M, 181.
Templier, Louise Françoise Josephe, N, 250 ; D, 299.
Templier, Philippe Jean, N, 405.
Tenin, Aimé, D, 293.
Tercin, Philippa, D, 332.
Ternec, Pierre, D, 290.
Terramont, Joseph, M, 304.
Tessendier, André, D, 163.
Tessier, Alexis Jean, N, 89.
Tessier, François, D, 159.
Tessier, D, 290.
Tessier, Charles, M, 374.
Tetart, Sébastien, D, 284.
Texier, Marie Jacques, N, 1.
Thebeau, Jean, D, 82.
Thebeau, Joseph, D, 187.
Therond. Jean, M, 307.
Therond, Jean Louis, N, 324.
Therond, Manuel, N, 337.

THESE, Jean, D, 7.
THEVENOT, Philippe, M, 220; D, 402.
THIBAUD, Jean, N, 172; D, 183.
THIBAULT, Charles, D. 298.
THIERRU dit Bastien, Sébastien, D, 8.
THOMAS, Jacques, D, 11.
THOMAS, Catherine, M, 55; D, 145.
THOMAS, GUILLEMETTE, M, 181.
THOMAS, Rose, N, 215.
THOMAS, Sébastien, D, 286.
THOMAS, Guillementte, Olive, D, 311.
THUALLE, Guillaume, D, 259.
TICLÈRE, Pierre, D, 58.
TITTE, Georges, D, 379.
TOUILLEROT, Jacques dit Léonard, D, 384.
TOURNAY, Hilaire, N, 30.
TOURNAY, Jeanne, N, 66
TOURNAY, Nicolas Joseph, N, 230.
TOURNAY, Jean Baptiste, M, 253; D, 284.
TOURNAY, Nicolas, D, 258.
TOURNAY, Françoise, N, 275.
TOURNAY, Jeanne, M, 373.
TOURNÉ, Emilien, D, 288.

TOUSSAINT, Luce Charlotte, N, 173.
TOUZALIN, DE TEMPENOIS, M, 116.
TOUZALIN, DE TEMPENOY, Pierre Eustache, N, 132.
TOZOLIN de LUZAMBEAU, Etienne, N, 32.
TRAINANT, François, D, 392.
TREBON, Sebastien, D, 221.
TREMISOT, Jean Joseph, Antoine Quentin, T, 35, 36; M, 50; D, 227.
TREMISOT, Jean Simon Henry, N, 48.
TREMISOT, Therèse Elisabeth Catherine, N, 112
TREMISOT, René François. N, 135.
TREMISOT, veuve voir Lehec
TREMOLIÉRES, Louis Pierre. M, 73; T, 116; T, D, 144.
TREMOLIÈRES, Marie Louise Eléonore, N, 86; D, 99.
TRIÇOT, Jean Baptiste Olivier, D, 105.
TRINGUE, Therése, D, 98.
TRISTANT, Marc, D, 396.
TROBERT, Armand Gabriel Marie, M, 373.
TROTIER, D, 5
TUYOT, Anne, N, 150.
TUYOT, Laurent, N, 163.

U

Underwood, Samuel, M, 306.

V

Val, Justin, D, 384.
Valento, Jean Etienne, N, 229.
Valento, Jean, D, 241.
Valtrain, Marie, N, 45.
Valtrain, Jean, François, D, 123.
Vasquez, Philippe Catherine, M, 139.
Vasou, Anne N, 89.
Vasseur, Jean François, D, 205.
Vassiliet, Elisabeth, D, 330.
Vassou, Laurent Claude, N, 233.
Vassou, Madeleine, M, 318.
Vassou, Jean François, D, 321.
Vaubert, Pierre, D, 386.
Vaubrissey, Jeanne, D, 189.
Vaudière, Jean, D, 268.
Vaulber, Joseph, D, 333.
Vauthier, François, D, 393.
Vaz, Marguerite Louise, N, 65.
Vaza, Charles François Augustin, M, 36.

Veillet, Jean, M, 34; D, 169.
Venidier, Marc, D, 166.
Vergne, Jean Louis, D, 37.
Vergoz, Céleste Barbe, M, 219.
Verry de St Romain, Jeanne Marie Françoise, M, 200.
Versailles, Françoise, N, 107.
Viard, François, D, 37.
Viard, Pierre Charles, D, 241.
Vibrac, Jean Louis, D, 126.
Vierra De Carvaille, Eléonore, M, 115.
Viger, François, D, 14.
Villard, Louise, N, 326.
Villemain, Joseph, D, 22.
Villemain, Jacques, M, 4.
Villeneuve, Doudant de, D, 391.
Vincennes, Pierre Denis, D, 283.
Vincent, Michel, N, 108.
Vincent, Marie Madeleine, N, 133.
Vincent, Christine, N, 151.
Vincent, Michel, N, 211.

VINCENT, Louis, M, 337.
VINCENT, Jeanne, M, 357.
VINCENT, Marie Anne, N, 404.
VIOLETTE, Victorine, N, 69.
VIOLETTE, Jean Henry, N, 90.
VIOLETTE, Perrine Félicité, M, 94.
VIOLETTE, Pierre, N, 132.
VIOLETTE, Jean Jacques Emanuel, N, 170; D, 209.
VIOLETTE, Jacques, Joseph, N, 229.
VIOLETTE, Agnès Victoire, M, 253.
VIOLETTE, Hyacinthe, N, 276; D, 299.
VIOLETTE, Jean Jacques, D, 300.
VIOLETTE, Joseph Henry, N, 314.

VITRAY, Pierre, D, 310.
VITRE, Louise, M, 236.
VITRE, Marie Louise, D, 257.
VIVIER, Etienne, D, 96.
VOCO, Jacques, N, 2.
VOGLE Nicolas, D, 58.
VOISIN, Yves, D, 202.
VOISINE, Françoise Alexandre Jacquette Josephe, N, 89; D, 102.
VOISINES, Antoine de, M, 73.
VOKENER, Jean, D, 100.
VOSSEAU, Elisabeth, M, 372.
VOSSO, Louis, D, 333.
VOSSO, Françoise Charlotte, M, 376.
VOSSE, Marianne, D, 380.
VOSSO, Louis François, N, 404.
VOULPILLIÈRE, Louis de, D, 58.

W

WANTERPOLD, François André, N, 176.
WANTERPOLD, André, D, 190.
WARREN, Julie, N, 272.
WARREN DE VERNEY, Georges, M, 139.
WARREN DE VERNEY, Elisabeth Eléonore, N, 149.
WAXE, Pierre, M, 156.

WEILER, Jean, M, 304.
WEINEMER, Daniel Luc Jérome de, D, 362.
WILSTECKE, Martin René, M, 201.
WILSTEN, Anne, D, 343.
WILIAME, Charles dit St. Charles, D, 239.
WILLESME, Nicolas, D, 291.
WILLIS, Georges, D, 13.

Winckler, Jean, D, 209.   Wohl, Jean, D, 78.

X

Xavier, Françoise, M, 34.   Xéap, Marie, Jeanne, N, 89.
Xavier, Jeanne, N, 64.

Y

Ysact, Pierre, T, 35, 50 ; D, 127.   Yvon, Marie, M, 180.

Fin de l'Index Alphabétique.

Imprimerie Moderne, Pondichéry.

SOCIÉTÉ DE L'HISTOIRE
DE
L'INDE FRANÇAISE

OUVRAGES

*en vente au siège de la société à Pondichéry
et à la librairie Leroux à Paris.*

Revue historique de l'Inde française

1er volume, 1916-1917		*épuisé*
2e volume, 1918		*épuisé*
3e volume, 1919	5 Rs.	35 fr.
4e volume, 1920	5 Rs.	35 fr.
5e volume, 1921-1922	5 Rs.	35 fr.
6e volume, 1936	5 Rs.	35 fr.

Les dernières luttes des Français dans l'Inde, par le colonel Malleson.— Traduit par M. Edmond Gaudart, 2me édition 1932 . . 3 Rs. 20 fr.

Lettres et conventions des Gouverneurs de Pondichéry avec les divers princes indiens de 1666 à 1793. Publiés par M. A. Martineau, 1912. 5 Rs. 35 fr.

Procès-verbaux des délibérations du Conseil Supérieur de Pondichéry, du 1er février 1701 au 31 décembre 1739, 3 volumes publiés par les soins de M. E. Gaudart, Chaque volume . . . . 5 Rs. 35 fr.

Inventaire des anciennes archives de l'Inde française, dressé par M. A. Martineau. 38 p 1/2 R. 5 fr.

Correspondance du Conseil Supérieur de Pondichéry avec le Conseil de Chandernagor, du 30 septembre 1728 au 2 février 1747. 2 volumes publiés par MM. Gaudart et Martineau, 1915-1916. Chaque volume . . . . 5 Rs. 35 fr.

Correspondance du Conseil Supérieur de Pondichéry avec le Conseil de Chandernagor, du 4 août 1745 au 21 avril 1757 et *Correspondance avec divers* du 18 janvier 1745 au 10 février 1757. 2 vols. Chaque volume . . . . 5 Rs. 35 fr.

Résumé des actes de l'Etat-civil de Pondichéry de 1676 à 1760. publiés par M. A. Martineau, 1917-1918. deux volumes . . . . . . *épuisés*

Correspondance du Conseil Supérieur de Pondichéry et de la Compagnie. *Tome I* de 1726 à 1730. *Tome II*, de 1736 à 1738. *Tome III*, de 1739 à 1742. *Tome IV*, de 1744 à 1749. *Tome V*, de 1755 à 1759. *Tome VI*, de 1766 à 1767. Publiés par M. A. Martineau, Chaque volume . . . . 5 Rs. 35 fr.

Catalogue des manuscrits des anciennes archives de l'Inde française *Tome I*, Pondichéry, 1690-1789. *Tome II*, Pondichéry, 1789-1815. *Tome III*, Chandernagor et loges du Bengale. 1730-1815. *Tome IV*, Karikal, 1739 à 1815. *Tome V*, Mahé et les loges de Calicut et de Surate 1739 à 1800. *Tome VI*, Yanaon. Mazulipatam et diverses localités 1669-1793 *Tome VII*, Documents postérieurs à 1815, Pondichéry, *Tome VIII*, Etablissements secondaires et loges. Publié par M. E. Gaudart, Chaque volume . . . . 5 Rs. 35 fr.

Les cyclones de la Côte de Coromandel, par M. A. Martineau. . . . . 1/2 R. 5 fr.

Un partisan français dans le Madura, par M. E. Gaudart . . . . 1/2 R. 5 fr.

Le Tombeau de Bussy, par M. A. Martineau *épuisé*.

Les Pallavas, par M. G. J. Dubreuil . 1/2 R. 5 fr.

Les antiquités de l'époque Pallavas, par M. G. J. Dubreuil. . . . . *épuisé*

Law de Lauriston. Etat politique de l'Inde en 1777, Publié par M. A. Martineau, 1913 . . *épuisé*

La politique de Dupleix d'après sa lettre à Saunders, du 18 février 1752, 244 p. par M. A. Martineau. 1/2 R. 5 fr.

La Révolution et les Etablissements français dans l'Inde 1929, 344 p. ouvrage recompensé par l'Institut, prix Lucien Reinach, appendices, XXX pages, par Mme V. Labernadie . . . . 5 Rs. 35 fr.

Le Vieux Pondichéry, 1673-1815, Histoire d'une ville coloniale française avec une préface de M. A. Martineau, 10 gravures, 3 plans, 2 appendices par Mme V. Labernadie, ouvrage couronné par l'Académie française, un volume de 448 pages . . . . 5 Rs. 35 frs.
Edition de luxe. . . . . . . 7 Rs. 50 frs.

Catalogue des cartes, plans et projets, par le Major Tranchell 1930 . . . . . . 1 R. 10 fr.

Un livre de Compte de Ananda Rangapoullé (Courtier de la Compagnie des Indes) par le R. P. Oubagarassamy Bernadotte. 1930 . . . 1 R. 10 fr.

Correspondance des Agents à Pondichéry de la nouvelle Compagnie des Indes avec les Administrateurs à Paris, 1788-1803, Publié avec introduction par M. Edmond Gaudart . . . . 5 Rs. 35 fr.

Résumé des Brevets, Provisions et Commissions du Roi et des Nominations faites par les Directeurs de la Compagnie des Indes et le Conseil Supérieur de Pondichéry, par Mme Deront . . 1/2 R. 5 fr.

Journal de Bussy, Commandant général des forces de terre et de mer dans l'Inde, du 13 novembre 1781 au 31 mars 1783. Publié par M. A. Martineau . . . . 3 Rs. 20 fr.

Index Alphabétique des noms propres contenus dans les actes de l'Etat-civil de Pondichéry. Premier volume, 1676-1735, Second volume 1736-1760, Chaque index . . . . 1/2 R. 5 fr.

Mémoire de Desjardins, Officier au bataillon de l'Inde, avec introduction par Mme Deront. 1 R. 10 fr.

Dom Antonio José de Noronha, Evêque d'Halicarnasse — Mémoire historique par J. A. **Ismaël Gracias**. Traduit du portugais avec introduction par M. H. de Closets d'Errey, Conservateur de la Bibliothèque publique, Pondichéry 1933 . . . 1 R. 40 fr.

Résumé des Lettres du Conseil Supérieur de Pondichéry à Divers, Publié par M. H. de Closets d'Errey . . . . 3 Rs 20 fr.

Créole et Grande Dame (Johanna Bégum, Marquise Dupleix) trois lettres inédites, 304 p. 14 gravures hors texte 1934, ouvrage couronné par l'Académie française par Mme Yvonne Robert Gaebelé . 5 Rs 35 fr.

Le même ouvrage sur papier de luxe . 7 Rs 50 fr

Précis chronologique de l'Histoire de l'Inde française (1664 - 1816) suivi d'un relevé des faits marquants de l'Inde française au XIXe siècle, publié par M. H. de Closets d'Errey, Conservateur de la Bibliothèque publique de Pondichéry . . . . . 1 R. 10 fr.

Arrêts du Conseil Supérieur de Pondichéry analysés par Me Gnanou Diagou, avocat à la Cour d'appel de Pondichéry, *Tome I*, 1735-1760, *Tome II*, 1765-1774, *Tome III*, 1775 - 1778, *Tome IV*, 1785 - 1789, Chaque volume . . . . 5 Rs. 35 fr.

Les Privilèges du Commerce Français dans l'Inde par M. E. Gaudart, 22 p. . . . 1/2 R. 5 fr.

L'Ezour Védam de Voltaire et les Pseudo-Védams de Pondichéry par R. P. J. Castets. S. J. . . . . 48 p. . . . . . 1/2 R. 5 fr.

Les Conflits Religieux de Chandernagor, par M. E. Gaudart, 29 p. . . . . . 1/2 R. 5 fr.

Les Archives de Madras et l'Histoire de l'Inde Française, 1er partie, période de François Martin 1674-1707, 155 p. par M. E. Gaudart . 1 R. 10 fr.